假如炒股是一场修行

程峰 著

羊城晚报出版社
·广州·

图书在版编目（CIP）数据

假如炒股是一场修行 / 程峰著. —广州：羊城晚报出版社，2016.9（2019.10重印）

ISBN 978-7-5543-0357-3

Ⅰ．①假…　Ⅱ．①程…　Ⅲ．①股票市场—研究　Ⅳ.①F830.91

中国版本图书馆CIP数据核字 (2016) 第210512号

假如炒股是一场修行

Jiaru Chaogu Shi Yi Chang Xiuxing

策划编辑	谭健强
责任编辑	谭健强
特邀编辑	汤　佳
责任技编	张广生
装帧设计	友间文化
责任校对	杨　群
出版发行	羊城晚报出版社
	（广州市天河区黄埔大道中309号羊城创意产业园3-13B　邮编：510665）
	发行部电话：（020）87133824
出 版 人	吴　江
经　　销	广东新华发行集团股份有限公司
印　　刷	佛山市浩文彩色印刷有限公司（佛山市南海区狮山科技工业园A区）
规　　格	787毫米×1092毫米　1/16　印张21.5　字数430千
版　　次	2016年9月第1版　2019年10月第3次印刷
书　　号	ISBN 978-7-5543-0357-3/F・79
定　　价	49.00元

序一 ------------------------------------
P r e f a c e

在这里读懂中国股市

　　最先认识程大爷是在网络上看到的一篇记录家乡小伙伴的故事开始的。故事讲述了他身边同名同姓的两个人物，特别是他儿时小牛娃伙伴，程大爷简洁生动的文字，让我们读者立刻记住了那个上了5年一年级、在牛角上用红漆涂写自己名字的王德胜。回想起来，我们在儿时谁没有这样几个笨笨可爱，填满我们欢乐记忆的童年小伙伴！

　　再次邂逅程大爷是在同事桌上看到一本印刷精美的小书。一口气读完了这本汇集诗歌、随笔、故事、摄影以及朋友圈的点评文集，才知道程大爷的真名叫程峰，一个喜欢写作的证券从业者。我很喜欢他那种充满灵动和画面感的文字，喜欢那些瞬间定格的山水和那些脸上洋溢着温暖的人物摄影；也喜欢这个从大山里走出来的人娓娓道来的家乡故事，尤其是那些朴质纯真的琐事所散发着的生命张力。而他的那些看似信手拈来的小诗，则是对人生透彻的感悟——"我假装看不见/生活的真相/离我最近的事物/都在谎言里沉睡/"。"花瓣跌落在时间的深处/它没有喊痛/如果思念能再尖锐一点/就可以深入/果实的睡眠"。

　　以后见到程峰，是他在报纸上观点鲜明的专栏文章，在电视上对市场热点的侃侃而谈。看得出他是个理性而实事求是的人，不论文字和谈话，都在以理论事，以政策导向的逻辑叙事。他是中国首批证券职业分析师，多年在证券经纪业务一线工作。朋友评价他"能干，会说，博学"，公司的客户也喜欢他，因为他坚持靠"良心说话"。他自己说，他的主业是证券从业者，写作是副业。但实际上，他已经写了20多本书了。

去年起，程峰开始为证券时报微信公众号《券商中国》写专栏。于是，阅读他的文章则变成我们每个周末的期待。看看那些犀利锋辣、切中时弊的标题，你会马上产生阅读和分享的冲动——《世界上最遥远的距离是：我在主板买了你，你却转身去了三板》《股市谣言为何总是难于止于智者？》《如果脸皮不够厚，分析师做得越久，抑郁症风险越高》《并购重组，我们想要的是惊喜，你给的却是惊吓》《疯狂炒壳，他们买卖的不是壳，而是诺亚方舟的船票》《A股悖论：自从爱上了巴菲特，我们就远离了价值投资》……

程峰从事经纪业务20多年，经历过市场的大风大浪，他博览群书、长于研究问题，因此有足够的底气来梳理宏观经济政策的走势、点评股市热点问题、入木三分地描述资本市场人性的贪婪。我们可以在他的栏目里，感受着中国上亿股民的喜怒哀乐，也读懂了中国股市的风云变幻。

对于在A股市场疯狂的中概股回归炒壳，他犀利地评述道：最近有一种中文名为"壳"的"方舟船票"卖得异常火爆，最新票价是60亿人民币一张，据说你可以借此逃离已经见顶的美国股市。中国A股的"壳"公司之所以值钱，是因为它是一份包含了内涵价值和时间价值的"天价"权证，这份权证就是你可以在A股市场将一块钱的东西合法地卖到一百块甚至上千块的权利。疯狂的炒壳让本来投机炒作成风的A股市场变得更加扭曲，价值投资理念不幸沦为一种边缘体系，围绕买壳而形成一种畸形的利益生态。

他坦率地指出，表面上看A股的公司重组有大股东业绩承诺兜底，实际上，炒作者在二级市场赚到的钱远远超过其业绩承诺的补偿。这种做法是偷换概念愚弄普通投资者。业绩承诺是指通过并购重组或者借壳上市之后，资源得到优化配置，公司的主营业务利润稳步增长，投资者是基于这样的预期才给了很高的估值。如果业绩承诺达不到，说明重组或者买壳上市没有达到预期目标，是一次失败或者低效的资本运作，即使是大股东自己掏钱补上没有兑现的利润，充其量也只是一次性的营业外收入，不能改变承诺失信这个事实。

对于股民奉为圣灵的巴菲特，程峰有与众不同的观点。他认为中国股民对巴菲特的误读，使我们正在远离真正的价值投资。不论是那些为了朝圣而买一股或者几股伯克希尔哈撒韦股票的大款，或者坚信"买入并持有"理念死守手中几百或几千股票的散户，其实他们共同坚持的是宗教式的虔诚和形而上的巴菲特。从上世纪90年代开始，求财若渴的A股股民，一路崇拜过各类股神，后来发现大多数牛皮哄哄的国产股神根本看不透市场的翻云覆雨。"好在A股的股民有野火烧不尽春风吹又生的小草精神，一代被收割了，新一代又成长起来……内地股神不靠谱，香港股神、台湾股神、欧洲股神、美国股神纷纷走进A股股民心里。"

程峰一针见血地评论道，巴菲特的投资哲学和投资方法对A股散户和一般机构几乎没有任何借鉴意义。在他看来，伯克希尔是拥有多家保险公司的保险集团，由源源不断的保费形成巨大的现金流，巴菲特不做短线是因为他账户里的"浮存金"每年都在巨幅增长，"多得像膀胱里的水，总是忍不住要排空"。而巴菲特的成功在于资金、实力和文化。在长达半个多世纪中，他的"浮存金"滚雪球般地越滚越大，他永远手握重金等待"在这个可笑的世界里"捡便宜的机会；他的聪明和智慧保证了投资决策的准确；他的从容淡定的人生价值观念、淡泊名利的财富理念，才是他的团队成功的秘诀。橘生淮南为橘生北为枳，把巴菲特生搬硬套到中国股市，让我们忘记投资的真正目的，也远离了价值投资。

对那些每天靠指点市场走势，挑金股银股为生的分析师，程峰是这样调侃他们的生存状态的："在股灾肆虐的日子里，如果你家有人在做分析师，请你一定要多关心他，不要惹他生气，不要指责他没有洗碗拖地，如果发现他回到家目光呆滞地坐在沙发上唉声叹气，请把家里阳台上的玻璃门锁牢，窗户关紧，以防止各种高空坠亡事件发生。""因为脸皮不是足够厚，在策略分析师这个岗位上做得越久，得抑郁症的风险越高。""今年开始，证券分析师的日子就尤为难过。由于屡次做出与市场真实走势完全相反的预测，有一位境外大牌分析师竟然完全被逼疯了……他作为分析师的唯一价值就是成为颠倒黑白的反向指标。国内的大牌分析师也扛不住了，趁着颜面尚未完全扫地，纷纷急流勇退，研究员离职、跳槽、转行从星星之火逐渐变成燎原之势。"

程峰先生悲悯地写道："……在此后混乱的环境下，哪怕一次错误的预测，都会彻底动摇分析师在买方心目中的地位。分析师就是金融市场的堂吉诃德，这是一个魔幻的世界，骑士精神永远追不上残酷的现实……在股民人数最多的国家，没有分析师是不可想象的，涨时人人都是股神，跌时总是需要《今日下跌六大因素》类心灵鸡汤式的抚慰……"

在程峰的笔下，我们看到的是一个中国证券市场真实的江湖——理性和疯狂对赌，大鱼和小鱼竞技，政府和百姓过招，政策和潜规则博弈。在他深邃的洞察力和力透纸背的文字中，我们不仅读懂了中国股市的困惑，读懂了经济成长的艰难，读懂了中国社会转型中大众的焦虑、迷茫、期待、目标，也让我们对构建法治社会过程中的矛盾和冲突、利益和纠纷有了更深刻的理解和认知，对中国普通百姓的发财梦和大国崛起的中国梦有了更多的宽容和坚定。

在程峰的笔下，我们读懂中国！

证券时报社副总编辑　宫云涛

序二 Preface

我所认识的程大爷

自我们的微信公众号"券商中国"去年推出"程大爷论市"专栏以来，不少朋友都在打听程大爷到底是何许人也？能笔耕不辍坚持一年写专栏文章，又能将财经热点讲到通俗易懂、让人直呼过瘾接地气的这位程大爷，到底是怎样的一个人？

关于程大爷的称呼，还得先讲一个故事。

我是在2004年做采访时认识程峰的，那时他是联合证券广州一家营业部的负责人。对程峰的采访很成功，他侃侃而谈，对行业情况见地颇深，让那次报道效果增色不少。尤其是让我惊讶的是，程峰不仅对行业理解较深，还有他此前的经历：资深期货分析师，出版过多本期货与股票投资的专著，更是广州当地电视、电台、报纸的名嘴名家。

接下来我还采访了他的几位同事，其中有成都营业部的负责人陈学丰，与程峰的名字极其相似。就这样，两人的名字自然就成了我们聚会时的一个话题：陈学丰这名字的背后就是"学程峰"嘛！话题热闹地进行过几个回合后，我们都敬重的一位大姐一锤定音："给他们俩排个序，程峰叫程大爷，陈学丰就叫陈二爷。"自此，程大爷成为一个正式称呼。

总是留着一小撮胡子的程大爷外表看来朴实，但这绝对有欺骗性：幽默风趣是程大爷想盖都盖不住的特点之一。每次朋友聚会，他智慧幽默的语言总是让一路上充满欢声笑语，每次都会有不少程大爷语录让大家印象深刻。慢慢地知道了，程大爷还有过多场现场主持人的经历，现在看程大爷不去做娱乐节目主持人，也真是为了给小辈们留机会呢。一次次的美好记忆，让我们一帮朋友对每年的聚会总是充满期待，这份情谊也越来越浓。

认识程大爷整整十二年了，平时各自都很忙，电话联系并不多。但是，我们的报道他很放在心上，遇到一些不同观点，他会来电话讨论一番，提出中肯建议。听说有困难时，程大爷会打电话来问，还有啥需要帮忙？最后一定会反复说："千万别客气。"每次去广州，他会抽出时间见个面，哪怕是喝个茶聊聊天，也一定要坐下来畅谈所思所想。和程大爷相处，一切都很轻松自然，无拘无束。

要真正了解程大爷，不得不提及畅销书《程大爷的朋友圈》，这本书中，程大爷的才情与其说流露不如说爆发。在他出版过的二十几本书里，《程大爷的朋友圈》的动人之处，在于书中不讲专业，只讲他的诗歌、散文、摄影，他的诗和远方。程大爷深厚的文字功底和博大的人文情怀，对社会，对自然，对人与人关系的独特理解和体验，都在书中得以呈现。程大爷大学时代的辉煌经历也不少，作为当时全国大学生诗歌大赛一等奖获得者，他的诗总是充满灵动，意境深远；他的散文与随笔则亲切自然，其中《这是王德胜的牛》，让人每读一次都忍不住会心一笑，仿佛找到了儿童时代的些许回忆。特别是这本书中的所有照片都是出自程大爷之手，每张唯美的照片都将特定时点的瞬间体现得淋漓尽致……

熟悉程大爷的人，会觉得书中这些内容是程大爷才情的尽情释放，感动于他对生活的热情诠释；书店里偶遇《程大爷的朋友圈》而爱不释手的读者们，则被作者对生命的感悟与理解打动——碰撞了，动心了，收藏了。

从业二十余年，伴随着股市的起起伏伏，不减的工作激情让他一直乐于奋斗在第一线，业务与专业的沉淀自然越来越深厚。对此，他跟我说得最多的是，平台的价值与个人的付出不可或缺，为公司、团队与客户应该承担更多责任。

2015年4月，我们的微信公众号"券商中国"刚刚推出，除了定位于财经热新闻的及时报道，也需要专栏文章来构建整体层次，我自然而然就想到了程大爷，请他给予支持，程大爷也是最爽快应允。短时间的磨合后，程大爷论市栏目的文风初定，文章风格从开始的偏二级市场转向了市场热点的深度剖析。不少朋友评价说，这个专栏最大特点就是观点坦率深刻、切中要害，不偏不倚，却又麻辣十足，分析过程娓娓道来让人信服。

作为靠码字为生的记者，我很清楚，在坚持每周一篇五六千字长文背后的付出到底有多大。功夫在诗外，程大爷的文章背后，不仅是博览群书的印记，还有对财经热点的广泛关注和独到理解。让券商中国编辑尤其感动的是，程大爷在过去一年坚持每周提前交稿，而且往往是在夜深完成创作，不仅行文流畅，见地独到，而且基本没有错别字，这其中的付出怕是常人难以感受到的。

如今券商中国的"程大爷论市"专栏越来越叫响，这个栏目为券商中国赢得了影响力，程大爷也拥有了越来越多的铁杆粉丝，更多朋友会在每周六晚翘首以盼新文章的出炉。

近水楼台先得月，作为他的朋友，我的收获则要更多一些，收获了友谊与快乐、美德与见闻，当然，还有诗歌与远方，为文为人，都在与程大爷的交往中受益颇多。

证券时报编委　刘兴祥

程大爷论市——《人民日报》的专门推荐

做有影响的"财经顾问"

"券商中国"是什么？

2015年4月开创伊始，"券商中国"团队常遇到这样的问题。而今，已有超过50万的金融机构、投资人士代为做出解答：作为证券时报旗下的一个新媒体拳头产品，"券商中国"已经成长为目前国内最有影响力的财经微信公众号之一。

有料有趣有速度

"券商中国"刚运营的时候，运营人员曾去一家大型上市券商"拜码头"，寻找合作模式，但对方态度倨傲：你们拿什么和我们合作？

仅仅一年多时间，这家券商谈及财经媒体影响力，必称"券商中国"，其开拓性业务的推广与传播，都是从"券商中国"开始的。

在北京、在上海、在深圳、在成都，在全国各地都有各类金融机构希望借助这个平台，传播公司的理念与资讯，而大量来自金融机构的拥趸和粉丝——从高级管理者到一线员工，都非常喜欢"券商中国"的文章，成为热衷转发这些文章的"二传手"。

每个微信号都有自己的格调和定位，"券商中国"也不例外。在阅读手机化和碎片化的时代，"券商中国"努力探索，对财经新闻的报道实践着"有料有趣有速度"，平实而不喧嚣，亲民而不口水。写受众迫切需要的财经新闻，做"有速度、有观点、体现专业"的微信号。

现在，媒体同行对"券商中国"也给予了充分肯定。"券商中国"不仅被众多财经网站、财经类App第一时间抓取转载，报道也被数百个微信号转载，这里有众多行业领先的自媒体，也有很多金融机构的微信号。

勤奋专业"押对题"

"券商中国"是个没有休息日的公众号。至今，总计发稿量已超3000篇，其中原创2800多篇，原创率超过90%。在各大微信影响力排行榜的位置也一路飙升，已跻身"新榜"微信号前20～60名之间。

"券商中国"每天聚焦来自金融机构一线、反映市场最新动向的高品质新闻，准确把握财经事件、发现行业趋势、分析数据变化、提供理性解读。目前，阅读量达"10万＋"的稿件已超20篇。

《A股熔断机制正式登场！这些变化和实操策略您当知道》一文，阅读数近90万，转载超500次，而当时"券商中国"的粉丝数仅16万。

这一报道，是"券商中国"用勤奋、专业"押对了题"。熔断机制推出前，很多媒体陆续在解读，但最后一刻放松了，"券商中国"则把激情保持到冲锋时刻。1月4日，首个交易日熔断发生！"券商中国"的报道迅速在市场引爆。近90万阅读量，这一成绩在财经公众号中可圈可点。

《不是段子！四成上市公司一年利润够不上北上广深一套房，赚钱太少还是房价太高》是"券商中国"推出的数据类报道，中国一线城市房价太高，而大批上市公司利润率偏低成为话题切入点。这一报道推出后迅速成为"10万＋"稿件，还是街头巷尾的爆点话题和行业点评上市公司利润的生动标准。

监测数据显示，"券商中国"粉丝已遍布全国各地。有些涉及证券业务的报道会被众多证券公司和营业部转载。看到后台监测数据，不免令人惊叹：这里不就是中国证券营业部大全吗？

互动感受"影响力"

"券商中国"的影响力也来自与金融机构的互动，这种互动使更多受众感受到"券商中国"的影响力。

去年年底举办的券商"最暖投顾"活动，是"券商中国"的一次成功尝试。投资顾问群体在证券行业的地位并不高，他们迫切需要社会第三方对其工作能力、客户关系给出评价。"券商中国"推出的评选活动，凸显为客户提供的专业咨询、操作指导、人文关怀，拉近了客户与投资顾问的距离，"券商中国"在投资者中的影响力扩大，至今还有很多投资顾问将奖杯或是活动图片作为微信头像。

今年5月，"券商中国"发起"最中意上市券商董秘"评选，券商参与的热情度空前高涨，原因只有一个：他们相信"券商中国"的公信力与影响力。

与微信号一起成长起来的，是受众粉丝喜爱的《程大爷论市》栏目，这一黄金栏目也是"吸粉"的秘密武器。与交易时间的阅读不同，该栏目注重向读者展现市场轻松的一面，重在分析点评市场热点话题，观点坦率深刻、切中要害，麻辣十足，让人看后大呼过瘾。

阅读量、转发量、点赞率和增粉率这些透明硬指标，给新闻产品质量提出更为严苛和直接的评判方式。而这些来自读者对"券商中国"的估值方式，正推动更高质量财经新闻的产出。

（摘自2016年8月11日《人民日报》第23版）

目 录
Contents

论市篇

目录

怎么做才能既不会让火鸡跑光了去后悔，又不会错过捕捉到更多火鸡的机会呢？

答案是，你必须接受一个不"完美"的操作策略。

这不，曾经发誓永远不再融资的人，一见股市反弹了，立马就改变了信仰，又开始借钱买股票了。

股市就是一座大熔炉呀，改变一个人的世界观，据说只需要一根阳线！

是不是也可以这样理解呢？动物世界的丛林，是人类社会丛林的一个缩影？而股票市场，则是社会丛林中人性与兽性靠得最近同时也最为暴力血腥的深处？无论在哪一处丛林，游戏规则的精髓是不会改变的，它们万变不离其宗，这个"宗"即是丛林法则。

我们用本能型人来描述那些用本能或者潜意识做决策的

人，用情感型人来描述倾向于感情用事的人，用理智型人来描述冷静理性的人。

主题投资是对痛苦现实的一种躲避 / 24

我们得感谢那个将"炒概念"说成是"主题投资"的词汇创新者，它可以说是A股市场最伟大的发明。

这个词汇一出，所有热衷于讲故事炒概念的投机者都有一种如释重负的感觉，他们原本存在于内心的那一点忐忑和愧疚就此荡然无存，那些还在投机炒作面前忸怩不安的价值投资者，开始放下理念的负累，纷纷奔向"主题投资"的战场。

那些看上去很美的预测不过是"赌徒谬误" / 31

瞧瞧，如此知名的分析师做预测，都无法避免要拿前几年的市场走势来做参照，于是，看起来很是有道理，实际上，这种逻辑是一种典型的"赌徒谬误"。

股市中的小道消息抄的都是近路 / 37

有时候谣言虽小，经过互联网途径的不断放大，最初的一个哗众取宠的玩笑，最后会变成一个恶意的推手，导致灾难性的后果，所以，"勿以恶小而为之"，即使是一次"小恶"，杀伤力也不容小觑。

A股有戏了，不信你看，
全中国最会演戏的人都来了 / 44

娱乐圈明星们的到来，确实给A股市场制造了更多的炒作题材，看起来股市是有戏了，实际上，如果我们的上市公司一直沉迷于制造短期轰动效应的投机取巧把戏，这个市场最终还是没戏。

A股悖论：自从爱上了巴菲特，
我们就远离了价值投资 / 54

A股投资者最热衷于炒短线，但是，炒短线赚钱者寥嘹，这个时候，有人喊一嗓子，说炒股票哪用得着这么累啊，看看人家巴菲特，连报价机都没有，每天都跳着舞步去上班，在办公室喝喝可乐吃吃花生糖，就把大钱给挣了。

这么多年来，A股市场的投机炒作风潮可谓愈演愈烈，有"好"消息时，股价蹿升，有"坏"消息时千股跌停，消息或者说题材之于A股，就像毒品之于瘾君子一样，都是制造快感与幻觉的道具。

在上周，A村阿花遭遇MSCI这小子的第三次戏弄之后，内心深处的刺痛和恼怒，不出所料地表现出傲娇的姿态。这就是为什么看热闹的人会觉得不合逻辑的原因，因为，在受到伤害的时候，弱者更容易表里不一，也就是说，她会表现得出乎意料地像一个强者。

论势篇

投资者热衷于短线交易。在他们的心中，有一种交易策略始终坚如磐石，这就是高抛低吸！可是，程大爷混迹于期市与股市二十多年，没吃过猪肉，但见过猪走路，所见所闻，运用这个策略获得持续成功的人，几乎没有！

投资如同作战，这个"彼"就是那个瞬息万变的市场，我们对它的认知，其实是极为有限的，这就是为什么股市没有百战不殆的常胜将军的原因。

既然不可能完全"知彼"，如果至少可以做到"知己"，还有机会"一胜一负"啊，最怕的是既不知彼，也不知己，当然就是每战必败，哪有机会成为市场赢家？

在股市中，有的人热衷于短线操作，日炒夜炒，活跃异常，殊不知看起来眼观六路耳听八方，但一旦从热闹中沉寂，往往会因脆弱而崩溃；而那些股市中的"弱势群体"，平日里沉默寡言，看似了无生气，但其常常潜心定气，大风大浪都奈他不何，真正的"股神"就出在这一群人中。

绝大部分的散户买股票被套住了，都会选择抓住不放手，由此可见，不仅人真的有可能是从猴子进化过来的，而且，说不定人在一定的环境下还会变回猴子，只是，从猴子变成人肯定经历了漫长的岁月，而从人变成猴子，则仅需要一只股票。

在牛市里没有明白的道理在熊市里顿悟了，这不是谦卑，而是事实，多牛逼的人都不过是这个世界的一只小蚂蚁，股疯时我们都还以为自己是一匹狼呢，这体量缩水也太快了！不是吗？

股灾当然是令人讨厌的，但它也有一样好处，就是让狂热的心冷静下来了，开始懂得反省自己，认清自己，知道生命作为个体的局限性，认识到真实的生活和自我，还很幼稚，需要修炼。

退市制度在这么多年的"苟且"之后，终于迈开了第一步，朝着依法治市的诗和远方。

换句话说，终于有一只A股的"不死鸟"，不仅没有了诗和远方，甚至于连眼前的苟且也难以为继了，是的，听说这一次，它真的要"死"了，尽管之前，他多次"死亡"未遂。

论事篇

能交易系统或曰机器人。

迎财神也好，接财神也好，拜财神也好，还是要有针对性，并不是见到财神就拜，而是要细加选择。

就拿炒股的人来说吧，拜所有财神都没问题，但是，如果要做到"精准"求到好运气，就要选拜偏财神！

如今，星空依旧在，可惜再也无心去仰望，许多人都幻想成为资本市场的天使（投资人），对于科技的每一重大发现，想到的就是应该在A轮B轮还是C轮进入，分他一杯羹。

唱空更能制造大众的心理焦虑，引发人们对破解"末日"危机的思考，所以，悲观者看起来思考得更深入，更有使命感，更有悲天悯人的情怀……乐观者则难以到达这样的效果。

这类股市网红看起来像是在搞娱乐，实际上他是在做投资分析。他们猜顶测底，指点江山，激扬热点，乱说一通，假如蒙对了，就说是预测，说错了，就装疯卖傻，往娱乐圈里靠。

凡干私募基金的，不管哪条道哪个山头哪年入行，一律称之为大佬，这个名号听起来好像挺吓人的，其实，虽然都叫大佬，但是，含义可以是天壤之别的哦。比如说，程大爷跟王健林一起去沐足店洗脚，从保安到按脚工保准称我们都是"老板"，这俩"老板"是一回事吗？

　　散户对这些包裹在资本故事里的一级项目，总是趋之若鹜，心甘情愿等待长达3～5年甚至更长的锁定期，起到关键作用的是资本幻觉在短期内总是难以被证伪，如果投资二级市场，市场的剧烈波动就会毫不留情地把投资人实际的亏损与盈利马上显示出来。

　　假如你是在牛市时选择干证券这个行当，你又会面临着在熊市时要不要改行的选择，选择了坚持下去，你又面临在原来的证券公司干下去，还是跳槽到别的证券公司的选择。

　　在行业转型的阵痛中，每个人都会面临着那个哈姆雷特式的设问：坚持，还是放弃，这是一个问题。

假如炒股是一场修行

只有笨蛋才会卖在最高点

怎么做才能既不会让火鸡跑光了去后悔，又不会错过捕捉到更多火鸡的机会呢？
答案是，你必须接受一个不"完美"的操作策略。

每一轮上涨行情结束后，总会有无数的交易者后悔没有在最高点卖出股票，当然，也会有个别人会宣称自己在最高点卖出了股票，绝大多数人的懊悔不已夹杂着一小撮人的洋洋得意，构成了股灾之后交易者的众生相。

有个"民间高手"跟程大爷吹牛说，他曾经在2007年的6124点成功逃顶，这不算什么水平，关键是，在2015年的5178点再次精准逃顶，这个水平，只有"神仙"可以做到。

我看了他的交易记录，确实所言不虚，顿时惊为"天人"（不过，交易记录也是可以自己做一份出来的哦，哈哈）。某位大哲学家说，人不可两次踏进同一条河流，可是，眼前这哥们，硬是做到了在两条不同的河里捉到了同一条鱼，太神奇了！

世间比这神奇的事情，还有呢。

我不由得想起，曾经也有那么一个神奇的人，汶川大地震的时候他在汶川，房屋倒塌时他恰巧去了玉米地里拉屎，躲过一难。后来他去了玉树，结果玉树也发生大地震，山体滑坡泥石流把房子都冲河里去了，当时他正在另一处山坡上放羊，毫发无损。再后来，他一气之下，去了雅安，结果，雅安天崩地裂时他在河里捕鱼，他又有惊无险。再再后来，很多人都关心他去哪儿了（地震局的专家们尤其关心），我猜测应该是去了云南（股民们都很担心他去了A股），云南这几年不消停啊！

这个神奇的人，不是虚构的，网上曾经报道过，有图有真相。

我就想，那个精准逃顶的民间高手，是不是他的亲兄弟呢？

重新回到前面的话题，每一轮行情，都只有极少的交易者会卖在最高点。那么，这些卖在最高点的人是天才吗？不会卖在最高点的人，都是白痴吗？

答案是否定的。

先来看一个火鸡的故事。

一个想要捉野火鸡的老人特制了一个有活动门的大火鸡笼子，这个活动门用一个机关撑开，上面绑了根可以牵到百尺之外的细绳子，由老人控制。他先在笼子外面铺好一些玉米引诱火鸡上门，一旦火鸡进入笼内，可以发现更多的玉米，等到愈来愈多的火鸡被引入笼内后，老人只需拉动细绳，笼门即能关闭。关闭后的笼门要人走到笼子旁才能打开，而这样就会吓跑其他的火鸡。因此，只有当入笼火鸡达到一定数量时，才是拉绳的最佳时机。

不久后的一天，有12只火鸡跑进笼内，但不一会儿，有一只火鸡跑了出去，剩下11只火鸡在笼内，老人想：刚才有12只火鸡，当时就拉绳该多好。但是他又安慰自己：再等一分钟吧，或许那只跑出去的火鸡会再跑回来。他这样想时，又有两只火鸡跑出去了，老人埋怨自己说：刚才11只就该满足了，老人暗暗发誓：只要再多捉一只，我一定拉绳封门了。

可是在走掉了3只火鸡后老人还在继续等待，最后只剩下一只火鸡在笼子里，老人深感懊丧，他打算做最后的一搏：等到火鸡全跑光或是有一只走回笼子内时才拉绳。结果，最后的那只火鸡也跑出笼外找同伴去了。老人只能空手而归。

换位思考一下，假如我是这个捉野火鸡的老人，我怎么会知道12只火鸡就是跑进笼子里的野火鸡数量的最高点呢？如果我凑巧在12只的时候拉了绳子，我可能也不会感觉特别幸运，因为我在想，如果再晚一点拉绳子，会不会有15只甚至20只野火鸡跑进笼子里去呢？只有火鸡跑光了，你才可以最终确认12只是个顶啊！

那么，怎么做才能既不会让火鸡跑光了去后悔，又不会错过捕捉到更多火鸡的机会呢？

答案是，你必须接受一个不"完美"的操作策略，这个策略不是要求你在火鸡最多的时候拉绳子，而是，当火鸡达到一个数量（比如10只）之后，只要跑进来的火鸡数保持增长势头就不拉绳子，但是，当从笼子里跑掉的火鸡只数达到一个触发条件（比如3只以上），就立即拉绳子。

表面上看，这个计划执行的结果是不"完美"的，因为你最终收获到的火鸡数是比跑进笼子里的野火鸡数量的最高纪录要少几只。

实际上，你解决了两个问题：第一，获得了一个触发"平仓"的准确时机；第二，确认了可以跑进笼子里的野火鸡的最大数值。

如果我们把这个故事放进我们炒股的现实中来，就会发现，这简直就是无数股民在面对平仓机会时那种患得患失的心态的真实写照。

为什么我们会有买在最低点，卖在最高点这样的想法呢？这还是那种内心深处的完美主义思想在作祟吧。投资中的完美主义者，极有可能同时也是生活中的完美主义者。然而，平淡的生活中，人生不如意事十有八九，哪有尽如人意的地方呢？

投资中的完美主义者，如果追求买在最低点卖在最高点这样的完美时机，那极有可能会把自己的投资拖入到失败的境地。

股市中逃顶的策略，与程大爷换位思考的捕捉野火鸡的策略几乎可以雷同。

首先，应该确定逃顶的原则是"让利润充分增长，将回撤控制在最小幅度"，而不是卖在最高点。所以，你看起来也在执行一个不完美的操作计划，实际上是明晰了逃顶的触发条件。

其次，顶点不是一个股价或者指数的最高点，而是一段上涨趋势结束后的转折点。股谚有云：顶在顶上！真正的顶点只有一个，但股价每次创新高都像是一个顶点，主观上去猜顶是没有意义的，而且也猜不到，总想卖在最高点的人，常常都会卖在半山腰。

第三，聪明的投资者通常不会卖在最高点，而是卖在次高点。真正的投机高手都是趋势投资者，追涨杀跌乃是其惯用手法，不等趋势确定改变，高点转折已成事实就贸然卖出，这不是高手的交易习惯。可见，高手不可能卖在最高点，却经常可以卖在从最高点回撤百分之五之内，极端行情下也可控制在百分之十以内。所以说，高手是卖在次高点的。

第四，卖在最高点的交易者实际上是一个笨蛋。上涨行情还在继续，他却卖出了，只有投机技巧拙劣的交易者才会这么干。凭着某一次两次的异于常人的极端好运气，终于卖在最高点了，这并不值得庆贺，只能说明他比一般人要笨，因为中国有句古话说得好——憨人憨福！在交易过程中，一个人的好运气几乎就与他的愚笨程度成正比，不是吗？（程大爷这么说是不是让很多人都松了口气呢？哈哈）

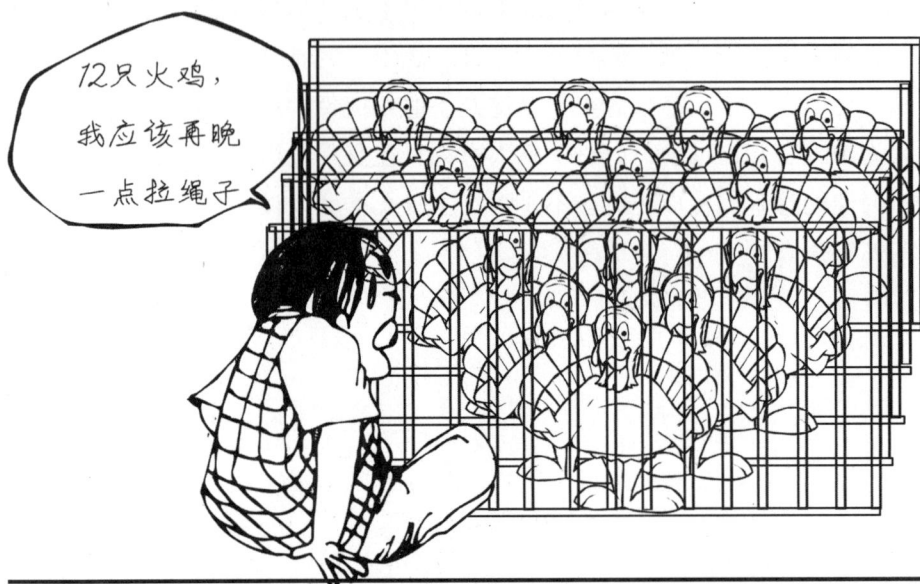

怎么做才能既不会让火鸡跑光了去后悔，又不会错过捕捉到更多火鸡的机会呢？

答案是，你必须接受一个不"完美"的操作策略。

你若不轻佻，股市岂敢放肆？

这不，曾经发誓永远不再融资的人，一见股市反弹了，立马就改变了信仰，又开始借钱买股票了。

股市就是一座大熔炉呀，改变一个人的世界观，据说只需要一根阳线！

现如今，股市虐我千百遍，我待股市如初恋的痴心股民，还真是不在少数呢。

有人说股民的记忆只有七秒，当然，这个七秒应该是说他们对投资失败教训的记忆总是非常短暂，约等于北鲫鱼对爱情的记忆，据说，这种鱼从来记不住自己的爱人，所以，活得很快乐哦（好奇怪，为什么记不住自己的爱人就会活得很快乐呢？莫非北鲫鱼也炒股？没有人在边上抱怨？呵呵）。

这不，曾经发誓永远不再融资的人，一见股市反弹了，立马就改变了信仰，又开始借钱买股票了。股市就是一座大熔炉呀，改变一个人的世界观，据说只需要一根阳线！

股灾刚刚发生的那阵子，广大股民朋友一个月生产的段子，比以往一年还要多。其中，有个儿童不宜但广为流传的段子，生动形象地影射了当时的股民心态。它是这样说的：现在炒股的感受就是，被强奸了好几遍还舍不得下床，对方每次掏口袋都以为在掏钱，结果掏出个套子，按在床上又来一遍……最后忍无可忍，打电话报案，谁知道对方下床后穿上了警服，接个电话说"明白明白，我已到达现场。"

明知道"被强奸"，却又贪恋别人口袋里的"嫖资"，幻想对方会掏钱，舍不得逃走，结果一再被套，这就是许多股民股市人生的生动写照了。

不过，既然希望得到"嫖资"，又报案说是"被强奸"，警察叔叔也未必搞得清楚，这到底是一宗强奸案呢？还是一宗卖淫嫖娼后的嫖资纠纷案？

于是我想到，很多时候，如果不是因为你有不恰当的企图心，你何至于受

有人说股民的记忆只有七秒，当然，这个七秒应该是说他们对投资失败教训的记忆总是非常短暂，约等于北鲫鱼对爱情的记忆。

这不，那啥，股市不是反弹了嘛

你不是说再不买股票了吗

到如此身心交瘁的伤害？

作为一个势单力薄的散户，如何才能做到对市场始终保持敬畏之心，对无法预测的风险时刻保持警惕，放弃对暴利的不切实际的幻想呢？

遇到失败的时候，人们习惯于从外部去寻找原因，怨天尤人，愤愤不平，好像自己完全是个无辜的受害者一样。其实，投资中的诸多挫败，多半跟你无限膨胀的贪欲和不切实际的幻想有关。人都有一个习惯，那就是永远都会高估自己的能力而低估江湖的险恶。

在强烈的贪欲激荡下，人们忘了敬畏。

关于这个问题，王育琨有一段感悟，颇为到位：敬畏一种事物的本真和天性，敬畏自然法则，敬畏活泼的新生命，就不会伤害到我们的身心。一切事败，多出于轻慢，一切轻慢皆是少了敬畏。

可能是这么多年来"人定胜天"之类大无畏精神的教育使然，国人不仅早就失却了敬畏之心，反倒凭空培养出来了一股战天斗地的霸蛮气概。

只要能来钱，就天不怕地不怕了。这也难怪许小年会抱怨说，中国人有时候太聪明了，聪明到了经常做蠢事。

我猜，这种聪明的缘起，还是心中没有边界和禁区，啥事都敢干。

人的敬畏之心，不是让自己产生恐惧与不安，它最终还是为了让你的心回归于"不惧、不畏"的安定与平和。

王阳明对于心与天理之间的平衡关系，说得相当到位。他认为身之主宰便是心，心之所发便是意，意之本体便是知，意之所在便是物。

心是身体和万物的主宰，当心灵安定下来，不为外物所动时，本身所具备的巨大智慧便会显露出来。

王阳明中年悟得"心即理"——"万事万物之理不外于吾心"，在晚年悟得"心即理"的本体就是"良知"，"良知即天理"。

当然，最终还得靠"致良知"去"穷理"。

而在"致良知"的工夫中，就比较强调"敬"。

西方文化中，有"上帝"之类至高无上的存在，人的敬畏之心是清晰可辨的。在"主"的面前，"俗人"的局限性便无可遁形。

由此可见，敬畏不是一种美德，而是一种心态。纵观中外历史上投资领域成就大事业者，莫不练就了一个这样的心态。

即使是索罗斯这样的顶尖人物也体会到了要完全正确地洞察金融市场的重大变化是一件困难的事，他在谈到全球投资领域对自己推崇备至这一现象时说了句让人回味无穷的话："一群瞎子找了一个独眼的人来做他们的国王。"

对于金融市场，索罗斯自谦为"独眼龙"，而大众只是一群"瞎子"？这个说法实在太让人感到自卑了，说明普通的投资者对于金融市场保持敬畏，不是美德，而是必要。

当然，如果索罗斯关于"瞎子"与"独眼龙"的比喻还不够打击你的话，这儿还有一条新闻会让你更加沮丧。一个普通的投资者，无论他对自己的投资能力如何高估，事实证明仍然难以超越"盲人摸象"的境界。

这条新闻是多年前读到的，现在算是旧闻了。在瑞典的一场炒股竞赛中，力拔头筹的竟是一个名副其实的"独眼龙"——一个名叫奥拉的6岁黑猩猩。就是它打败了另外5位高级股票经纪人，在一个月的时间内，以2000美元的资金赢取了304美元的投资回报，而5位炒股专家以同样数额的资金获得的平均回报却只有192美元，大大低于这头与人类的基因相差2%的动物对手。据瑞典《快报》报道：仅有一只眼睛的奥拉独具慧眼，而且能够当机立断，它的选股方法是对着钉满公司名单的木板投掷选择，令人称奇的是奥拉所投向的多是些小公司，其中有一家小公司的股价在一个月内上升了44%，奠定了获胜的基础。奥拉的选股策略看来与我国股市中长盛不衰的"炒小不炒大"之风暗合哦。

这确实是比较伤自尊的一个"新闻"，好在它可以帮助我们客观地评价自己的能力，记住作为一个散户的局限性，从而对股市保持敬畏之心。

利弗摩尔在《股票大作手回忆录》中也讲了一个关于投资者如何常常会"死"于"贪婪与轻慢"的故事。

有一回，他的好几个同事看上了一件售价差不多10000美元的俄国黑貂皮大衣。但是，没人愿意自己掏钱马上买下它，因为每个人都在想，在股市里，花一个星期就赚回来了，让股票市场为我买单吧！

结果，他们花了差不多4万美元，却没有一个人有福气穿上它。

利弗莫尔说，如果你对交易厅的普通顾客非常了解，就会支持我的下列看法：在华尔街，寄希望于股票市场为你支付账单就是众多输家亏本的根源之一。如果你坚持这样的理念，终究会损失所有的本金。

在华尔街，成千上万的人都想从股市中捞到一辆汽车、一条手镯、一艘游艇或一幅名画的钱，但没有一个人是不亏钱的。

股票市场非常抠门，它拒绝为我们支付生日礼物的费用，否则我们足可以用这些钱来建造一所大医院。

实际上我觉得，在华尔街经历的所有倒霉的事情当中，想让股票市场充当仙女给自己送礼的美好幻想可以说是最不切实际，也是最普遍的想法了！

记住，你是所有发生在你身上的事情的原因，无论是在股市里，还是股市之外。

散户参与丛林游戏的五项生存法则

是不是也可以这样理解呢？动物世界的丛林，是人类社会丛林的一个缩影？而股票市场，则是社会丛林中人性与兽性靠得最近同时也最为暴力血腥的深处？无论在哪一处丛林，游戏规则的精髓是不会改变的，它们万变不离其宗，这个"宗"即是丛林法则。

自从做了证券与期货这个行当之后，能吸引程大爷的电视节目就少之又少了。

什么硝烟弥漫的战争题材，钩心斗角的宫廷剧情，尔虞我诈的爱情故事，在大爷我看来，就基本上跟儿童节目一个味道。不过，还真有那么一个电视节目，这么多年来，看了多少遍仍然喜欢看，那就是——《动物世界》。为此，我还认定赵老师的解说腔调，是世界上最富魅力的男声呢。

我也说不清自己是从何时开始、为什么会喜欢《动物世界》。直到有一次看到著名主持人崔永元说他也喜欢《动物世界》，并且说他喜欢看这个节目的原因竟然是：那里边没有人！

我这才找到了部分答案。

我想，老崔说的应该是一句玩笑话吧？在人群中活得太累了，去看看动物们的活法，有一种超然物外的轻松，毕竟，爱看热闹也是人类的天性。

不过，喜欢《动物世界》的热闹，还不是事情的全部，体育和娱乐节目都很热闹，为何看多了也烦呢？在程大爷看来，动物世界的"热闹"不同于人类的"热闹"之处，在于它没有什么黑幕，也没有主持人吧？'老崔的这寥寥几字，一不小心，已经接近哲学的高度了。

人类进化了几百万年，但是，一些基本的特性几乎没有改变，仍然保留着爬行动物最初的习性。比如，都需要一个窝，有自己的领地，排斥别人的入侵，在有限的资源中竭尽全力想占有最多份额，等等。

所以，在没有人的动物世界里，我们反倒一眼就看见了赤裸裸的人性。

而在衣冠楚楚的人群之中，我们又分明看见了遮掩不住的动物性。

说到底，人就是高等动物嘛！

是不是也可以这样理解呢？动物世界的丛林，是人类社会丛林的一个缩影？而股票市场，则是社会丛林中人性与兽性靠得最近同时也最为暴力血腥的深处？无论在哪一处丛林，游戏规则的精髓是不会改变的，它们万变不离其宗，这个"宗"即是丛林法则。

按照教科书上的解释，丛林法则是自然界中生物学方面的物竞天择、优胜劣汰、弱肉强食的游戏规则。

它包括两个方面的基本属性：一是它的自然属性；另一个是它的社会属性。自然属性是受大自然的客观影响，不受人性、社会性的因素影响。自然界的资源是有限的，只有强者才能获得最多。它的社会属性一般体现在动物世界。人作为高等动物，他可以部分地改变丛林法则的自然属性。这也是人类社会要遵守的生存法则。

大到国家间、政权间的博弈，小到企业间、人与人之间的竞争，从军事上的攻守据退，到金融市场的多空争夺，都要遵循丛林法则，至于竞争结果，那就凭着各自的能力、智慧以及战略战术了。

有人会说，尽管动物优于体能，但人类却优于智慧，在思想方面，人类与动物之间有着本质的区别，人类可以学习与创新，具有对信息的加工与处理并预测未来的能力，其他动物也可能有这样的能力，但不可能达到人类的高度。

但是，在股票市场这处丛林之中，人类更多地表现出动物性的一面。

例如，羊群效应。对于一群羊来说，跳过障碍物是永恒不变的"真理"，如果第一只羊跳过某个障碍物，那么，它身后所有的羊都将会相继高高跳起来，跃过"障碍物"，而不管"障碍物"是否真的存在。

在熊市末期，当有人因为恐惧而抛售股票导致市场下跌的时候，会导致更多的投资者产生恐慌情绪，进而卖出股票，也不管手中的股票有没有价值。

反过来亦如此。在牛市末期，当别人还在继续疯狂买入时，在贪婪情绪的影响下，散户一般都会更加贪婪地买入股票，也不会去思考这些股票是否已然是一堆泡沫。

简而言之，人的天性就是如此，在别人恐惧时更加恐惧，在别人贪婪时更加贪婪。这一点与动物没有差异。

成功的交易都是逆人性的。就是当你克制不住想买入的冲动时，你恰恰应该卖出；反过来说也是，当你的情感焦虑到非常想卖出的时候，恰恰应该买入。这多么离奇！原因正在于，交易过程中，散户没有一种机制来控制自己的情绪，没有管束的人性恰恰就是动物性，所以，你以为你逆的是人性，实则是动物性，背离动物性的交易，才会有更高的赢率！

从电视上看到的动物世界，绝对不存在动物之间的平等地位，恰好相反，"猛庄"和"小散"之间的差别，泾渭分明。在非洲大草原上，动物的种类繁多，但只有两大类，一类是食草的，一类是食肉的，食肉动物处于食物链的顶端，食草动物处于中间。

这两种动物哪一种过得更安逸更舒适呢？显然是食肉动物，狮子在一天中的大部分时间里都在睡觉，他们用于捕猎的时间很少，因为肉类的营养丰富，热量高，吃一顿能顶好几天。而那些食草动物，尤其是那些体形较大者，一天中大部分时间都在进食，否则就满足不了身体的需要。食草动物辛辛苦苦吃了半天，好不容易长了一点肉，最后弄不好还是成了狮子、猎豹、鬣狗的盘中餐了。

这就是丛林法则中最基本的一点：弱肉强食。但在食肉动物之间还有另外一套规则，即划分势力范围，依体形的大小、在群体中的地位来决定进食的顺序。在食肉动物之间为争夺势力范围，为消灭潜在的对手，为提升自己在群体中的地位进而获得优先进食的权力也会发生搏斗，当然，这种搏斗与食肉动物和食草动物之间的矛盾是两类不同性质的矛盾。狮子再强壮，它也不会去主动攻击鬣狗，除非鬣狗对它的利益产生了重大威胁。因为鬣狗也有利齿，它有自卫的能力，如果为了一顿午饭而去冒受伤流血的危险，这个捕食的成本就太高了。

可见动物之间，也是分层的，食草动物是食肉动物的食物来源，相当于股市中的散户，处于食物链的低端，食肉动物处于食物链的高端，相当于占有资金与信息优势的专业投资机构。在不同的层级，同样存在勾心斗角和抱团取

斑马群想吃掉睡觉的狮子前面
的嫩草，并在狮子醒来之前逃脱。
不幸的是，路太窄，斑马挤成一团，
最终都成了狮子的美餐。

1

2

3

4

成功的交易都是逆人性的。就是当你克制不住想买入的冲
动时，你恰恰应该卖出；反过来说也是，当你的情感焦虑到非
常想卖出的时候，恰恰应该买入。这多么离奇！

暖，肉食动物的利益集团现象尤为明显。

人类与动物相比，参与或者退出某个丛林游戏的选择自由度更高，比如进入、退出甚至不参与股市游戏的选择自由，但是，有人的地方就有江湖，人生处处皆是丛林，就一个人的一生而言，你不可能永远是社会丛林之外的看客。

那么，人类依据什么标准来决定参与还是不参与某类游戏？我认为他们依据的都是一个叫作"风险报酬比（值博率）"的指标。例如，如果投资者参与股票博弈的出发点是获得更多的金钱与荣誉，那么，风险就是失去这些金钱、荣誉、快乐和自信，报酬是更多倍数（比如潜在得到的收益和亏损本金的风险比是3倍以上）地得到它们。

动物就没有不参与的选择自由吗？当然也有，但食草动物的选择自由是极为有限的，它的报酬是更多更好的草，而风险是失去整个生命，那么，只有当风险报酬比足够大的时候，它才会去冒险！

来看看斑马是如何评估它的"风险报酬比"的。

生活在非洲草原的一群斑马禁不住嫩草的诱惑而闯进了狮子的领地，胆大的斑马走在马群的外围，因为那儿的草既新鲜又脆嫩，这些斑马个个长得膘肥体壮，但是当狮子来临时，外面的斑马首当其冲成了狮子的美餐；胆子小的斑马则挤在马群的里面，它们只能吃别的斑马吃剩下的或者被踩过的草，所以个个长得瘦巴巴的，但是，每当狮子袭击马群时，这些吃不上嫩草的瘦弱的斑马却能活下来。

这些斑马就这样在嫩草与风险之间作出选择，想吃嫩草就可能付出生命的代价，想保全生命就必须老老实实地吃别的马吃过踩过的草，不过，也有聪明的斑马在感觉安全时跑到马群边上吃上一阵嫩草，感觉危险时就待在马群里面，根据不同情形来决定站在哪里与其他斑马保持联系，结果这种方法渐渐为很多斑马所仿效。

有一次，斑马群在一个峡谷里看到一大片嫩草，一群狮子正在嫩草边上睡觉，斑马们觉得饱餐一顿的好机会来了，每匹斑马都想吃狮子鼻子面前的嫩草并在狮子醒来之前顺利逃脱。不幸的是，路太窄，斑马挤成一团，最终都成了狮子的美餐。

　　当然，动物丛林中的强弱位置不可能永远不变，强者永远面对来自各方面的挑战与威胁。只有抓住一切机会，磨炼意志，锻炼身体，才有可能在竞争中获胜，斑马不能变为狮子，但可以变成跑得最快的斑马，也可能变成斑马之王，狮子变不成斑马但懒狮子永远吃不到肉，反而有可能成为其他肉食者的食物。股市中的散户，也有最后成长为"大鳄"的，当然，一轮股灾之后，专业机构和大户，也有"落毛的凤凰不如鸡"的，一不小心，大户变小散，也常有发生。

　　改革开放初期，东南西北中，发财到广东，可见广东人的冒险精神还是闻名遐迩的。在广东这块"丛林"，当时有句话说得颇为豪迈：博一博，单车变摩托。但是，单车博成摩托者固然有之，而把单车博没了者，则比比皆是。这里仍然是风险报酬比这一标准在发挥作用，摩托车的价格当然不只是单车的三倍了，如果把这个游戏的风险报酬比想清楚了，最坏结果无非就是失去一辆单车嘛，这个风险不难接受，因为有价值三倍甚至十倍于单车的摩托车在丛林中召唤着自己呢。

　　好吧，既然有利益的地方就有"丛林"，那么，如果一位非职业投资者（*我们统称之为散户*）来到股票市场这一丛林深处，他如何才能生存下去，并最终成功走出丛林呢？

　　熊出没，请注意：

　　第一，股市中只有不确定性是确定的，你必须可承受参与游戏的最坏结果。你是否做好了准备？这里其实有两个维度的评判标准，一是自我评价。自己在精神层面和物质层面是否做好了参与游戏的必要准备，二是裁判认定。作为游戏裁判的证券监管部门是否认为你符合参与游戏的基本条件，也即投资者适当性要求。

　　第二，要么成为高手，要么追随高手。如果你不是合适的直接参与游戏者（*包括自己的评判和裁判的认定*），你仍然可以通过委托专业机构参与游戏，并成为赢家。狐狸跟在老虎的屁股后面，看起来也是蛮威风的，如果可以一直跟着的话就太好了，如果不能，跟一段路程也是蛮好的。

　　第三，杀头的买卖有人做，亏本的买卖没人做。你在决定直接参与游戏之前，需要考虑清楚的问题是风险报酬比（*即值博率*）。例如斑马在嫩草和风险之间的掂量，只有在被狮子咬住是极小概率的前提下，嫩草才是值得追求的。

第四，人格独立，即便是在追随高手的时候，仍然需要识别真正的高手，记住，你的思想永远需要一道护城河。与其他所有的游戏者之间，保持适当的距离。比如刺猬之间的相处，如何既可以抱团取暖，又不刺痛对方，实在是需要拿捏好分寸。

第五，只有永远的利益，没有永远的朋友。既要与强者同行，又要时刻保持清醒，一旦强者要回头吃你，你得知道可以往哪儿躲。（狐狸大概是有些飘飘然了，哈哈。）

股民有N种，你是哪棵葱

我们用本能型人来描述那些用本能或者潜意识做决策的人，用情感型人来描述倾向于感情用事的人，用理智型人来描述冷静理性的人。

程大爷在多篇文章中都探讨过伟大投资者的修成之道，其中关于投资者的"天性"这个话题，大家都饶有兴致。投资能力到底是天生的还是后天养成的，也是众说纷纭，争论不休。不过，在程大爷看来，所有伟大的投资者，他们的投资才华，至少一半是与生俱来的天性，另一半是后天学习历练的知识与经验，这两者缺一不可。天性的优越是成就股神的必要条件，但还不充分。

那么，有一定天赋（但没有达到天才那种程度）的投资者，加上后天的努力，也是可以超越绝大多数的投资者，站在赢家的行列中的。

我们看到的股市"赢家"，既有热衷于技术分析的，也有擅长基本面分析的；既有短线交易的好手，也有长线投资的高手。确实蛇有蛇道，鳖有鳖路，各有各的招数，在A股这样的无效市场中，似乎也说不清哪种风格的投资者更优秀。

不过，我们从每一种类型的投资者身上都可以观察到不同的心理学特征，并且，这些特征又特别容易影响从理性来看的一些个性缺陷。这也能解释，为什么有的投资者会反复地出现同样的错误，很难摆脱某种习性甚至路径的依赖。这些特征跟后天的环境关系不大，它们几乎就是与生俱来的，跟脑部的构成有密切关系。

脑神经学家保罗·D·麦克林认为，从功能上讲，经历漫长的进化过程，人类的大脑包括了三个独立的部分，而且，每个部分都有不同的结构和化学构成成分。尽管它们的功能时有交集，但每个部分都是独立工作的生物计算机，三个部分整合在一个大脑中，于是便有了"三脑合一"这个概念。

三脑中最古老的部分是原始爬行类脑，形成于5亿年前；在此基础上进化形成第二部分脑，即边缘系统，这是由哺乳动物在2亿～3亿年前进化而形成的；最新的部分是新脑皮层，在10万年前进化而成，它标志着哺乳动物（主要是人类）进入新的历史阶段，该部分负责思维、学习、解决问题和会话。

麦克林发现三脑有不同的心智：本能、情感和理智。这三者之间经常相互冲突，并且不是一个均衡的整体。一个人很可能习惯于更多地使用三脑中的某一部分，也就是说，他们习惯于运用三种不同心智中的一种，进而塑造着一个人主要的性格特征。

于是，我们用本能型人来描述那些用本能或者潜意识做决策的人，用情感型人来描述倾向于感情用事的人，用理智型人来描述冷静理性的人。

这三种不同的性格特征，在股票交易过程中表现为以下五种典型的非理性行为：

第一，过多运用直觉判断，并且仓促采取交易行为。这种非理性行为是由动物爬行型脑主导的结果，它同时也表现为人的某种潜意识；

第二，以买入价格为参照物，在交易中忽视趋势的力量，过分拘泥于自己的买入价。当股价处在买入价之上时，心情倍儿爽，当被套牢时，心情焦虑不安，股价对情绪的影响过度放大；

第三，努力摆脱失败感，选择性相信各类信息。当然，谁都不喜欢失败，但是，不敢正视现实，学鸵鸟埋首沙堆，不是有建设性的态度；

第四，时常会出现控制幻觉，过高估计了自己对机会的控制能力。这是人类共有的缺陷，交易中低估市场不确定性的一面，往往会带来灾难性的后果；

第五，某些厌恶风险的投资者对不确定性带有强烈的"洁癖"，害怕出现没有对冲的无风险资产敞口，导致交易时忧心忡忡，无所适从。可见，过度保守也是一种病！

说到底，股票市场是人的组合，而每个人都是三脑合一的复杂结合体。一般来说，市场的参与者很多都表现为多种类型的混合物，并不是典型单一类型。

但是，从交易者的行为来看，几乎每个交易者都偏好使用其中的一部分脑，从来让他的行为呈现较为鲜明的个性色彩。从麦克林的理论出发，我们可以将投资者分为四大类型：

第一，直觉型交易者。他们基本上是依赖本能的感觉作出判断与决策，他

我们看到的股市"赢家",既有热衷于技术分析的,也有擅长基本面分析的;既有短线交易的好手,也有长线投资的高手。确实蛇有蛇道,鳖有鳖路,各有各的招数,在A股这样的无效市场中,似乎也说不清哪种风格的投资者更优秀。

对交易信号的感觉是敏感的，这也决定了这类交易者会热衷于进行短线交易。

即使过去了几百万年，人类行为仍然保留着由原始爬行类脑中的本能行为模式，比如，需要有个"窝"，也就是说他需要拥有一块属于自己的领地并时时刻刻保持防卫的临战状态。这就形成了直觉型交易者灵敏的嗅觉和快速反应能力。

他们对信息的处理方式极为高效，但也是极为粗放的，事实上，他们只需要依据很少的信息就可以做出交易决策。

直觉型交易者对交易的盈利最为看重，他需要用交易的盈利来赋予自己安全感。物质上的成功是他们最为看重的东西。他们对别人的认同和赞赏没有太大兴趣。

直觉型投资者对别人的预测和分析并不关心，他们独来独往，快速投入交易过程，认为相互讨论股票简直就是浪费时间，

第二，情感型交易者。这类投资者的交易行为主要受到人脑中边缘系统的支配。在进化过程中，人们通过心灵和声音成功实现了第一次交流就是由边缘系统指挥完成的。

情感型投资者对交易全身心投入，因而，他们交易的出发点不仅仅是盈利，而是别人的肯定与赞赏。

情感型交易者不喜欢自己独自做决定，他们做出某个决定之前会与其他人充分讨论。他们希望尽力强化良好感觉而尽量减少不良感觉，他们渴望交易上的成功，这样才能满足他的自尊心和虚荣心，

对情感型投资者来说，亏钱是非常痛苦的事情，这也是为什么情感型投资者在交易过程中总有某种焦虑的原因。他们的情绪明显受制于交易进程，你会看到这类投资者总是在恐惧与贪婪之间徘徊，并且心神不宁。

由于非常厌恶交易中的挫败感，他们会在股市中表现得非常缩手缩脚，每一步都如履薄冰，如临深渊。情感型投资者对买入价格强烈看重，止损意味着失败，只有在高于买入价卖出股票，才是他们可以接受的平仓条件，即不赚不卖，所以，他们大多数是中线交易者。

第三，理智型投资者。这类交易者就是那些首先受到来自新脑皮层控制的人。一般人的交易决策明显受制于"情感"的干扰，而理智型的投资者，则冷酷得多，他善于思考并勇于实践。

理智型交易者常常会首先想到风险，他们最担心的是对危险无法充分评估，他们在作出决定之时，会把如何有效转移风险放在重要位置，并且尽最大努力不去背离自己的风控原则和底线。

理智型交易者会对所有信息寻求一个理性的解释，喜欢对未来所有行为进行模式化，以最大限度地降低不确定性。

理智型交易者比前两类交易者更加热爱学习，也更加愿意收集各类信息，以满足他们探寻市场运行规律的愿望。然而，他们不会轻易相信别人的预测，他们喜欢自己做预测，并且相信只有自己才能做得更好。

理智型投资者在投资过程中更加注重获得长期收益，不会追求短期快速获利，他们对股票的买入价并不过分敏感，不会高估自己对交易机会的控制能力，但是他们厌恶风险，会坚持自己已经做出的决定。

可见，理智型投资者大多都是市场的价值投资者和长线类交易者。

第四，未来战士型投资者（*在程大爷的文章中，我们可以看到，计算机算法系统中已经有了这一类投资者的雏形！*）。麦克林关于三脑一体的发现，让我们清晰可见存在于股票市场的三类不同心智的投资者，即本能型、情感型和理智型投资者。

是否会有将三脑有效贯通的全能型的投资者呢？他们像未来战士那样，在短线、中线和长线中转换自如，既玩得转投机，又深谙价值投资之道，既果断决策，又不跑出风控的边界……总之，他们是一群完美的投资者。

人类的三脑相当于三个相互独立的生物计算机，每个都拥有各自的"智能"、记忆、情感和其他功能，这使得人脑好像是受三种不同的人在驱使着，让人的行为被分为无语言行为和语言行为。

随着人工智能的飞速发展，人类已经尝试在三脑之外再加上一个"脑"——电脑，形成四脑一体的智能结构，从而联通三脑（*程大爷瞎想：是否可以使用芯片植入人体，或者利用人脑的"意念"连接外部的计算机系统？*），那么，未来战士型投资者就将成为金融市场中的"超人"。

如果真的到了那个阶段，或许所有的金融市场都会变成完全有效市场，投机消失了，波动没有了，套利也消失了，连市场本身似乎也渐渐没有存在的必要了。

主题投资是对痛苦现实的一种躲避

我们得感谢那个将"炒概念"说成是"主题投资"的词汇创新者，它可以说是A股市场最伟大的发明。

这个词汇一出，所有热衷于讲故事炒概念的投机者都有一种如释重负的感觉，他们原本存在于内心的那一点忐忑和愧疚就此荡然无存，那些还在投机炒作面前忸怩不安的价值投资者，开始放下理念的负累，纷纷奔向"主题投资"的战场。

几年前，程大爷有一位朋友的公司上市之后股价持续下跌，不仅跌破上市第一天的开盘价，最低时较发行价也跌去一半。朋友感到十分委屈，因为他的公司自上市以来，持续保持着每年百分之五十以上的业绩增长，投资者却持续不断地抛售股票，而他看到同一时间上市的另一家公司，业绩连年下降甚至接近亏损边缘，奇怪的是股价却扶摇直上，市值已然数倍于他的公司。难道投资者都不看业绩吗？朋友越说越激动，简直就是愤愤不平了。

我安慰他的同时，也从投资者的角度提出了自己的看法。我说，兄弟，你诚实做人，踏实做事，以业绩来回报投资者的信任，这一点我是十分钦佩的。但是，你还是不了解他们的"需求"，你以为你端上桌的馅饼是天底下最好吃的，但是，那又怎样？投资者想要的是那块永远挂在天边、看得见吃不着的"馅饼"。

我调侃道，谁说投资者不看重业绩我就跟他急。A股市场的投资者炒股最爱炒业绩了，仅次于爱炒故事！哈哈。因为，再美好的现实，也比不过虚幻的梦境，他们心目中的好公司，一定是存在于现实之外的。正如"妻不如妾，妾不如偷，偷不如偷不着"的道理。

朋友恍然大悟，你的意思是说，他们不是想吃"馅饼"，他们是想看"馅饼"。那是再简单不过的事情嘛，根本上不需要做什么馅饼，只需要画一个又大又圆的馅饼，挂在天边，他们更愿意为一个画出来的馅饼买单，他们会为一个可以装得下"幻想"的馅饼而疯狂地把钱塞到你的手上，这还可以是某些公司进行"市值管理"的逻辑。

非常奇怪吧？关于投资还是投机、价值还是成长、买大盘股还是小盘股、买绩优股还是垃圾股、什么时候风格转换之类的问题，A股市场的投资者们都争论了近几十年了，然而，事实无情地证明了，咱们这个似乎永远长不大的"新兴加转轨"市场，是所谓投资者的地狱却是投机者的天堂，垃圾股是甜蜜的，蓝筹股是苦涩的，多少赌博式投机假借"成长"之名大行其道。

主题投资是A股变成柠檬市场的重要推手

哲人说"存在即合理"。如果说十年前我们还能见到一大批执着的价值投资信徒以及高调的价值投资理念，那么，随着投机炒作已然成为一个无法逆转的趋势，现在，我们不得不接受一个谈价值投资会被讥笑的市场环境。

我们得感谢那个将"炒概念"说成是"主题投资"的词汇创新者，它可以说是A股市场最伟大的发明。这个词汇一出，所有热衷于讲故事炒概念的投机者都有一种如释重负的感觉，他们原本存在于内心的那一点忐忑和愧疚就此荡然无存，那些还在投机炒作面前忸怩不安的价值投资者，开始放下理念的负累，纷纷奔向"主题投资"的战场。

在一个高度散户化的市场，讲大道理是没人听的，他们更喜欢眼见为实。这么多年来，我们目睹了那么多公募和私募界的大佬，因无法忍受"价值投资"的寂寞转而去拥抱"主题投资"的热闹。

从投资理念来看，似乎一直是散户在引领机构，到最后，整个市场"劣币驱逐良币"，最终沦为了一个柠檬市场。

近年来，柠檬市场理论被广泛应用于各种市场领域，只要存在着信息不对称，就会形成次品市场，从而使得次品驱逐优品，达到次品充斥整个市场。

主题投资炒的仍然是所谓的"事件驱动"，一只股票，如果只有业绩没有故事，那么，它就难入主题派的法眼。

事件驱动过程中最大的问题是，第一，谁能保证不是虚假信息？第二，如

你以为你端上桌的馅饼是天底下最好吃的，但是，那又怎样？投资者想要的是那块永远挂在天边、看得见吃不着的"馅饼"。他们不是想吃"馅饼"，他们是想看"馅饼"。

馅饼，绝对馅饼

馅饼，这不是馒头吗

胡说，馒头有这么大吗，这就是馅饼

何解决信息不对称难题？

要化解信息不对称难题，沟通是唯一的手段。当然，在信息高度发达的社会中，诚实也是一种工具。因为信息不完整和信息不对称，人与人之间需要有效沟通，以获取信息，此外，因为不知道别人提供的信息是真是假，只好借助对方的人品，即他是否一贯诚实来间接地解读对方所提供的信息的可靠性。因此，诚实作为人性中最为珍视的品质，也成为人际交往中的一种"背书"工具。

充分有效的沟通是消除信息不对称的最重要方式。一些机构甚至因沟通的需要而产生，如文化传媒、公关中介公司等从事信息传播的产业，都是在削减信息不完整所造成的问题。

金融市场的运行基础就是信息，投资者特别是散户，相对于上市公司明显处于信息弱势地位，如果不知道上市公司的经营状况、盈利能力、产品的竞争力和公司管理层的变动等信息，投资者就很难确定自己购买的公司股票真正价值，也就无法进行正常的交易。当然，主题投资涉及的是上市公司的各种事件信息，在这方面，机构始终占有信息优先的有利位置。

劣币驱逐良币是柠檬市场的一个重要应用，也是经济学中的一个著名定律。该定律是这样一种历史现象的归纳：在铸币时代，当那些低于法定重量或者成色的铸币——劣币进入流通领域之后，人们就倾向于将那些足值货币——良币收藏起来。

最后，良币将被驱逐，市场上流通的就只剩下劣币了。当事人的信息不对称是劣币驱逐良币现象存在的基础。因为如果交易双方对货币的成色或者真伪都十分了解，劣币持有者就很难将手中的劣币用出去，或者，即使能够用出去也只能按照劣币的实际而非法定价值与对方进行交易。

简单说来，货币是作为一般等价物的特殊商品，当货币的接受方对货币的成色或真伪缺乏信息的时候，就会想办法提供价值更低的交易物，而交易物的需求方相应地也会想办法用更不足值的货币来进行支付，最终导致整个市场充斥劣币。

现实中得不到东西在梦境里全有

主题投资更多的时候是以幻想为媒介来展开的。在这里，它是投资者所希望的未来事物的想象过程。

幻想原本是人内心的荒谬想法，当个体遇到挫折或难以解决的问题时，便脱离实际想入非非把自己放到想象的某个位置上去，用虚构的方式应付生活和工作中种种挫折获得满足。

白日梦便是一种幻想，白日梦者往往超越现实，打破时间空间的界限，幻想来满足心灵的需要，伴有一定的快感。

有时，白日梦可以推动人们追求某种目标。若是白日梦代替了有意义的行动，就会成为逃避现实的手段，可能成为心理变态的征兆。幻想是童话的基本特征，也是童话用以反映生活的特殊艺术手段。它是童话的核心，也是童话的灵魂，可以说，没有幻想就没有童话的出现。

有人说，幻想是创造想象的一种特殊形式。由个人愿望或社会需要而引起的一种指向未来的想象。积极的、符合现实生活发展规律的幻想，反映了人们美好的理想境界，往往是人的正确思想行为的先行指标。

马云那句"梦想还是要有的，万一实现了呢？"不知道激励多少人去寻梦去追梦。从小处说，个人有创业梦，成功梦，发财梦，从大处说，我们有中国梦，支撑着人们在艰难困苦中勇敢前行的力量，一定是怀揣着的梦想。

A股市场更是一个被梦想撑大的股市。上市公司热衷于造梦，投资者醉心于追梦，整个市场就是一个梦工厂。

主题投资的长盛不衰，因其具有广袤无垠的肥沃土壤，在这里，务实永远干不过情怀，业绩永远干不过故事，虽说故事不是万能的，但是，一只股票没有故事却又万万不能！

不得不承认，现实中让人无所适从的股市环境，让人感到无奈，因此，主题投资的盛行也有其合理性。A股市场始终是一个资金推动的政策市，散户为主的结构又加剧了投资者行为的短期化。投资者对"主题投资"如此趋之若鹜，还有以下几个方面的原因：

第一，好奇心是人类与生俱来的天性，特别是年轻股民，更愿意相信遥远的未来和离奇的故事。

从人一生中不同的时期来看，童年和青春期是一生中最佳发展阶段，体能、智力的发育、学习能力的提升，都是人生中进步最快的时期。其中，青年是人生中幻想程度最高的年龄，正是由于受到幻想的激励与启发，学习的热情格外高涨，进步的速度也无与伦比，这是一生中最快的发展时期。也许有人会说年轻人之所以喜欢幻想，是由于他们的无知与好奇引起的，这与是否具有智力的优势并没有直接的关系。

其实，好奇本身就是一种智力优势的体现。事实证明，越是高级的动物好奇心越强。就是从个人之间的差异情况来看，好奇心越强的人往往智商相对较高。这是因为，个人的智商越高求知的欲望越强烈，而对事物的强烈好奇心就是一种求知欲望高涨的具体表现。

第二，很可能源于他们对现实人生的一种失望。

在完美主义者看来，现实人生的许多方面都是"鸡肋"，都是"凑合"，没有哪个人的愿望是可以得到完全满足的，为了实现个人某种精神上的需要，他们只能借助于对未来的某个完美故事来抚慰自己心灵上的种种缺憾。从某种程度上来说，做梦是一种精神上的自慰，在无法达成个人心愿时，人们就只好通过一定的想象来暂时抚慰自己心灵深处的空洞。

第三，主题投资具有制幻剂的作用，它可以通过故事来强烈刺激投资者的神经，最终会导致投资者"上瘾"。

毋庸置疑，从人类文明的进程以及个人生活与投资需要来看，幻想有其积极的一面。有学者认为，宗教既是文化的产物，也是幻想的结果，尽管宗教在一般人的眼里是一种对神的信仰，其实宗教的精义还在于它对于道义的彻悟，以及对事物的高度觉悟，使它很大程度上成为一个国家、民族思想文化的最高象征。即使是高度发达的现代文明，如果人类失去了幻想的启发也不可能出现今天的成就。当然，人们对于故事的执迷，某种意义上也是一种信仰，一旦走心了，就难以自拔。

第四，主题投资的逻辑不需要严格的论证，它给投资者提供了无限放大的可能性。它也是一种不同的思维方式。

它不可否认，有时候，天马行空般的幻想也可以超前于现实，尽管绝大多数的想象只是胡思乱想。幻想其实就是一种略高于人类文明认识水平的联想，所以说，幻想也是建立在人类现有物质基础之上的想象。用心细想就会发现，在人类所有的文明中，没有哪一项成果不是发明人在某件具体事物的幻想上创造出来。

实际上，人们的很多灵感都来自于幻想因而开发出来的，因为只有那些非正常的"不靠谱"的幻象才能使人冲破习惯的思维定式与束缚，在正常中找出"不正常"的东西；事实上若要找出新的问题，必须用不同思维方式去看待相同的事物，这样才能从中找到新的发现。

第五，主题投资导致市场活跃度上升，这样反过来刺激了投资者的参与热情，形成了一个"正反馈"。

关于人类文明特别是技术进步的未来故事，有时会使人变得富有激情，也能促使人产生更多的联想，从而大大地激发个人的思维能力，幻想出现的频率越多说明个人身体与智力的优势愈明显，也是一种潜能外溢的自然表现。即使是被压抑的潜力，终究会冲破阻碍得以宣泄。其实世界上任何事情的出现都是有其内在缘由的。大家觉得稀疏平常的那些现象，实则都是自然在人类身上有意做出的一种意义深远的安排……

通常情况下，人们习惯将个人未完成的理想称为幻想，一旦实现以后就尊为成就。一般来说越是伟大的成果，达成之前的不确定性成分愈是较大；反之，越是接近正常的思维，在处理某些问题时虽然风险相对较小，由于缺乏新的思维方式的支持，因而很难在原来基础上有很大的突破。

幻想，正是打破思维僵局，联结创新发现的一种有效方法。人们通常所说的幻想，实际上只是一种在已有的事物上的进一步联想，说到底这种幻想大多离实际并不遥远；即使是那些宗教神话，和科学幻想故事也同样是在原有事物基础上的一种升华，而并不是完全意义上的创造。

第六，主题投资制造幻想，而幻想是对未知事物的理想寄托与美好联想。

在现实生活中，幻想经常会扮演圣诞老人的角色，无条件地给人送礼。即使是大家公认为功成名就的个人和最幸福美满的家庭，也同样还有他们尚未填补的缺憾。这个时候"幻想"就充当起了人们连接未来的天使，它不但能给人以心灵上的抚慰，而且还能提升人们对未来生活的信心。尽管股市中的幻想多为一种美好愿景，若是没有这种对未来憧憬的寄托，人们努力的信念就会大打折扣。

那些看上去很美的预测不过是"赌徒谬误"

瞧瞧，如此知名的分析师做预测，都无法避免要拿前几年的市场走势来做参照，于是，看起来很是有道理，实际上，这种逻辑是一种典型的"赌徒谬误"。

2016新年伊始，果然万象更新，别的不说，单说A股市场的开年大戏，就与过去几十年迥然不同，当大家都还在期待来个"开门红"时，结果是被当头打了好几棍。下跌的惨烈程度，完全颠覆了几乎所有市场参与者的认知能力。

面对这种极端的市场走势，任何传统的分析方法，都显得苍白无力。右侧交易者说，"顶在顶上，底在底下"，意思就是牛市不言顶，熊市不言底，所以，一定要追涨杀跌，不见拐点不改变观点；左侧交易者又说，"风险是涨出来的，机会是跌出来的"，意思就是涨多了就会跌，跌多了就会涨，所以，应该在别人贪婪时恐惧，别人恐惧时贪婪。

这些投资理念，都有自己的道理，也各有其信奉者，哪种更有效？这得要看是在什么样的市场环境，另外，得搞清楚，你是来股市投资、投机还是赌博？

你被赌徒谬误坑过没？

无论股价持续上涨还是持续下跌，你更愿意相信股价走势随时会逆向反转。前几天看到某大券商首席策略分析师谈到今年股市的走势："经历这么大的行情之后，再来一年大牛市的概率就好比赌场里面连续摇出了三把豹子，概率应该是非常低的。"瞧瞧，如此知名的分析师做预测，都无法避免要拿前几年的市场走势来做参照，于是，看起来很是有道理，实际上，这种逻辑是一种典型的"赌徒谬误"。

都认为连续出豹子的概率非常低，其实，每把骰子摇出豹子的概率都是一

赌徒们都是这样子"预测"下一把骰子的：如果好久没出豹子，估计接下来出豹子的概率非常高，出豹子了，估计接下来又出豹子的概率非常低。事实往往出人意料，只是你的感觉在变，概率从来都没有变过！

我不信

凭我烂赌瘾多年的经验，下把绝对是豹子

样的，它并不会因为前边两把是不是摇出了豹子。赌徒们都是这样子"预测"下一把骰子的：如果好久没出豹子，估计接下来出豹子的概率非常高，出豹子了，估计接下来又出豹子的概率非常低。事实往往出人意料，只是你的感觉在变，概率从来都没有变过！

赌徒谬误亦称为蒙地卡罗谬误，是一种错误的信念，以为随机序列中一个事件发生的机会率与之前发生的事件有关，即其发生的机会率会随着之前没有发生该事件的次数而上升。赌徒谬误是生活中常见的一种不合逻辑的推理方式，认为一系列事件的结果都在某种程度上隐含了自相关的关系，赌徒会认为甲事件的结果影响到乙事件，即是说乙是"依赖"于甲的。

有研究者对股民心理进行实证分析表明，A股投资者最普遍的错误是赚钱的时候卖得太早，亏钱的时候又卖得太晚，简言之，就是喜欢去赌趋势的拐点，而不是老老实实地去顺应趋势。

看NBA的球迷都有一个错觉，如果某球星投篮连续命中，球迷一般都相信某球星手感好，下次投篮还会得分。在赌大小游戏中，赌徒往往认定其中的"大"和"小"会交替出现，如果之前"大"出现过多，下次便可能出现"小"。可是，直觉未必是可靠的，第一次投篮和第二次投篮是否命中没有任何联系，摇动一把骰子，"大"和"小"出现的机会也总是各占百分之五十。

就像受"热手效应"误导的球迷或受"赌徒谬误"左右的赌徒，股民甚至分析师预测市场走势也容易受到之前价格涨跌的影响，并且会用直觉代替理性分析。例如，A公司的股价长期上扬，在股价启动的初期，投资者可能表现为"热手效应"，认为股价的走势会持续，于是，采取"买涨不买跌"策略。当股价持续上扬一段时间之后，投资者又开始担心上涨空间会越来越小，价格走势会随时反转，于是，卖出的欲望开始增强，心理上会产生比较典型的"赌徒谬误"。

热手效应与赌徒谬误都来自市场参与者心理学上的认知偏差。在A股市场上的个人投资者中，"赌徒谬误"效应要强于"热手效应"，前者始终占据支配地位，也就是说，无论股价持续上涨还是持续下跌，市场参与者更愿意相信股价走势随时会逆向反转。

"处置效应"女股民身上表现最突出

"赚钱时卖得太早，亏钱时持有太久"的遗憾经历就是"处置效应"。

在持续上涨的趋势中，上涨时间越长，交易者买入的可能性就越小，与此同时，卖出的可能性就会越大，并预测后市继续上升的概率呈总体下降的趋势，他们认为会下跌的概率则总体上呈上升趋势；反之，在连续下跌的情况下，下跌的时间越长，投资者买进的可能性就越大，卖出的可能性越小，投资者预测后市继续下跌的概率变小，而预测市场上涨的概率在加大。随着时间长度增加，投资者的"赌徒谬误"效应会表现得愈发明显。

当然，这种效应会受到投资者对股票市场的认知程度、以往的投资经验、年龄、性别的影响，婚姻或许是最重要的原因吧？呵呵。面对股价持续上涨投资经验丰富的"高手"，往往很少卖出，而新股民以及买啥啥跌的菜鸟则急不可耐地获利了结，从性别角度来看，女性投资者在股价连涨时的卖出欲望显著高于男性，而男性在股价持续下跌时的卖出欲望却显著高于女性。

来自证券专业人员的实证研究，发现了一个有趣的现象：无论股价持续上涨还是持续下跌，A股投资者持股的时间都很短，即平均持股仅有2.9个月和5.7个月。无论在多长的时间段中，投资者在持续下跌时持股的时间都要显著长于连续上涨时持股的时间。中国股民热衷于短线操作，存在着显著的所谓"处置效应"，也就是让人追悔莫及的"赚钱时卖得太早，亏钱时持有太久"的遗憾经历，"处置效应"在女股民身上表现得尤为突出。

不仅持有连续下跌股票的时间要显著高于持有连续上涨股票的时间，并且似乎跌得越多，投资者持有它的耐心就越坚定。研究表明：如果A股票连跌3~6个月，那么，股民平均持有该股票的时间是4.8个月；如果A股票连跌了6~12个月，那么，股民持有该股票的平均时间是5.8个月；如果A股票连跌12个月以上，那么，股民持有它的时间将会超过7个月。

由此可见，"赌徒谬误"的根源在于股民的代表性启发式思维，人们倾向于认为如果一件事总是连续出现一种结果，则很可能会出现不同的结果来"平衡"一下，正是这种思维使投资者更加相信股价在一段持续性上涨或者下跌之后，趋势出现反转的概率就会上升，而随着越来越多的投资者由于相信已经上涨或者下跌一定幅度的股票会出现反转，就会出现对这种技术图形的股票集体卖出或蜂拥买进的群体性行为，这就是股票市场中惯常出现的"羊群效应"，散户在交易过程中存在相互学习与模仿的现象，当他们在某段时期内形成相似的看法并采取相同买卖动作时，就会造成股价的过度反应。

此外，赌徒谬误的产生是因为人们错误的诠释了"大数法则"的平均律。投资者倾向于认为大数法则适用于大样本的同时，也适用于小样本，因此，有人把赌徒谬误戏称为"小数法则"。在统计学和经济学中，最重要的一条规律是"大数定律"，即随机变量在大量重复实验中呈现出几乎必然的规律，样本越大、则对样本期望值的偏离就越小。

例如，抛掷硬币出现正面的概率或期望值是0.5，但如果仅抛掷一次，则出现正面的概率是0或1，随着抛掷次数的增加，那么硬币出现正面的概率就逐渐接近0.5。但是，根据认知心理学的"小数定律"，人们通常会忽视样本大小的影响，认为小样本和大样本具有同样的期望值。

投资大师和普通小散都犯同样错误

投机枭雄索罗斯偶尔也"赌徒谬误"，昏招迭出。

不仅普通的投资者会陷入赌徒谬误的误区，有些时候，大师级的投机者同样会犯这样的错误。

当今世界，索罗斯是公认的投机枭雄，但是，此君也不是传说中那样所向披靡战无不殆，偶尔也"赌徒谬误"，昏招迭出。例如，他在1987年前判断日本股市泡沫严重，赌它的上升趋势会逆转，于是大举放空日股，结果惨遭滑铁卢，日本股市一直牛到了1989年才停下来。索罗斯当时还在《华尔街评论》上大放厥词，鼓吹美国股市会坚挺，日本股市将会崩盘，而结果正好相反：美国股市崩盘了，日本股市却异常坚挺。索罗斯不仅惨被"打脸"，旗下的量子基金当年损失高达32%，搞得名利双损。

香港"股神"曹仁超，股评文章写得惊天地，泣鬼神，但是，如果看看他自己炒股的血泪史，就会发现，原来失败乃"股神"之母。他在1972年香港股灾前1200点看空，结果差点被公司解雇。1973年港股达到1773点后大幅下跌。

到1974年跌至 400点，股神成功躲过大熊市，于是信心爆棚，当1974年7月港股跌至290点后，他判断既然都跌去八成有多，哪有只跌不涨的股市？依据"跌多了就会涨"这一"规律"，自认为终极底部就在眼前，于是拿出全部积蓄共50万港币抄底"和记洋行"，该股从1973年最高峰的43港币一路下跌至5.8港币，股神曹全仓买入该股，没想到"地狱还有十八层"，港股继续下跌了5个月，最低跌到了150点，而股神曹心爱的和记洋行股价跌到了1.1元，股神曹最后挥泪斩仓，亏损幅度高达80%。他的惨败，仍然是源于"赌徒谬误"。

投资者为何总是难以克服"赌徒谬误"让自己的投资决策保持理性呢？据美国德州农工大学健康科学中心的研究人员进行的一项最新研究发现，人类的大脑会自然吸收随机数列的奇怪统计资料，从而导致我们陷入赌徒谬误。

这项发表在《美国国家科学院院刊》上的研究旨在从神经学层面上帮助理解赌徒谬误。研究人员利用了生物神经元的计算机模型并输入随机序列。他们发现通过简单的观察反复投掷硬币，神经元会学会区分并针对不同的正面朝上和反面朝上的样式做出回应。更有趣的是，选择交替模式，例如正面朝上-反面朝上的神经元要比选择重复模式，例如正面朝上-正面朝上的神经元数量要更多。

换言之，这些神经元的行为类似于赌场里的赌徒：当投掷硬币结果显示正面朝上，他们更可能会预测接下来的硬币反面朝上的概率高于正面朝上，尽管这两种可能性的概率是相等的。这项研究展示了我们大脑里的神经元是如何对时间敏感的信息做出反应的。这一模型展示出的令人惊讶的行为与这些神经元在不同时间遇到的不同的正面朝上和反面朝上的样式有关。一件事情发生的概率和它发生的时间是两个不同的问题，而传统理论并不会区分两者，这就会导致问题的产生。

人类的大脑很容易学会陷入赌徒谬误这一发现具有启示意义，从概率角度讲，策略分析师也具有相同的偏见，而意识到这些偏见并了解这些偏见背后的原因可以帮助我们的市场参与者们透过现象看本质，做出相对准确的趋势研判。

股市中的小道消息抄的都是近路

有时候谣言虽小，经过互联网途径的不断放大，最初的一个哗众取宠的玩笑，最后会变成一个恶意的推手，导致灾难性的后果，所以，"勿以恶小而为之"，即使是一次"小恶"，杀伤力也不容小觑。

曾经口若悬河滔滔不绝的所谓"意见领袖"们最近安静了不少，特别是为了多拉几个粉丝而语不惊人死不休的财经大V们，开始有所忌惮。不管曾经有多少人崇拜这些所谓网络红人，一旦不发声了，不刷屏了，落毛的凤凰不如鸡啊，也就俗人一个。

百事通式的"先知"，故作高深的"圣人"，多半只是自我感觉良好。有人总结大V们的"发家史"，成名之路其实就是简单粗暴。

说简单，是因为他们多数是一"语"成名，突然出语"雷"人，冒出的一句话，莫名其妙就在网上疯传，一夜之间就出了名；要不就一"赌"成名，拉住某个名人公开设个局，赌一个热门话题，比如房价股价电商注册制，反正最后要么不了了之，要么裸奔再秀一把。

还有狠一点的就来个一"裸"成名，借口各类车展论坛行为艺术，掺杂点情色故事，招致争议指责，正中下怀，于是声名鹊起。

说粗暴，是因为有些网络红人靠一"骂"成名。没错，有些红人的撒手锏就是三个字："我反对！"这些深谙"骂"术的网络名人知道，如今社会上活得不如意的人多了去，他们心中长久积压的怨气和戾气，在名人们的"骂"声中不仅找到了出口，而且还获得了共鸣。当骂比赞更能吸引眼球时，视粉丝为金钱的名人们就会乐此不疲，"炮声"隆隆。

当然，如果以上招数都不管用，那就只能造谣了。

在博出名的道路上，还有一种因出名心切而铤而走险的人，他们甚至不惜触犯法律，用造谣的方式来哗众取宠。

小道消息抄的都是近路

作为一个"新兴加转轨"的不成熟市场，推动A股的力量基本上不是来自宏观经济的基本面，而是资金与政策的双轮驱动，这也决定了A股投机、短炒、过度波动的特色。而打听消息，捕捉题材，爱讲故事也成了以散户投资者为主的股市风情。

特别是小道消息，在当今这个信息爆炸的时代，总是传得快，影响大。

在孱弱不堪的市道下，股市中的阴谋论更能蛊惑人心，其杀伤力常常超乎想象。

据报道，正当A股市场处于极度敏感而脆弱的2015年6月，济南有位名为刘钦涛的人在股吧发布了一条东莞证券通知客户清仓的虚假信息，随即引起了投资者的恐慌，结果导致股指快速下跌。这个谣言的影响力估计连刘某本人也没有想到，还有更加想不到的是，证监部门立即采取了行动，在短短15天内就把这个案件查清楚了，并快速移交处罚委。

证监会认定，刘钦涛编造并以通过东方财富网股吧发帖方式，在网络上公开传播虚假证券信息的行为，违反《证券法》第78条的规定，依据《证券法》第206条，对其作出责令改正并处以15万元罚款的决定。

据证监会介绍，2015年6月2日22时54分，济南某日报记者刘钦涛以"夏至星"ID，在东方财富网股吧的"中国南车吧"发布一则标题为"东莞证券针对5000万以上VIP的风险预警"的帖子，声称"东莞证券通知客户：周四之前，把所有仓位调整到半仓以下，能空仓就空仓。预计周四、周五出重大利空。"

此消息一出，即通过网络渠道呈几何级数传播开来。据证监会介绍，这些帖子发布后，股吧系统共向800多万股民自动推送了前述帖子及其转帖的标题及链接，共有1万多位股民点击并阅读了帖子正文。

据监管部门的统计，6月3日，沪深两市均出现盘中快速下跌，其中上证综指在10时32分至11时06分，仅半个小时内下跌了116个点，跌幅高达2.3%。

10时52分，东莞证券通过其公司官方网站、公司微信公众号和官方微博进行辟谣，组织员工大量转发澄清公告。也就是说，东莞证券认为自己是躺着中枪了。

经东莞证券自行排查，并经证监会稽查核实，没有发现东莞证券向客户发送上述通知，所谓"东莞证券针对5000万以上VIP的风险预警"是刘钦涛编造的虚假信息。其在股市波动敏感时期，在"中国南车吧"这一关注数量大、涉众性强的网络环境中造谣传谣，误导广大投资者，与其他市场信息形成叠加效应，扰乱证券市场。

短短15天，案件全面告破。刘钦涛对传播虚假清仓信息供认不讳，并因为编造传播虚假信息受到了重罚。

对于这样的后果，刘钦涛自己很显然也感到是飞来横祸。据刘钦涛自己辩解，他是在微信圈中发现名为屈某的人所发送的相关信息，通过互联网进行搜集查证后，根据一张载有相关内容的图片发帖，仅是转发，并非编造，而且也非职务行为。当事人不存在编造或传播虚假信息主观故意和主观动机。

刘某说自己是个新股民，股龄、吧龄仅一个月，网络影响力微乎其微，与财经媒体等其他转发人相比，其传播影响力可忽略不计，故此请求免于处罚。证监会认为，有证据证明，微信圈中屈某的信息为求证性信息，而刘钦涛发帖内容为确定性信息，且内容有差异。刘钦涛未能就其所称载有相关内容的图片进行举证，其编造、传播行为成立。据现有证据，未发现东莞证券以其单位名义向客户发送所谓风险预警，涉案信息为虚假信息。至于股龄吧龄时间较短，但在股市敏感时期发布虚假信息，还是误导了投资者。

任何人都不应编造传播虚假信息，这个是《证券法》第78条明确规定的，对发布的信息不加求证，或者转发未经求证的信息，事后证明是虚假信息，这个行为即属于违法。刘钦涛辩解，他发的消息来自朋友圈或者看到有相关截图，但他在未证其真实性的前提下，进行转发，一不小心，也把自己"套"进去了。

看到了吧？股吧，微博，微信朋友圈，这些离消息最近的路，有时离"坑"更近哦！

谣言的蝴蝶效应

大V们的言论固然会引来众多网友的围观，影响力势大力沉，可以理解。

然而，像上述案例中的造谣者刘某，也就一刚入市才个把月的新股民，根本上谈不上有什么市场影响力，为何在股吧里喊了一嗓子，就引来众多股民踩踏式出逃，最终造成严重的后果？

这就是所谓的蝴蝶效应使然。

1979年12月，美国气象学家洛伦兹在华盛顿的美国科学促进会的一次讲演中提出：一只蝴蝶在巴西扇动翅膀，有可能会在美国的德克萨斯引起一场龙卷风。他的演讲和结论给人们留下了极其深刻的印象。从此以后，所谓"蝴蝶效应"之说就不胫而走，名声远扬了。

"蝴蝶效应"之所以让人感到迷惑，不只是在于其大胆的想象力和迷人的美学色彩，更在于其深刻的科学内涵和内在的哲学魅力。

蝴蝶效应是混沌学理论中的一个概念。它是指对初始条件敏感性的一种依赖现象。输入端微小的差别会迅速放大到输出端。

关于这种效应，有一段说得神乎其神的细节描写：蝴蝶翅膀的运动，导致其身边的空气系统发生变化，并引起微弱气流的产生，而微弱气流的产生又会引起它四周空气或其他系统产生相应的变化，由此引起连锁反应，最终导致其他系统的极大变化。

由此可见，有时候谣言虽小，经过互联网途径的不断放大，最初的一个哗众取宠的玩笑，最后会变成一个恶意的推手，导致灾难性的后果，所以，"勿以恶小而为之"，即使是一次"小恶"，杀伤力也不容小觑。

刘某造谣案例说明，互联网时代的"小恶"蝴蝶效应更加显著，传播媒介的多样化，公开信息获得的时滞趋零，在金融市场上，编造、转发的小道消息，具有传播速度快，影响面广，对市场的危害性大等特点。特别是在市场波动幅度较大的时候，这些谣言扭曲了市场趋势信号，严重干扰投资者的投资情绪和投资决策，误导投资者特别是散户草率行事，引起群体性恐慌。

第一，在你头上拉屎的，不一定是你的敌人；

第二，把你拉出粪堆的不一定是你的朋友；

第三，当你身处粪堆的时候，一定要记得，闭上自己的嘴。

为什么，为什么，
被冻，被牛屎埋，
最后还被狐狸吃，
为什么，受伤的总是我

一个谣言四起的市场，很难让投资者保持理性思考与判断。而那些习惯或者热衷于从股吧、博客、微信中的炒股组群获取所谓"第一手"信息的投资者，不仅难逃被误导的厄运，有时候还无意中成了某些居心不良者的帮凶，谣言经过发酵和传播，干扰了资本市场的正常运行机制，损害金融市场的诚信环境。

从2015年6月份以来，A股市场的每一次惨烈下跌，几乎都伴随着各式谣言的魅影，这些谣言常常传得神乎其神，再经大众传播途径的添盐加醋，"三人成虎"的效果就被渲染被放大，于是恐慌情绪弥漫开来，引发市场过度反应，比较严重的那一次，眼看还要诱发更大的市场风险，"逼"得管理层甚至要连夜发布澄清公告，才能平息投资者的焦虑。

谣言为何难以止于智者

谣言的背后一般来说都藏着某种见不得人的目的。按正常人的想法，天下熙熙皆为利来，不想捞点什么，费事造什么谣啊？

然而，从刘某造谣这件事看来，一个新股民，估计还是个散户，散布谣言，制造恐慌，"恶意做空"中国股市以达到做空赚钱的目的？从有关部门的调查结果来看，他应该没有恶意做空的能力。

用我们乡下的土话说，刘某不过是搬起石头砸自己的脚了，当然，这块谣言的"石头"把大家吓得够呛，经由"蝴蝶效应"的放大，这块"石头"还把大盘砸了个大坑（有监管部门调查结果显示），我不知道他捞到了啥好处。

由此可见，股市中的谣言制造与传播者，可以大致分为两类：即贪得无厌的骗子和没事找事的傻子。如果说前者贪欲无止境，是"吃不饱"饿的，那么后者就是纯粹吃得太饱撑的。

股市中制造或者传播谣言者无非这样几个目的：

第一是希望引起股价向着自己希望的方向波动，然后到达自己想要的目的。希望通过谣言传谣来蛊惑人心，制造混乱，然后从中获利。

第二是刷存在感。尽管自己不是有影响力的人，但是不甘寂寞，希望借助谣言来引起别人的围观，达到被关怀的效果。

第三是心中有怨气无处发泄，把谣言当撒娇卖萌或者泄愤的工具。

第四希望出名。虽然不能做一"大V"，但还是想像网络名人一样说话，特别是那些急于"吸粉"的小型自媒体。

除了个人，机构造谣传谣也屡见不鲜。有些媒体不断出现的失实报道造成了恶劣的社会影响。中国青年报通过问卷网进行的一份调查显示，61.3%的受访者曾被失实报道误导过。12.5%的受访者坦言当下媒体出现失实报道的情况非常严重，53%的受访者认为比较严重。在失实报道出现的原因上，75.9%的受访者认为是媒体为吸引眼球、博取关注。一些失实报道被反复辟谣，但仍有不少公众会相信，65%的受访者坦言是谣言触痛点，让有痛感的人宁可信其有。

可见，都是"博眼球"惹的祸呀。

在一个信息泛滥且真假难辨的市场环境里，做一个简单的人是一种奢望，做一个清醒的人更是难上加难。没有独立思考能力，没有健全的心智，你会在一个谣言四起的市场里轻易迷失自我。

不客气地说，现在的许多股吧、微信公号，甚至于名家博客，充斥着露骨的诈骗信息和广告，基本上已经被各路骗子把持了，变成一个名副其实的垃圾场。

那些股票被套牢的个人投资者，解套心切，经常病急乱投医，成为谣言的牺牲品。

最后，还是来分享一下一个小故事。

很久很久以前，有一只小鸟被冻僵了，掉在草地上，一头牛路过，无意中拉了一堆热乎乎的牛屎盖在了小鸟的身上，小鸟在温热的牛粪中慢慢苏醒过来了，一时高兴，于是便唱起歌来。刚巧有一只狐狸从旁边走过，他听到小鸟的歌声，于是扒开牛粪，把小鸟拉了出来，然后，吃掉了小鸟……

读完这个故事，我们得到了三点启发：

第一，在你头上拉屎的，不一定是你的敌人；

第二，把你拉出粪堆的不一定是你的朋友；

第三，当你身处粪堆的时候，一定要记得，闭上自己的嘴。

A股有戏了，不信你看，
全中国最会演戏的人都来了

娱乐圈明星们的到来，确实给A股市场制造了更多的炒作题材，看起来股市是有戏了，实际上，如果我们的上市公司一直沉迷于制造短期轰动效应的投机取巧把戏，这个市场最终还是没戏。

新晋奥斯卡影帝莱昂纳多·迪卡普里奥主演的《荒野猎人》讲述了一个与资本市场颇为相似的故事：19世纪一名皮草猎人被熊所伤并被其他猎人抢走财物抛弃荒野，猎人经历痛苦奇迹存活后开始复仇……

这个故事告诉我们：第一，不管是19世纪还是21世纪，不管是在丛林还是股市，给人带来伤害的都是"熊"而不是"牛"；第二，在利益面前，靠情怀维系的伙伴关系是最脆弱的；第三，深度套牢之后，不要指望有一个好演员可以帮你解套。

尽管，他们都放下手头的活儿急不可耐地赶到了资本市场，有点名气的差不多都到齐啦，还没到的，估计这会儿也在赶来的路上。

各式纸媒和新媒体的娱乐版和财经版最近都很忙：这边吴奇隆透过股市刚刚给了刘诗诗3亿彩礼，那边，范冰冰就上了头条——范爷的公司要曲线上市了。虽然价格还未敲定，有好事者依据交易所的相关规则推断：范爷的公司未来的市值可能会在8亿元~13亿元之间。

范爷搭上的是创业板上市公司唐德影视。唐德影视正在筹划以现金方式收购无锡爱美神影视文化有限公司51%股份的事宜，公司股票已经自3月28日开市起实施重大资产重组停牌了。

而范爷的爱美神成立于2015年7月30日，核准日期为2016年1月29日，注册资本只有300万元。股东合计有两名，分别为张传美、范冰冰，法人代表也同为范冰冰。范冰冰还担任该公司执行董事、总经理职务，范爷的母亲张传美则出任监事。好吧，瞎子都可以看出来，这是一个专为被收购而度身定制的空壳公司，它值10多亿呢！

再来看看唐德影视，2015年年利润仅有1.1亿，最近三年平均增长速度不到30%，连续三年现金流为负，市值却高达104亿，市盈率接近100倍，这就是被A股投资者热炒的"成长股"。

脑筋急转弯：一个空壳装上泡沫等于什么？

答：明星IP。

这是新近股市与娱乐圈约会的接头暗号！

股市如戏，全靠演技

在程大爷的印象中，多年以来，股市与娱乐圈虽然从没停止过暧昧，但要说公开"搂搂抱抱"，并搞得街知巷闻的故事，好像也不太多。上个世纪90年代，香港股市有位大鳄大名刘銮雄昵称大刘，此人素有"股市狙击手"之称，其实，大刘更擅长的是扮演"明星猎人"角色。他以"绿色敲诈"方式赚取了惊人财富，大约是厌倦了那种横扫对手战无不胜的股市狙击手生活，主动提高难度系数，跨界进入娱乐圈，"狙击"一众香艳女明星，原以为女人心海底针，猜不透看不清，不曾想大刘只掏出把玩具手枪，啪啪啪，射出几捆钞票，还有爱马仕香奈儿，女明星们就前仆后继，主动倒在大刘的玩具枪下躺着就不肯爬起来，就这样，大刘不费吹灰之力就横扫了娱乐圈。

当然，李嘉欣肯定不会认同被横扫的说法，跟别的女明星相比，拥有混血俏脸的她似乎有着更高的财技，大刘以为征服了她，实际上，还不知道是谁搞掂了谁，我们看到的结局是，一个在银幕上演技平平的美女明星反而在资本市场长袖善舞，成功俘获了一个又一个上市公司老板的心。她通过征服一个股市枭雄而成功跨入资本市场，攻城略地，她不用花一分钱参股，就成了上市公司的老板娘，这是一向被视为资本玩物的娱乐圈对资本市场的一次成功反攻，至少是各有胜负吧。

如果说当年大刘从资本市场高调进入娱乐圈猎艳只是资本大佬与娱乐圈的一段香艳纠葛，那么，周星驰从娱乐圈逆袭资本市场却是一场蓄谋已久的铁血斗争。

喜剧之王只是年轻时的周星驰，他从来就没满足过娱乐圈，比如，涉足房地产，自1990年第一次出手至今，星爷已经在楼市赚近20亿！是香港公认的炒楼之王！

可是，他又不仅仅满足于做个炒楼高手。2010年，周星驰进驻上市公司帝通国际，并改名为比高集团有限公司，出任执行董事。2011年，周星驰增持比高集团股票，涉资6105万港元，持股量已达56.2%，成为第一大股东。

不管怎么说，娱乐圈猎人刘銮雄还是个懂得进退的高手，没有因为猎艳而耽误猎财，他控制的上市公司华人置业，尽管PE仅有4.9倍（若按2016的预期利润，PE仅0.93倍！），市值却高达376亿港元。

我们再看看最近忙于高台跳水秀的金亚科技，这家数字电视设备的专业制造商和提供商，曾作为2009年创业板首批上市的"28星宿"之一，近来却风波不断。2015年6月4日及6月5日，金亚科技收到中国证监会调查通知书，因公司及实际控制人涉嫌违反证券法律法规，决定对公司及周旭辉进行立案调查。公司于当年6月9日午间开始停牌，停牌前价格为34.51元，上周复牌连续一字跌停，已经跌到25元附近还是巨单压在跌停价上，不知后边还有多少个跌停板。

2016年1月18日，金亚科技披露的重大会计差错调整情况显示，金亚科技在多项重要的财务数据中出现了重大差错。粗略计算，自查报告披露的2014年度货币资金、应收账款、其他应收款、其他非流动资产、未分配利润、净利润等九大财务指标合计调整金额接近12亿元。

调整金额说白了就是财务数据有问题，就是做假账！

为什么金亚科技会做假账？有媒体爆料，可能跟该公司实际控制人周旭辉娶了明星童蕾有一定关系。

其貌不扬的周旭辉，竟然也是一位从资本市场玩到娱乐圈的跨界"高手"，据说常年周旋于女明星和财经女主播之间，也赢得了"美女猎手"的名号。

据媒体报道，2014年10月，童蕾在京城高调为爱女举办周岁庆典，向公众曝光了她与周旭辉的婚姻关系。童蕾当年出演柳云龙大片《断刺》的女主角时，周老板就开着豪车去片场痴情等候。有人指出，周老板是童蕾在某某商学院的同学，也是她的粉丝，身家上亿。

某某商学院真不愧为中国顶尖的商学院，该学院的办学理念就是超前，比如，他们早就料到了资本市场与娱乐圈迟早会相亲相爱，为了培养资本大佬们今后征战娱乐圈的猎艳能力，率先实行兼容并蓄的办学方针，不惜一切代价招揽来一批小明星供大佬们练手。一批跨界猎人就从这里扬帆远航，驶向娱乐圈的星辰大海！

该商学院的知名校友王石同学，在校期间不仅练就了一手好厨艺，还顺带猎到了一个小明星。

不过，略为美中不足的是，在至今未见分晓的宝万之争中，老王的人品饱受诟病。

据说，现在积极要求进步的成功男人，想去读该商学院都过不了夫人这一关。

这个局面与几年前深圳男人要去东莞出差每次都会遭到老婆大人的严厉审问类似，最后，他们都只得谎称是去广州办事了。

不道德的交易

我们先来看看周星驰家族控股的香港上市公司比高集团的这一组数据：总股本34.22亿股，总市值7.01亿，PE4.73倍，最新股价0.205港元，2010年以来，比高集团的最高成交价是0.62港元，也就是说，它的股价没有一天达到过1港元，最近一段时间的交易金额大约在20万港元附近。

由此可见，周星驰的IP，撑死了就5亿人民币？

要知道，周星驰2003年当选《时代周刊》"年度风云人物"，并成为"亚洲英雄"的封面人物。2004年推出的电影《功夫》在香港票房收入6127万港元，打破香港电影票房纪录，并被《时代周刊》评为"2005年十大佳片"之一。2013年导演的电影《西游·降魔篇》打破23项华语电影票房纪录，全球票

娱乐圈明星们的到来，确实给A股市场制造了更多的炒作题材，看起来股市是有戏了，实际上，如果我们的上市公司一直沉迷于制造短期轰动效应的投机取巧把戏，这个市场最终还是没戏。

房达2.18亿美元，刷新华语电影全球票房纪录。2016年，执导的科幻电影《美人鱼》上映19天累计票房超过30亿，刷新了华语电影票房纪录。

再看看A股市场，华谊兄弟市值390亿，PE40倍；光线传媒市值339亿，PE84倍；金亚科技市值96亿，连年亏损；暴风科技市值257亿，PE365倍。

不管是主动投怀送抱，还是被"勾引"后半推半就，明星演而优则股，已然是A股市场的一部连续剧，

大量漂亮脸蛋的涌入，除了给资本市场带来了更多的"绯闻"，还会有什么？

英国艺术教父大卫·霍克尼说，"当你为了美而开始欺骗，你就成了艺术家。"我担心的是，当明星们还没有成为艺术家之前，她就开始欺骗，而且并不是为了美，而是为了别的东西，比如说，钱！

纵观资本市场与娱乐圈的勾搭史，大致可以分为三个阶段：

第一阶段，霸王硬上弓。

股市大玩家利用上市公司十大股东名单中的明星名字大做文章，比如某股十大股东中有个章子怡，就被狂炒，事后证明纯粹是子虚乌有，炒明星十大股东名单多数只是同名同姓。

第二阶段，半推半就。

这个阶段，明星参股的公司上市了，十大股东名单中赫然看到李冰冰范冰冰赵薇等明星的名字，股价又是一顿狂炒。

第三阶段，主动投怀送抱。

明星通过参与定向增发，购并重组，注册空壳公司被上市公司高溢价收购，主动参与积极配合资本玩家的各类游戏，忽悠散户，一起把股价泡沫吹得更大，然后，套现走人。

停牌达5个月的妖股暴风科技（已更多风暴集团）2016年6月8日复牌，昔日"妖王"本色未改，开盘即涨停，什么百亿市值解禁压力，在资金面前都是浮云。然而，好景不长，随后几天就露出狰狞面目，一路狂泻。

刘诗诗持有稻草熊影业20%股权，但在与暴风科技的交易中，她只卖出12%的股权，还有8%的股份仍握在手中。如若仅以当时稻草熊影业100%股权估

值15.2亿计算，上述8%的股权对应价值高达1.22亿元。

暴风科技复牌当天，吴奇隆与刘诗诗大婚，媒体的娱乐头条和财经头条都隆重报道了他们与暴风科技的股权并购事项，言之凿凿地说吴奇隆送给刘诗诗的股票市值近3亿。

显而易见，这两位"巨星"非常完美地配合了资本玩家欲擒故纵的一个涨停板，甚至不惜以自己的婚姻大事作为桥段。

这个弥足珍贵的涨停板，天衣无缝地配合了即将到来的股东清仓计划。2016年3月24日，暴风科技超过百亿市值股份解禁，龙虎榜单上，机构大笔出货。

2016年3月31日，暴风科技将有1.25亿股解除限售，从已发布的公告来看，有两位股东宣布拟清仓退出。

暴风科技公告，股东北京和谐成长投资中心（有限合伙）拟清仓减持。和谐成长将在3个交易日后的24个月内，通过竞价交易、大宗交易或其他合法方式，减持2156万股，占总股本比例为7.84%。

而在前一天，公司股东青岛金石暴风投资咨询有限公司宣布，计划在2016年4月5日至2018年3月31日，通过竞价交易、大宗交易或者其他合法方式，减持其所持有的全部4.18%股份。

利用明星效应，高溢价收购壳公司，制造炒作题材，然后拉高上市公司股价，完成高位套现，这类游戏在A股已经是公开的秘密了。暴风科技这种玩法不是首创，至少，华谊兄弟可以做它的老师。

2015年11月19日华谊兄弟公告称，拟以人民币10.5亿元收购浙江东阳美拉传媒有限公司的股东冯小刚和陆国强合计持有的70%的股权。而东阳美拉注册资本为500万元，资产总额只有1.36万元，负债总额为1.91万元，所有者权益为-0.55万元。

而此前的2015年10月19日，华谊兄弟公告7.56亿收购浙江东阳浩瀚影视娱乐有限公司的股东艺人或艺人经纪管理人（艺人包括李晨、冯绍峰、Angelababy、郑恺、杜淳、陈赫）合计持有的目标公司70%的股权。

再来回顾一下2013年9月3日，华谊兄弟宣布拟斥资2.52亿收购张国立执掌的浙江常升影视制作有限公司70%的股权，工商局的信息显示，常升影视成立于当年5月，未经审计的所有者权益人民币1000万元。这意味着此次收购溢价高达36倍。对此，有投资者质疑溢价过高，王中军兄弟意在减持套现。

一个成立不到一年的影视制作公司，既没有任何影视作品出来，也没有一分钱业绩，几近空壳，就凭着某个明星或者名导，估值动辄就是几亿甚至十亿，然后被上市公司溢价收购，这种所谓的重大收购花的钱"羊毛出在猪身上"，刺激股价大幅上涨，然后，股东高位减持，追高散户被套半空，成为天价收购的最终买单者。

或许会有人说，明星也是人，也爱钱，他们也有权利来资本市场捞一票，实现他们的"财产性收入"，谁叫A股市场钱多人傻，土豪们都赚饱了，"和尚摸得，老子也摸得"。

然而，明星与土豪似乎不应该放在一起比较，明星是公众人物，他们的名气早已通过各种渠道完成了一次高溢价套现。

现在，他们又把一大堆的泡沫卖给股民，又套现了一次。

好比观众花钱买了明星的高价演出票，进了剧院后，他们又把很多名画赝品拿出来拍卖，而且诱导那些喜爱她的人们又掏一次腰包。

不久前，有位资本市场的大佬大声疾呼，要赚有利于资本市场优胜劣汰的钱！

只为了钱，就与资本玩家同流合污，吹大股价泡沫，配合他们巧取豪夺，不管以什么方式参与上市公司，都是不道德的交易。

所以，明星投资还是要有所为有所不为。

吴伯凡讲过一句话：现在这个时代，公众人物的道德底线是普通人的道德上限，换句话说，如果你不是圣人，对不起，你就不要以公众人物的形象出来混。

这个要求看起来有点高哦，不过，我们抬头看看另一位有着漂亮脸蛋儿的偶像明星是如何看待公众人物这一身份的吧。

1998年，20刚出头的莱昂纳多·迪卡普里奥参演电影《海滩》，在拍摄过程中破坏了拍摄地岛屿的生态环境，遭到当地居民抗议。由此，小李子创建了莱昂纳多·迪卡普里奥基金会。致力于保证未来地球的可持续发展，并且在全球范围内推动各种各样的以环保和人文为主题的慈善项目。比如，野生动物的保护、森林的保护、保持海洋的健康、气候以及能源问题等等，项目遍及40个国家、5个海域。

他还举行慈善拍卖，为环境及野生动物保护募款，跟随WWF专家到亚洲，实地考察野生老虎栖息地；出钱出力拍摄环保生态影片。

2014年9月16日，他正式被联合国秘书长潘基文任命为关注气候变化的联合国"和平使者"。2016年1月，他在冬季达沃斯上又领回了一个水晶奖。

莱昂纳多·迪卡普里奥重视自己地球公民的身份，如同他对自己表演的重视。他说他会努力并谨慎地用自己的知名度来唤起人们，特别是年轻的一代人。真是有志不在年高啊。

不要入戏太深，以便随时抽身而行

今年春节那会儿，朋友圈被一句莫名其妙的"我们都欠星爷一张电影票"刷屏，乖乖，原来明星们一直认为我们都是欠他们的，所以，他们才理直气壮地来股市抢钱，难道他们是我们的祖宗吗？

一个好的专业演员（值得庆幸的是，多数靠颜值吃饭的明星都是业余演员），由于对角色的过度投入，常常会入戏太深，以至于无法自拔。跨界玩资本市场的明星们，还是要保持足够的清醒。

首先，不要高估了颜值的时间价值，林志颖的逆生长只是个案，你看看同龄的郭德纲就明白了什么叫时间价值不断衰减最终会趋近于零这个颜值定律（这个定律是程大爷独创的哦！）。

其次，不要低估了A股江湖的险恶，在利益冲突中，一旦你的利用价值被透支消费了，资本玩家抛弃你时会连眼睛都不眨一下，就像抛弃一只旧鞋。

第三，不要掠夺你的粉丝，他们才是你一生的米饭班主，不懂得珍惜与感恩，迟早有一天，在股市里，你会把一辈子的饭一口就吃完啦！

对于热衷于追逐明星股的普通投资者而言，桥归桥，路归路，不要让生活的感性淹没投资的理性，换句话说，如果你以为对明星的喜爱可以换来更好的投资收益，那么，恭喜你，说明你还很幼稚，很傻很天真。

连那么多资本市场的大佬都栽在明星们的手里，普通投资者，还是要把生活和演戏、投资与追星做个适当的切割，

第一，看脸选股风险高。《格列佛游记》中有一句话：盲目可以使你增加勇气，因为你看不到什么危险。基本面还是要的，毕竟，再大的明星也没有为股票的基本面背书。

第二，千万不要高估了明星们的品德。要知道，在A股市场，德艺双馨只是个传说。

第三，不要成天关注明星绯闻，还是要多关注有价值的投资资讯，比如说，有空就可以多关注一下《券商中国》嘛（券商中国全体采编在此严重致意！！）。

娱乐圈明星们的到来，确实给A股市场制造了更多的炒作题材，看起来股市是有戏了，实际上，如果我们的上市公司一直沉迷于制造短期轰动效应的投机取巧把戏，这个市场最终还是没戏。

一个好演员，一辈子可能演过国王，也演过小偷，演过皇后，也演过妓女，但是，最重要的莫过于演好自己，扮演一个正直的有道德的自己，这比赚多少钱都要有意义。

A股悖论：自从爱上了巴菲特，
我们就远离了价值投资

A股投资者最热衷于炒短线，但是，炒短线赚钱者寥寥，这个时候，有人喊一嗓子，说炒股票哪用得着这么累啊，看看人家巴菲特，连报价机都没有，每天都跳着舞步去上班，在办公室喝喝可乐吃吃花生糖，就把大钱给挣了。

我们这一代搞股票营生的人，不管是证券分析师、机构投资者、散户还是在营业部附近人行天桥上摆卖盗版书的"走鬼"，或多或少都有一点"巴菲特情结"，也不管看没看过巴菲特的书，理不理解巴菲特的投资哲学，反正，谈投资时言必称巴菲特是一件很酷的事情。略嫌不过瘾的是，都粉丝这么多年了，老巴上周才成了"网红"。

做股东真好
巴菲特又给我写信了

有个投资者朋友说，每一年，不管市道如何，巴菲特都会两次挠到他的痒处，一次是读到老巴写给投资者的一封信，另一次就是伯克希尔的股东大会。这位朋友声称自己拥有一股该公司的股票（最新价格是22万美元哦），所以，每年的巴菲特来信，他都无比激动地说，巴菲特给我写信了。

我会问他，今年巴菲特说什么了呢？朋友回答说，信写得太长了，还没读呢！

这大概是绝大多数人对待巴菲特来信的态度，他们会急不可耐地在朋友圈分享2016年的巴老来信，却没有耐心坐下来认真地读上一遍，有几个人会真心关心他事无巨细地"汇报"伯克希尔旗下各个业务板块的经营管理、发展前景和企业文化呢？当然，不经意蹦出来的一些巴式幽默还是会逗得人哈哈大笑，但是，这些风趣幽默的段子总是掩藏于滔滔不绝的财务分析之中。

相比研读巴老数万字的来信，参加伯克希尔的年度股东大会要轻松愉快得多。这个被誉为投资界"伍德斯托克音乐节"的大会，年年都吸引着数万投资人前往，堪称一年一度的全球投资者盛宴。

今年五一期间，伯克希尔·哈撒韦股东大会在巴菲特的家乡奥马哈举行，开了六个多小时呢。

巴菲特很显然知道自己在中国的分量，并懂得与时俱进，使出浑身解数抓牢中国粉丝的心，所以，今年第一次启动了网络直播，这个互联网时代的新平台让全世界都看到了大会的盛况，极大满足了粉丝们的心理需求，而中文翻译的同步呈现，意味着巴菲特和伯克希尔对中国粉丝的重视，中国元素是2016年年会最惹人注目的亮点。

由于参加年会的人必须是伯克希尔·哈撒韦的股东，为了抢到这个难得的"朝圣"机会，一些投资者甚至不惜花费近22万美元（约合人民币142万元）买下1股伯克希尔股票。但对于多数人来说，这个价格是足以让人望而却步的了。

不过，还是有部分敏锐的商人嗅到了其中的机会。在股东大会召开前夕，一些打着巴菲特股东大会旗号的高端出境游定制产品开始密集涌现，价格多在人均6万元~16万元不等，除亲临股东会外，还有机会参加美国其他城市的一些高级别财经活动。

就这样，参加伯克希尔公司的股东会俨然成为一门生意。相信这不是巴菲特的本意，但是，估计他也没有想去阻拦。相比22万美金一股的高门槛，这类高定产品看上去吸引力爆棚。不过，有记者在深入调查后发现，要获得一张伯克希尔股东大会入场券，其实300多元人民币也是可以有商量的。

人们以参加派对的心情参加了股东会。我问一个参加了会议的朋友，印象最深的是什么，他说，是巴菲特和查理·芒格的幽默风趣，还有就是，他们的桌上放着可口可乐和花生糖，像往常一样。

我想起来，再过几天就是一个中国人朝圣的重要日子，每年的农历四月初八（今年的阳历5月14日），是一年中最隆重的佛教节日之一，是释迦牟尼佛的诞辰日，又称佛诞节，是从求福灭罪的一种宗教要求传衍而来。中国东汉时仅限于寺院举行，到魏晋南北朝时流传至民间。届时，各大寺庙里会人声鼎沸，香火缭绕，善男信女不辞辛苦，从四面八方蜂拥而至，为了功名利禄，恨不得把头磕破。

问道于股神与祈福于菩萨，大同小异也。国人的巴菲特情节，也是源于一种图腾崇拜，不远万里，面见真身，莫非也是为了被财神"开光"？

自从爱上了巴菲特
我们就远离了价值投资

怎么感觉学巴菲特炒股像是烧错了香呢？本来，你是想高考时金榜题名，考上北大清华，磕等身长头来到庙里，不去求文殊菩萨（领导班子分工管教育的）保佑，却抱住地藏菩萨的脚拼命许愿，这不是所托非"人"嘛！

上世纪90年代，炒股炒期货是一门新鲜而热辣的生意，也是一个人展现实力与魄力的铠甲，然而，投机市场的波诡云谲，总让人感觉到了交易过程中某种命运的捉弄，有人笃信，这里面一定存在一只翻云覆雨的手，可以拨弄涨跌的琴弦。这就出现了交易时的各种禁忌，比如要穿红衣服，要带开过光的手珠，办公室供奉个红脸关公，桌子上摆个陶瓷骏马，马背上驮着一个财神，寓意"马上发财"，这就是早期投资者的各种"交易"技巧，跟去赌场是一个套路。

后来，据说出现了一种人，他们有千里眼顺风耳，可以看见命运之手是往上还是向下拨弄涨跌的琴弦，甚至还能看见有哪一只股票正在被财神温柔地抚摸，他们似乎具有某种神秘的力量，说某某股票会涨，那就会狂飙，这种人就是被股民顶礼膜拜的"股神"也。

上世纪90年代开始，求财若渴的A股股民一路崇拜过各类股神，比如国产股神赵笑云、汪建中，当然还有那个无法验证炒股业绩的杨百万，后来发现，大多数牛逼哄哄的股神，他们根本就看不见市场的翻云覆雨手，而是利用资金加上各类广告宣传向盲目崇拜他们的股民直接就伸出了黑手，上当受骗多次，炒股的老本多半是奉献给了自己的偶像们，也就无怨无悔了。

好在A股的股民有野火烧不尽、春风吹又生的小草精神，所以，一代股民被股神们"收割"了，下一代又成长了起来，反正不用担心出现青黄不接的年景。

内地股神不靠谱，接着又目光望向窗外。于是，香港股神、台湾股神、欧洲股神、美国股神纷纷走进A股股民的心里。索罗斯、彼得·林奇、吉姆·罗杰斯、费雪、巴菲特……一时间各路神仙漂洋过海来看你。21世纪最初的几年，是A股学习洋股神最为热情高涨的一段时间，人们普遍相信，只要刻苦学习格雷厄姆的证券投资分析，股市的趋势是可以提前预测的，捕捉黑马简单如囊中探物。

A股投资者最热衷于炒短线，但是，炒短线赚钱者寥寥，这个时候，有人喊一嗓子，说炒股票哪用得着这么累啊，看看人家巴菲特，连报价机都没有，每天都跳着舞步去上班，在办公室喝喝可乐吃吃花生糖，就把大钱给挣了。不像彼得·林奇，炒短线炒得太辛苦，30多岁就满头白发了。

而巴菲特的价值投资方法看起来最好操作：购买持有！找到一个伟大的公司，买入它的股票，然后就一直持有，绝不卖出，这个方法尤为适合那些买对股票就做短线，买错股票就做长线的股民，于是就出现了一大批声称要完全"复制"巴菲特的人，有人甚至把报价电脑扔到垃圾桶去了，有人买入"伟大的公司"后，就不闻不问，只管坐在办公室喝普洱茶吃大白兔奶糖，相信时间是投资者最好的朋友，就等价值的玫瑰静悄悄地开吧！

时间可以是最好的朋友，也可能是六亲不认的"业绩排名"，那些学习了格雷厄姆，又"复制"了巴菲特的基金经理们一到年末，赫然发现自己被"朋友"出卖了。仅仅一年的时间，投资者就失去了耐心，就要把那些坚持持有价值股而暂时跑输大盘的人抛弃。赚钱才是硬道理，管你投机还是投资，老板们都要数字说话，不做道德评判，买了再伟大的公司，一年不见分晓，行业排名靠后，你就卷铺盖走人吧！

还真有一朝被蛇咬，十年怕井绳的"聪明"人，识时务者为俊杰，A股市场，时间是投资者的敌人呀！

于是乎，一种顺应潮流的新投资思路萌芽了，这个就是目前已然成为A股市场从机构到散户共识的主题投资方法。

这个所谓的主题投资，跟投资半毛钱关系都没有，简而言之就是炒概念炒热点，实至名归的热点投机嘛！

按理说，一个与价值投资南辕北辙的投机市场，是不会仍然如此狂热地崇拜价值投资教主的，如此之大的反差，可以说是伪价值投资者的叶公好龙心态使然？

A股投资者知行"两张皮"式的巴菲特崇拜，应该是出于以下几点原因：

第一，把巴菲特崇拜当作一种网红消费，类似追星。

第二，把巴菲特崇拜当作是一种投资能力的标榜。

第三，图腾崇拜，跟拜神一样，希望会"被开光"，获得好运气。

然而，真正研究过巴菲特的人，就会发现A股投资者的这种股神情结其实是对巴菲特的一种误解。巴菲特的投资哲学和投资方法，对A股普通投资者和一般机构投资者来说，几乎没有任何借鉴意义。

第一，在近半个世界的时间里，巴菲特经营的伯克希尔公司其实是一家拥有多家保险公司的保险集团，它的一个重要特征是，会有源源不断的保费收入形成的现金流（巴菲特在致股东信中所以说的浮存金是也），这笔钱一方面数额如此巨大，2015年末就达到了880亿美元，另一方面，它虽然是伯克希尔的"负债"，却又几乎不用偿还，这足以让巴菲特去买下任何他认为有价值的企业。这一点上，只有中国平安，复星集团，安邦保险这类拥有大量源源不断的"浮存金"的机构才能做到。个人投资者或者公募私募基金等一般机构投资者没办法模仿。

第二，巴菲特不做短线的原因是，这么多年来，伯克希尔账户里的"浮存金"每年都有巨幅增加，用他老巴的话说，这些钱多得就像"膀胱里的水"，总是让他忍不住要排空。看看，人家是喝太多水尿憋着慌要找厕所，我们是经常口渴得到处找水喝好吧。

第三，巴菲特只愿意买他能看得懂的东西，而A股投资者却完全相反，他们只对自己不懂的东西感兴趣。所以，巴菲特在几万字的信中，只字未提人工智能、量子通信、虚拟现实，也没提到电动汽车、自动驾驶，通篇都是食品饮料、

看啊，
我的偶像
巴菲特

A股投资者知行"两张皮"式的巴菲特崇拜，应该是出于以下几点原因：

第一，把巴菲特崇拜当作一种网红消费，类似追星。

第二，把巴菲特崇拜当作是一种投资能力的标榜。

第三，图腾崇拜，跟拜神一样，希望会"被开光"，获得好运气。

铁路基建、银行保险、能源电力这些连大妈们都看不上眼的"落后产能"，唯一买入的高科技公司IBM，在巴菲特的信中，还说是他犯的一个错误。

第四，巴菲特在给股东的信中，很少提及旗下各个业务板块中个股的股价表现，论及各个公司的收益时候，他更看重PB，而极少关注PE，他把伯克希尔一年来资产的增加视为股东的真实回报。A股市场几乎只关心股价的涨跌，PE和PB都不是买入或者卖出的理由，就这一点而言，就不是存在差距，简直就是背道而驰。

学习价值投资是大佬的事
我们只管喝可乐吃花生糖

有人问我，巴菲特为何这么富有，我回答说，因为他一直很有钱！这不仅是一句玩笑话哦。

巴菲特认为伯克希尔的成功来源于三个要素，即资金、能力和文化。长达半个世纪的时间里，一个"浮存金"滚雪球般越滚越大的企业，从来没有为赚钱而焦虑过，反而为如何花钱殚精竭虑，这就是伯克希尔成功的前提，个人投资者一旦买股票套牢，就没钱"越跌越买"了，而手握重金的伯克希尔，却可以从容捡便宜货。所以说，没有源源不断的资金，学习巴菲特就是痴人说梦！

光有钱，没有足够的投资智慧，也不可能成为巴菲特。

巴菲特受到投资者如此狂热的膜拜，不是因为他会赚钱，做投资最容易的事情就是赚钱，最不容易的事情是，保持长期稳定地赚钱，伯克希尔确实保持了长期赚钱的世界纪录，这个长期竟然长达半个世纪。除了稳定增长的"浮存金"，还有巴菲特团队的投资智慧，另外一个重要因素就是伯克希尔独特的文化能保持长期稳定。

由此可见，巴菲特与伯克希尔都是无法复制的，作为个人投资者，应该学习他的财富观与人生观，感恩、知足、惜福还有快乐。

如果可能的话，去学习一下他的长寿秘诀。

当然，巴菲特也是人，也有其凡俗的一面。在伯克希尔的年度股东大会上，巴菲特和芒格的面前，总是摆着可乐和花生糖。无独有偶，凤凰卫视中文台"锵锵三人行"这个节目中，这么多年来，每个嘉宾面前不是摆着一罐王老吉就是加多宝，感觉窦文涛已经养成了每天喝凉茶的好习惯，这小子这么幽默，跟喝凉茶有关系吗？巴老的可乐和跟窦文涛面前摆放的加多宝是不同的，加多宝只是让窦文涛变得更幽默，而可乐和花生糖却让巴老和芒格变得非常快乐！

可是，我有些困惑，为什么有人用可乐来刷马桶，可以将陈年的污垢刷得不见踪影？还有，让我们曾经嗜甜如痴的上海大白兔奶糖，也鲜有人再提起，现在小朋友的牙齿据说比30年前好得多哦。

再高尚的人，偶尔也会有不那么高尚的固执，早在2015年的股东会上，巴老高调宣称，可口可乐有没有什么不良影响，但是，有研究表明，人们不该继续摄入过多糖分。

巴菲特说，消耗卡路里是一个问题，我每天大概摄入700卡的可口可乐。可乐和花生糖都是我喜欢每天吃的，让我非常快乐。全世界都知道巴老是可口可乐的大股东，如此力挺可乐，广告植入的痕迹太明显不过了。芒格也来帮腔，你现在只考虑坏处不考虑益处。如果每年因为有多少人发生空难，你就不坐飞机了，这是非常不合理的想法。

我相信每个崇拜巴菲特的人，都可以从他的身上学到一点有价值的东西，当然，炒股除外。

程大爷喜欢巴菲特，主要还是因为他的乐观主义精神，他的幽默风趣比他的投资高论更吸引我。有一个投资者问巴菲特，在年度股东信中，您的幽默感总是给我们带来很多乐趣。您的幽默感从何而来？

巴菲特没有直接回答这个问题，而是把球踢给了查理·芒格：我觉得查理比我更有幽默感。

芒格好像没听懂巴菲特的话，他说，如果你准确地观察这个世界，必然是幽默的，因为这个世界实在是太可笑了。

是的，在这个可笑的世界，我们一直眼含热泪，面带微笑地活着呢。

烧掉的是钞票，打赏的是幻觉，
看看这些A股戒不掉的"瘾"

这么多年来，A股市场的投机炒作风潮可谓愈演愈烈，有"好"消息时，股价蹿升，有"坏"消息时千股跌停，消息或者说题材之于A股，就像毒品之于瘾君子一样，都是制造快感与幻觉的道具。

如果说A股的上涨不需要理由只需要说法的话，那么，A股的下跌往往连说法都省了，仅仅需要一个谣言。

回顾一下2016年开年以来的几轮暴跌，差不多都跟市场的传言有关，这些引爆下跌趋势的传言翻来覆去就是那么几个事，注册制、战兴板、新三板分层、新三板转板、严格退市制度、打击市场操纵、中概股回归受限、借壳上市受限、跨行业并购重组受限，等等。

程大爷发现，A股市场各路人马每天基本上只是琢磨一件事情，有什么消息？分析师们最重要的工作就是搜罗消息并解读消息，消息无所谓好与坏，比如，创业板的推出，打击市场操纵，按理说有利于市场的长期发展，但是，它们对短期资金炒作不利呢，所以，市场就跌得一塌糊涂。简而言之，凡是不利于市场炒作的消息就是利空，凡是有利于市场炒作的消息，就是利好。

实事求是地说，A股对消息的依赖，对概念与题材的执迷，确实到了成瘾而难以自拔的地步。

对投机的执迷是一种疾病

这么多年来，A股市场的投机炒作风潮可谓愈演愈烈，有"好"消息时，股价蹿升，有"坏"消息时千股跌停，消息或者说题材之于A股，就像毒品之于瘾君子一样，都是制造快感与幻觉的道具。

成瘾是人类社会活动中复杂而又令人费解的一种行为模式，一般是指某种心理或生理的依赖，表现为体验过程中的欣快感与切断体验后的生理性与心理性的"戒断症状"，这种症状在心理上表现为烦躁、郁闷、失眠、焦急等等，与普通投资者在股市暴跌时表现出的各种心理不适症状颇为相似。

人类的大脑里存在一个"奖励系统"，这个系统相关的某块大脑皮层受到"劲爆题材"的刺激，人就会有欣快体验，拿掉这个强烈刺激后，人就会对之前的欣快体验产生渴望，这就是心理依赖的形成机制。

所以，跟瘾君子讲毒品的危害性，口水讲干了也不会有什么效果，因为道理大家都懂，长期吸食大麻、冰毒这类东西，不仅会上瘾，而且还会损害人的器官，等于慢性自杀。

可是，毒瘾一旦发作，不赶紧吸上几口，轻则哈欠连天，精神萎靡，重则泪涕横流，满地打滚。

强制戒毒康复治疗，费时费力，效果也没法保证，经常是一出戒毒所，道友就来热情款待，都说活在当下，来来来，上麻果、摇头丸不算毒品，小过把瘾再说。于是又抽上了。

对这些反复发作的瘾君子，确实陷于两难境地，任由发展，看着他成天吞云吐雾，醉生梦死，知道这种状况难以持续，迟早会把自己抽死；管得太严，毒品没收，钱包锁住，搞坚壁清野，他又要寻死觅活，装疯卖傻，威胁要跳楼轻生，这个时候，怕他一时鬼迷心窍跳下去了，往往父爱主义占了上风，心一软，把毒品又递上了，永远希望这是最后一次，下不为例。

现实常常比理想残酷，孩子深陷毒瘾，家长忧心如焚，苦口婆心，批评教育没用，把摇头丸没收他又以跳楼威胁，结果，他又故态复萌，一个恶性循环的怪圈，无解！

监管部门为了帮股民"脱瘾"没少想办法，投资者教育，打击过度投机，禁止炒壳，限制各种忽悠式重组，我们看到的，一旦拿掉这些带来欣快感的"刺激"题材，市场时不时就摆出一副要"跳楼"的架势来。

显而易见的是，一个长期对概念炒作成瘾且无法"戒断"的市场，肯定是不健康的。

甚至，它可能还是一种慢性大脑疾病呢。按照美国成瘾医学学会（ASAM）关于成瘾的定义，不管是对酒精毒品，还是对赌博和性的成瘾，都不仅仅是一种行为问题，而是一种原发性的慢性大脑疾病。是大脑在处理奖励机制，动机，记忆以及相关反馈通路的这整个过程中出了问题，然后反映在行为上就是通过使用一些物质或者一些行为来病态地追求奖励和慰藉。

ASAM还对成瘾人群的大脑中出现的病变区域及其对行为方式的影响做了详细的描述，就是说不管是在滥用药物的还是行为性成瘾的人群中，都是大脑部分区域的一种功能失调。

当然，基因也会很大程度影响成瘾发生的几率，我们这几代A股股民，血液中可都流淌着投机的"基因"，与后天的环境因素一起作用，培养出新一代的股市"瘾君子"。由此看来，新一代的A股股民爱投机的瘾，也不能完全怪在他们身上，"基因"在暗中起作用，再说了，现实的环境又如此适合投机。

让人上瘾的毒品种类繁多，但一般来说，都有四个共同的特征：不可抗力，强制性地使吸食者连续使用该药，并且不择手段地去获得它；连续使用有不断加大剂量的趋势；对该药产生精神依赖性及躯体依赖性，断药后产生戒断症状（脱瘾症状）；对个人、家庭和社会都会产生危害后果。

各类毒品，根据不同的标准有不同的划分方法。联合国麻醉药品委员会将毒品分为六大类：吗啡型药物（包括鸦片、吗啡、可卡因、海洛因和罂粟植物等）是最危险的毒品；可卡因、可卡叶；大麻；安非它明等人工合成兴奋剂；安眠镇静剂（包括巴比妥药物和安眠酮）；精神药物，即安定类药物。

让股民上瘾的"毒品"远不止区区六类，它们种类繁多、强力制幻，关键是永远都在推陈出新。邱国鹭在不久前的一次演讲中尖锐地指出，现在券商研究所、基金公司研究员，整天搞科普，各种前沿概念、各种尖端科技，最好有点英文字母，3D打印、VR、P2P、O2O，最后发现上门洗车这个模式就没有未来。

有人把2016年5月份的股市低迷归结于监管部门拟对借壳、中概股回归、跨界并购重组等几大炒作热点采取"强制戒毒"的传闻。此前，市场传言监管部门已叫停上市公司跨界定增，涉及互联网金融、游戏、影视、VR（虚拟现实）四个行业，同时这四个行业的并购重组和再融资也被叫停。

不过，由于市场"戒断"反应十分剧烈，大有"跳楼"的苗头，随后，我监管部门为了帮股民"脱瘾"没少想办法，我们看到的，一旦拿掉带来欣快感的"刺激"题材，市场时不时就摆出一副要"跳楼"的架势来。

亏了这多，你还想去炒股

们看到了监管部门表态再融资和并购重组相关规定及政策没有任何变化，安抚意图明显。

监管部门的表态多少有投鼠忌器的顾虑，即使原有规则不会有大的改变，然而，实际审核过程中对这四个行业的审核应该会趋严。互联网金融、游戏、影视、VR这些行业早就是并购重组中的"摇头丸"，一旦沾边，所有参与者都会摇头晃脑，个股就会被炒得天翻地覆。

这些给人带来巨大欣快感的"摇头丸"，估值虚高，定价基本上是拍脑袋。这样纯粹的炒作，与"脱虚向实"以及资本市场支持实体经济的政策导向背道而驰。

烧掉的是钞票，打赏的是幻觉

巴菲特经常被人指责为过于保守，对以互联网为代表的新生事物缺乏敏锐的嗅觉，简直是个老古董，不过，面对外界"廉颇老矣，尚能饭？"的质疑，巴菲特从来没有动摇过自己的价值标准，不管有多少人在互联网中成瘾以致癫狂，都无法动摇老巴对传统行业的热爱，不仅如此，他还三番五次地表达自己对新经济的怀疑，他说，那些起初看起来挺美妙的商业模式，到了后来基本上都让人失望了。

在对待新的业务模式这个问题上，邱国鹭似乎与巴菲特殊途同归，邱先生在演说中说到，A股市场2010年开始炒各种可穿戴设备，炒电动车、充电桩。按照当时的研究报告，现在应该满大街都是充电桩、电动车；当时Google眼镜出来，大家觉得可穿戴设备5年内纽扣、手表都可以测血压。但是5年过后，这些都没有发生。再比如，有个直辖市10年前曾经出了一个分布式太阳能的规划，当时提出的目标是5年后实现10万个分布式太阳能，但5年后只实现了8个。比尔·盖茨说，人们总是高估新技术出现的第一个五年，但会低估第二个五年。

邱国鹭还说到另一个有趣的案例。2010年，A股市场的投资者们花了很多精力研究手机支付NFC，那个时候，几乎每个人都成了科学家，争论着是13.8M还是2.4G的技术会胜出，但是，5年之后，发现胜出的是微信支付，用的是扫码，没用NFC，和当年大家预想的完全不一样。

现在A股中有很多上市公司在谋划转型，不管有没有进入新技术产业的能力，为了满足投资者日益高涨的"并购重组瘾"，豁出去了也要玩跨界，然而，跨界跨得不好就会把腿拉伤了，主业转型成功的案例并不多见。A股市场对跨界重组这些东西是缺乏鉴别能力的，大多数人只是追逐概念，只要够新、够炫，越模糊越好，越朦胧越美，大家搞不懂是最好的，一旦搞懂了，这个股价的上涨趋势也就到头了！

而我们的企业家们，发现炒概念既不费力，来钱又快，那还费劲地去做产业干什么呢？人们似乎早就忘记了投资的本质不是你能说出一堆新鲜的名词术语，而是你懂得识别何种股票价值被低估了，并且坚持买有价值的东西。

多年来的现实总是让人失望，概念漫天飞舞，给个题材就灿烂，差不多人人都成了瘾君子，至于估值的高低，有几个人会去关心呢？到2016年5月底时，A股市场中市盈率在1000倍以上的有77家，500倍以上的有178家，100倍以上的有833家，50倍以上的有1388家。难怪有人戏言，"哪里有什么婴儿底？假如没有银行股为首的金融股拉住裤带，A股的底裤都已经掉到膝盖下面去了！"

行为主义理论认为，人的大脑有三分之一的结构属于行为强化系统。反复做一件事情，就会使行为强化系统过度兴奋，交感神经系统高度变化，这样人便会对反复从事的行为成瘾。人们首次使用成瘾物质后，由于体验到成瘾物质所带来的欣快感，成为一种阳性的强化因素，通过奖赏机制促使人们再次重复使用行为，直至成瘾。而停用成瘾物质所引起的戒断症状，痛苦体验的出现是一种惩罚，又是一种阴性强化因素或负性强化作用。为了缓解焦虑，驱除戒断反应，逃避这种惩罚，成瘾者只好继续使用成瘾物质，强迫觅药而避免戒断时的痛苦则产生间接的阳性强化作用，直接与间接的阳性强化协同形成一级强化。

除了成瘾物质的强化作用外，社会因素也有强化作用，形成物质依赖的情景和条件也可形成环境上的强化作用，即二级强化。依赖者受接触到的周围人群的群体心理影响，更可构成社会性的强化，促使物质依赖更加顽固，比如集体吸毒，就会取得情感上的交流，群起炒作某个题材，形成我们津津乐道的所谓"风口"，既取得了经济效益，又可以减轻个体的负罪感。

当成瘾的行为模式受到挫折而不能进行下去的时候，就会产生与吸食鸦片的人突然被强制戒毒时类似的反应。这两级强化作用的叠加遂使人的行为固定，从而形成物质依赖。

生理学有关学习和记忆原理对"成瘾"的研究表明，刚开始吸毒时，毒友、吸毒的环境、工具等刺激都是一些无关刺激，吸毒时则伴随这些刺激产生独特的欣快感。长期吸毒后上述无关刺激与欣快感反复同时出现，变成了条件刺激，吸毒者表现为吸毒成瘾后一见到毒友、吸毒环境、烟具、注射器、矿泉水等条件反射性引起对吸毒的欣快感的回忆，以至于产生强烈的觅药渴求。由于上述操作式条件反射是通过反复操作，通过激活大脑内源性奖赏系统来完成的，所以吸毒成瘾机体的记忆表现为三级记忆，大脑皮质可有局部增厚，形成刻骨铭心的所谓"心瘾"。

"强制戒毒"，A股才有未来

这个世界，真实的部分已经很少了，我们却还在想方设法地把它变得更虚拟。

其实，VR好像也没那么神乎其神，我寻思，当年慈禧太后喜欢玩的西洋镜，后来烂大街的儿童玩具万花筒不都是"虚拟现实"吗？

我们真的很期待戴上头盔，然后在一个虚拟的世界里干点平时不敢干的事情？

不可否认，VR在医疗、传播、娱乐、社交等方面确实带来了一些革命性的创新，但是，由此推算人类的未来会活在一个完全虚拟的世界里，也是言过其实。尤其是在日常工作和生活方面，人类就算是对真实的世界再厌倦，也不至于会躲进虚拟的世界不出来吧？

现在都没什么人敢站出来说炒这些类似"小鲜肉"一样的热门概念是危险的了，谁要是敢说这些热得烫手的概念是危险的，就有人说你Out了，跟不上新形势了，现在的预测都是说5年后如何如何，10年后如何如何，关键是，眼下你虽然不可以证实，却也无法证伪！

那些用"市梦率"来忽悠散户的资本大佬们，现在也发现，好梦总是易醒。

二十年前，基因技术突飞猛进，各种基因测序，基因检测，基因芯片概念甚嚣尘上，当时就有人宣称找到了治疗癌症的有效方法，十年后人类再也不用担心会被癌症夺去生命，结果，我们看到的是，目前为止，癌症仍然是人类最危险的敌人之一。

那些完全脱离中国现实环境侃侃而谈创新科技进入大众应用领域之后可以带来多大的市场蛋糕的人，不是因为天真，就是带着不可告人的目的。

比如，在放一个孔明灯都受到管制的环境里，看见汪峰用无人机给章子怡送钻石戒指的娱乐新闻，有人就惊呼无人机走进千家万户的时代来临了，你开始畅想用无人机运送包裹，用无人机给幼儿园的小朋友送书包，高兴时随心所欲地航拍城市的万家灯火……你以为你是生活在虚拟现实里吗？

再比如，无人驾驶技术被热炒，各大小汽车公司都在忙着路测，有的宣称无人驾驶跑了2000多公里，从西藏的高山公路一直跑到了长安街，技术相当稳定。于是，有人开始预测，5年后满大街都是无人驾驶汽车了，然后拍下脑袋说这是个多少万亿的大市场呀，某某上市公司拥有无人驾驶的关键技术，那么，在这个万亿级别的大蛋糕上随便切下来一小块也不得了，于是，不管他三七二十一，先把股价炒高十倍再说。

你用屁股想一想，5年后满大街跑的都是无人驾驶汽车，这个可能吗？你说在某些特殊领域应用无人驾驶汽车，这个是有可能。不是技术上达不到，而是，你抽离了现实语境，尤其是中国，有人驾驶的汽车尚且问题成堆，无人驾驶还不乱了套，你不要高估了技术的力量，不要高估了拥有汽车的人的道德与素质，要知道，汽车除了跟道路有关还跟太多的事物有关。这点跟"有效市场理论"一样，它有太多的假设，假设市场是有效的，假设投资者是理性的，然而，这么多年过去了，我们也没有看到这个假设在那个市场变成了现实，它们永远都是一个假设！

早期还是有很多人抗拒"毒品"，后来，经不起别人的怂恿，半推半就也去小吸两口，心想玩玩也没事的，也死不了人，哪知道毒品东西，沾上就很难再脱得了身。

所以，这么多年来，鸦片不过瘾了就海洛因，冰毒出来了就吸冰毒，再后来，大麻、摇头丸、K仔都来了，剂量越来越大，花样年年翻新，你看那市场，还是哈欠连天，完全打不起精神来！

大脑对某种刺激会有两个阶段的反应。第一阶段是原始反应，如兴奋。第二个反应是，兴奋平息后的倦怠感。而在反复受到刺激后，第一阶段保持不变，但是，第二阶段提前开始，而且时间延长，强度也增强。所以在两个阶段的共同作用下，反复刺激后产生的兴奋感会迅速减退，而之后的负面感受会更持久更强烈。很多容易让人"上瘾"的东西跟黄赌毒一样，都会对大脑产生刺激，激发一系列如上所述的反应，这些"瘾"本质上确有共通性。

据我个人经历，小时候大人越是禁止我们玩游戏，想玩的心情就越强烈，而当大学时，有了个人电脑，想玩什么都行的时候，反而觉得游戏没趣，浅尝辄止。

在客观环境给人造成的心理压力或精神压力面前，为什么有的人心理承受能力强而有的人心理承受能力差而非要从毒品中寻求解脱呢？心理学家认为，人的承受力主要取决于行为者的人格素质和人格特点。人格发展越完善，就越能对自我做出正确的评价，在压力面前对自我态度、自我行为的调节能力就越强，也就越能形成稳定的心理特征，反之就容易出现心理不稳定和心理危机。

成瘾的认知过程主要是由于成瘾者信息加工缺陷，或者认知方式的偏差所致。信息加工缺陷主要是指成瘾者的注意缺陷，过分的偏见和过分专注，如酗酒者一心一意地想着下一次饮酒，而病理性赌博者总想着下一次把钱能够赢回来。另外，成瘾者也有着独特的思维习惯，以特定的方式对信息加以歪曲并且这种歪曲与成瘾行为有着密切的关系。

毛毛雨不起作用的话，那就来一场暴雨吧！据报道，在已发布的《上市公司重大资产重组信息披露及停复牌业务指引》和《关于进一步规范上市公司停复牌及相关信息披露的通知（征求意见稿）》的基础上，新修订的停复牌新规也会发布，市场关注的"忽悠式重组"问题将遭到严控。同时，停复牌新规还将对A股上市公司随意停复牌、停牌时间过长的问题做出限制，这会被市场解读成A股为冲关MSCI采取的"强制戒毒"措施吗？

A股的傲娇你永远不懂

在上周，A村阿花遭遇MSCI这小子的第三次戏弄之后，内心深处的刺痛和恼怒，不出所料地表现出傲娇的姿态。这就是为什么看热闹的人会觉得不合逻辑的原因，因为，在受到伤害的时候，弱者更容易表里不一，也就是说，她会表现得出乎意料地像一个强者。

话说明晟村有个富二代名叫阿狗（**英文名MSCI**），多年前托媒婆捎了封信给A村豪放女阿花，提出三个条件，如果达到，来年初夏，紫薇花开的时节，必敲锣打鼓，娶之。消息传来，A村长老以及乡里邻居喜大普奔，因为这不是一起简单的婚嫁，而是，事关全村人的福祉。

近年来，A村这个新兴经济体在改革开放政策的东风劲吹之下，大干快上，规模日见壮大，已然成为全球新兴经济体中的龙头老大，就算老美村那边参加江湖座次排名，A村也是二哥位置，睥睨老大，傲视群雄，自不待言。

让长老感到憋屈的是，A村实力雄厚，俊男美女遍布田间地头，外村却甚少赞美，前来提亲者更是寥寥，反而指指点点，说三道四者众。

而A村民众性情多浮躁，嗜赌成性，动辄风波不断，确实需要加以教育引导。

以A村之实力，那个名不见经传的明晟村富二代，看上了A村的阿花，原本就不是个多么激动人心的事，反倒是MSCI这厮有高攀之嫌。

但是，有本事不显露，无异于锦衣夜行啊。阿狗提亲，不仅会改善A村在外的形象，还会马上给A村带来300亿美元的投资做彩礼，以后还会有更多的投资……谁跟钱有仇啊？这点钱虽说解决不了多大问题，但是，毕竟是增量资金呀！

为了嫁入豪门，阿花收敛个性，苦练内功，外练腰身，恶补诗书，好不容易把自己整成了风月俏佳人，搬来小板凳和全村人一起浮想联翩，翘首期盼，明晟村的大花轿听说已经在路上了，阿狗明媒正娶，阿花就要沿着A村的田间

阿花，又被MSCI这小子戏弄了啊，这都第三次了哈哈！

A村阿花

我根本都看不上他，哼！！

A村阿花

　　在上周，A村阿花遭遇MSCI这小子的第三次戏弄之后，内心深处的刺痛和恼怒，不出所料地表现出傲娇的姿态。这就是为什么看热闹的人会觉得不合逻辑的原因，因为，在受到伤害的时候，弱者更容易表里不一，也就是说，她会表现得出乎意料地像一个强者。

小路走出去，一直走上国际舞台。

阿花等啊等，等到夏天的风穿过堂屋，等到凤凰花开了，然后，又谢了，就算全宇宙的龙舟水都泼下来，也浇不灭紫薇花的痴情呀！

终于盼到了阿狗让媒婆捎来的信，说是看到了你的努力，三项条件都有进步，气质提升了不少，可是，对不起，今年还是不能娶你，你是一个好姑娘，我仍然把你保留在我心底最重要的位置，希望你不要放弃，继续努力，只要你能达到另外的三个条件，明年6月，必娶！

第二年6月，凤凰花开了又谢了，紫薇花被雷暴折磨得够呛，阿狗再次爽约，说是条件仍不成熟，不娶，又提出三个条件。

斗转星移，日月如梭，又是一年端午节，由于有太多的悲伤需要发泄，今年的雨水比往年还要多。暴雨如注，偏偏屋又漏了，A村经济形势陷入L型泥沼，长老及村民比任何一年都期盼明晟村的阿狗迎娶阿花，顺带着把那300亿美金的彩礼带来A村。已经被忽悠两次了，A村人民都相信事不过三哦！

结果，"早知道伤心总是难免的，你又何苦一往情深？"阿花哭晕在厕所，可是，她还是不肯死心啊。

明晟村第三次拒绝了阿花，这还不是最让人伤心的，让人伤心的是，阿狗竟然暗度陈仓，把一个穷乡僻壤的巴基村斯坦姑娘揽入怀中。还宣布明年5月正式过门。

就算A村人民都很释然明晟村拒绝俺们阿花，但是愤愤不平的是他拒绝阿花的同时却勾搭了巴基村的斯坦姑娘。

巴基村可是亚洲最贫穷、最欠发达的村庄之一啊，反观A村的国际影响力正在逐步提升，任何没有A村参与的游戏节目都是残缺不全的，更不能算得上是国际游戏！

然而，那个往年主要看长相的明晟村富二代今年忽然又改了嗜好，说是主要看气质，反正是变着法子婉拒了阿花。

A村姑娘被拒，引来不少外村人想看笑话，以为阿花会因为深受打击而精神失常，A村会因此陷入一片愁云惨雾之中，但是，他们想错了，坚强的A村人民决心化失望为力量，鼓足劲头，独自狂舞，以热烈的鼓点，高吭的歌声，回应了外村人对A村人民不怀好意的围观。

外行看热闹，内行看门道，A村阿花被那个洋名MSCI的富二代阿狗始乱终弃连续忽悠了三次就是不肯娶，A村人民理应恼羞成怒，却一反常态，故意说不在乎？阿花姑娘前一小时还哭晕在厕所，后一小时却破涕为笑，精神抖擞地上演了一出欢天喜地迎利空的好戏？

游戏高手暗中叫好，此乃"傲娇"也！你去看，游戏中的人物，比如美少女，为了掩饰害羞腼腆就经常做出这种外表强硬高傲的姿态。

傲娇在各种剧情的游戏中均有运用。比如恋爱类剧情，比如战斗类漫画，早已成为风行一世的萌属性之一了。

傲娇者，外冷内热、外狠内娇，平常说话带刺态度强硬高傲，但内心深处又害羞腼腆得不得了，恋爱中的女人就是这样子的，她本来就是发源于日本的美少女游戏业界的哦。

有人用心理学上的心理防卫机制来解释了傲娇这种独特的反应模式，本来对心仪对象有意，但为了各种原因而刻意以带刺的态度对待他，其实这种逞强矫情的态度只是在掩饰她内心对两情相悦渴望的一丝羞赧。

在上周，A村阿花遭遇MSCI这小子的第三次戏弄之后，内心深处的刺痛和恼怒，不出所料地表现出傲娇的姿态。这就是为什么看热闹的人会觉得不合逻辑的原因，因为，在受到伤害的时候，弱者更容易表里不一，也就是说，她会表现得出乎意料地像一个强者。

当然，也有忍不住怒火直接开骂的村民。我必须说，明晟村的决定充满了对我们伟大的A村人民的偏见与傲慢……我不知道阿狗先生的三个条件是从何而来，有何依据，但完全无法令人接受。你了解阿花吗？你跟阿花姑娘一起吃过炸鸡配啤酒吗？你知道A村是如何从无到有，从一穷二白到村民们纷纷摆脱贫困了吗？如果我们不能够很好地保护村民权益的话，A村能取得这么大的发展吗？

为了平复村民们的情绪，A村长老赶紧出来讲话了。

俺一大早就接到明晟村的阿狗托媒婆捎来的信，说是今年迎娶俺村阿花条件还不成熟，我感觉无话可说了。本来嘛，当年阿狗主动搭讪俺们阿花，我没反对他们的交往，之后阿狗又主动提出可以谈谈婚嫁事宜，我看阿花老大不小了，俺表示支持。去年说今年可能娶，结果，还是没娶。想想俺阿花又不是缺胳膊少腿，也不是身材和脸蛋不够好，说来说去，你明晟村就是个做生意的，把门槛搞得跟衙门一般高，有必要吗？

当然，俺们A村是个地球大村，有胸怀有气量去宽容别人的任何决定，我们注意到明晟村还表示继续保留咱阿花在其候选名单上，真是让人哭笑不得。明晟村商业氛围浓厚，他爱保留不保留的，是他们自己的决定，俺们不在乎，俺再强调一遍，没有咱A村姑娘的明晟村是暗淡无光的，明晟村娶了再多的媳妇，只要没有娶俺们阿花就是天大的缺憾，没有咱A村参与的游戏都是不完整的，都不算国际游戏，都是儿戏！

谁说俺们伤自尊了？俺们继续坚定不移地走自己的路，让明晟村无路可退！

假如炒股是一场修行

论势篇

牛和熊都可以赚钱，但猪会被杀掉

投资者热衷于短线交易。在他们的心中，有一种交易策略始终坚如磐石，这就是高抛低吸！可是，程大爷混迹于期市与股市二十多年，没吃过猪肉，但见过猪走路，所见所闻，运用这个策略获得持续成功的人，几乎没有！

20世纪40年代，纵横华尔街的投机之王杰西·利弗摩尔出版了一本指导股票交易的书，名为《股票大作手操盘术》，在这部当年销量欠佳身后却声名鹊起的不朽名作中，他谈到了投资者的风险偏好，并且认为可以将股票交易划分为股票投资、股票投机和股票赌博这三大类别，如此系统地辨识出不同交易者，这个足以说明利弗摩尔拥有惊人的洞察力。

各类不同风格的交易者带着各自的交易策略在股市搏杀，不仅是百年前华尔街股票交易的生动写照，直到今天，对于我们去观察股票交易者的行为，这个分类仍然提供了一条切实可行的线索。从全球股市交易发展的进程来看，这三种交易者仍然可以基本涵盖所有的交易动机。

至于目前全球正风起云涌的量化对冲套利交易，这只是一种交易手段及交易策略，我认为，仍然可以将其归于股市投机和股市赌博的类别中。

股市投资，它是依赖中长期的价值判断做出决策，采取的主流策略无非就是"购买—持有"。

股票投机和股票赌博，更多依赖短期的技术分析和行为金融的原理，采取的主要策略是：高抛低吸、追涨杀跌、对冲套利等短线交易及高频交易。

这么多年来，世事变迁，牛熊转换，再看A股的个人投资者现状，价值投资理念没有树立起来，股票投机盛行，高换手率导致市场波动剧烈。

2014年下半年开始，由于杠杆的加入，特别是高比例场外配资规模的快速膨胀，很多投资者深陷股票赌博愈来愈难以自拔。

由于制度设计原因以及以散户为主的投资者结构，导致A股其实就是一个股票投机市场。今年上半年，它更是进一步发展成一个股票赌博市场。

投资者热衷于短线交易。在他们的心中，有一种交易策略始终坚如磐石，被认为是放之四海而皆准的不败神器，这就是高抛低吸！

事实上，即使是策略分析师们，经常挂在嘴边的话也是诸如控制仓位，高抛低吸之类，个人投资者奉之为圭臬，也就不足为奇。

可是，A股从来就是一个让散户虐心的地方，尤其是，当大家都有相同想法的时候，大家都犯错。

这就是贯穿市场始终的一个规律：一致性预期不会发生！

大家都认为高抛低吸是有效策略，但是，程大爷混迹于期市与股市20多年，阅机构与散户、高手与菜鸟皆无数，没吃过猪肉，也见过猪走路，所见所闻，运用这个策略获得持续成功的人，几乎没有！这简直是太不可思议了。

今年的这种极端行情，把许多江湖老手也被打蒙了，反思自己的交易策略，检讨投资中的风险管控，成了大家聚会时的主要话题。

有个疑问一直在程大爷的脑海萦绕：为何自己所认识的高手，竟然没有一个人是持高抛低吸这样一种策略的，难道它只是一句看似正确的废话？

这就像多年前一位著名足球教练的名言：你如果不懂如何踢球的话，请往球门里边踢！

我也可以引申一下，如果你不会买股票的话，请买会涨停的股票！

可是，这样有用吗？每个人都怀揣一个不切实际的幻想，却不知道，有多少人被害死在这条看似安全的路上呢。

这种策略的难以奏效之处，在于它从头到尾假设市场只有一种次要趋势，即横盘震荡。

完全忽略了市场还有两种更为重要的主要趋势，即上升趋势和下跌趋势。

市场在一个箱体内震荡的阶段，会是该类交易者的甜蜜期，他们高抛低吸，左右逢源，如鱼得水，感觉股市赚钱如囊中探物。

然而，当市场一旦结束横盘并选择了突破方向的时候，高抛低吸者的噩梦就会降临。

投资者热衷于短线交易。在他们的心中，有一种交易策略始终坚如磐石，被认为是放之四海而皆准的不败神器，这就是高抛低吸！可是，程大爷混迹于期市与股市二十多年，没吃过猪肉，也见过猪走路，所见所闻，运用这个策略获得持续成功的人，几乎没有！

如果市场选择向上突破，投资者会在第一时间抛出手中筹码，假如突破是有效的，那么，交易者会因为失去了筹码且找不到再"低吸"回来机会，在上升行情的主要阶段，将会承受踏空的痛苦折磨。

如果市场选择破位下行，持高抛低吸交易策略的投资者，原来持有的筹码会立即被套牢。由于失去高抛机会，被动持股的结果会是快速深套，这个时候，低吸策略会让你不仅不会采取止损措施，反而会在套牢的筹码上加仓，这样显然就是错上加错，最终会满盘皆输。

短线投机者多数是技术分析的爱好者。那么，先来看看技术分析开宗明义的三大假设，第一，万种行情归于市，也即价格运动包含了一切基本面的因素；第二，市场运动是有趋势的，而且，趋势具有惯性；第三，历史会重演。

市场运动方向上有三种趋势：上升，下跌，横盘。

市场运动的时间上来看，横盘震荡所占时间最长。

所以，高抛低吸策略，看起来适合大多数的交易时间。但是，它的危险之处就在于，它会在次要趋势里成功，在主要趋势里失败，这个风险与收益比就非常不合算了，就算在横盘震荡区间的短线交易成功几率很高，一旦发生方向上的突破，杀伤力便是巨大的。因为，赚的都是小钱，赔的却是大钱，正如香港股民所言"赚一杯茶，赔一栋楼"是也。

也有人会反驳，高手会在不同的趋势里切换到不同的交易策略，他就像手拿遥控器换电视频道一样。理论上是可行的，然而，实际操作起来却可能办不到，高手的策略往往跟高抛低吸策略完全相反，这两者之间，实在是水火不相容！

在《股票大作手回忆录》（这本书是埃德温·李费佛所写的利弗摩尔传记）中利弗摩尔说，"忽略大势，执着于股票的小波动是致命的，没有人能够抓到所有的小波动。真正重大的趋势不会在一天或者一个星期就结束了，它走完自身的过程需要时间。重要的是，市场运动的一个很大部分是发生在整个运动过程的最后48小时之内，这段时间是进入或者退出市场最重要的时机。"

对主要趋势的把握，是利弗摩尔唯一重视的，他甚至认为应该忽略次要趋势。

至于所谓高抛低吸的策略，利弗摩尔更是斥之为愚蠢！

利弗摩尔告诫投资者说，"你必须用你的头脑和你的观察判断，否则，我的建议和告诉你低价买进、高价卖出一样蠢。每个人都应该学会的一件最有用的事就是不要试图最后一刻（卖出）或第一时间（买进），它们太昂贵了，已经葬送了股票交易者数百万美元（20世纪20年代），这笔钱足够建一条横跨大陆的公路。"

看来，早在100年前，利弗摩尔就发现了这个秘诀，要想成为股票投机的高手，不仅不要高抛低吸，而且，你必须坚持做一个右侧交易者，等到明确的交易信号出现，既要追涨，也须坚决杀跌。

好了，到了最后总结陈词的部分了。程大爷近年遍读大师名作，遍访民间高手，试图归纳整理梳理高手之道，既然世间连两片完全相同的树叶都找不到，各具个性色彩的投机高手们真的会有相同的投机理念与方法？答案竟然是肯定的。

高手之道，如天下武功，东邪西毒，南拳北腿，看似风马牛不相及，然则大道至简，最后莫不殊途同归。当我得出这个结论的时候，着实被自己的发现吓了一跳。

高手之道，归于此处：

第一，股票市场的投机高手（价值投资者另案处理）均为趋势投资者，而非高抛低吸的震荡市专家；

第二，交易理念上化繁为简。看山是山，看水是水，强势做多，弱势做空（卖空期指或者融券交易），强调眼见为实，不以预测为交易前提；

第三，追涨杀跌。这个才是投机高手的看家策略。这个策略没有太多的技术含量，它是一种交易心理上的跃升，这也是高手与菜鸟之间的一条心理鸿沟。这个策略在A股市场被发挥到了极致，便是"涨停板敢死队"屡试不爽的撒手锏。

要读懂股市，先读懂自己

投资如同作战，这个"彼"就是那个瞬息万变的市场，我们对它的认知，其实是极为有限的，这就是为什么股市没有百战不殆的常胜将军的原因。

既然不可能完全"知彼"，如果至少可以做到"知己"，还有机会"一胜一负"啊，最怕的是既不知彼，也不知己，当然就是每战必败，哪有机会成为市场赢家？

随着科技的进步，人们"伪装"自己的能力也在快速提升，比如美颜相机的出现，就可以轻而易举地将自己的脸变成别人的，当然，主要是明星们的。互联网的飞速发展，让自我感觉偏离真实的自己越来越远，在微信朋友圈中，我看到许多张似曾相识的脸，他们一律细皮嫩肉，他们纷纷返老还童，他们忙于卖萌要宝……积极的一面是，人们比以前更加自信了，令人略感不安的是，"自恋"恰如春草，更行更远还生。

猫照镜子时发现，镜中的自己是只老虎。这样的认识偏差，在股市中的表现就是，散户都在学着像机构一样思考，机构则学着上帝一样思考，上帝只是发笑：人类这是怎么了？

华尔街枭雄利弗摩尔在《股票大作手回忆录》中有一段自我反思：在我分析研究了自己做交易的症结之后，我懂得了自己需要做的不是去研读股市的行情走势，而是先要读懂自己。

一语道破天机。在投资市场，最难的不是你不懂股市，而是，你不懂自己。

传说，在德尔菲神庙的墙上，有一些铭文，其中有两条最为有名的格言，其一便是："认识你自己"。苏格拉底认为：人的心灵内部已经包含着一些与世界本原相符合的原则。因此，苏格拉底提出人应该要"认识你自己"。他主张首先在心灵中寻找这些内在原则，然后再依照这些原则规定外部世界。人只有认识了自己才不会盲目，才可能求助于灵魂内的原则去发现事物的真理。

关于自我认知的问题，尼采也有如利弗摩尔类似的看法：你要搞清楚自己人生的剧本——不是你父母的续集，不是你子女的前传，更不是你朋友的外篇。对待生命你不妨大胆冒险一点，因为好歹你要失去它。如果这世界上真有奇迹，那只是努力的另一个名字。生命中最难的阶段不是没有人懂你，而是，你不懂你自己。

可见，千百年以来，智者们早已发现了人类有着共同的弱点，即缺乏自知。

那么，在股市中，读懂自己真是很重要吗？

看看《孙子·谋攻篇》所说："知彼知己，百战不殆；不知彼而知己，一胜一负；不知彼，不知己，每战必殆。"

投资如同作战，这个"彼"就是那个瞬息万变的市场，我们对它的认知，其实是极为有限的，这就是为什么股市没有百战不殆的常胜将军的原因。

既然不可能完全"知彼"，如果至少可以做到"知己"，还有机会"一胜一负"啊，最怕的是既不知彼，也不知己，当然就是每战必败，哪有机会成为市场赢家？

而这个市场的赢家，应该是做到了比较彻底地"知己"，同时也做到了尽可能地"知彼"，即使如此，他也不可能百战不败，但是，他只需赢的次数（或金额）永远比输的次数（或金额）多一次就行，就可以有百分之五十一以上的几率成为市场中占比极为有限的赢家。

那么，如何才能读懂自己呢？

第一，客观评估自己的投资天赋。

每一个投资者都幻想自己可以成为一个优秀甚至卓越的投资者，然而，只有极少人敢奢望成为这样的人。我们去看看那些卓越的投资者的人生，比如，索罗斯、彼得·林奇、查理·芒格、沃伦·巴菲特、比尔·米勒等投资界巨匠，就会发现，天赋在一个人的投资能力中占有多么重要的位置。比较残酷的事实是，绝大多数的投资者这辈子几乎已经没有机会成为一个卓越的投资者。究其原因，智商高低、看过多少经典名著、拥有或者在今后的职业中将拥有多少宝贵经验，都不起决定作用。

不适合懒于动脑筋的人

（⊙○⊙?）

记住我的忠告，这个游戏不适合愚蠢的人

1

2

不适合心理不健全的人

胡说！我哪儿不健全了

3

不适合脑中充满一夜暴富奢望的人

唉，我咋就不能一夜暴富呢

4

还是牢记利弗摩尔的忠告：投机是天底下最富魔力的游戏。但是，这个游戏不适合愚蠢的人，不适合懒于动脑筋的人，不适合心理不健全的人，不适合脑中充满一夜暴富奢望的人。以上所说的这些人如果贸然从事投机，那么就只能以一贫如洗告终。

华尔街的统计数据表明，很多投资者都有高学历、高智商以及丰富的从业经历，但没有几个人在整个职业生涯中能保持百分之二十以上的年复合回报率（这也可以是一个卓越的投资者的量化评价标准吧？），像巴菲特这样的股神，也只是做到了百分之三十左右的年复合回报率。某个年头赚到百分之二十是挺容易的，许多投资者都可以做到，难的是几乎每一年（巴菲特也有亏损的年度，只是极少几次而已。）你都可以实现这样的复合收益率，即可持续的复利。

有研究发现，一个人的投资天赋中的某种关键特质是在他还是个孩子的时候就已经形成了的。比如利弗摩尔，比如巴菲特和彼得·林奇，他们的投资天才都是从少年时期就已经显露出来的。现在还不能确定这样的特质是天生的还是后天培养出来的，但如果你到青少年时期还没有这种特质，那么你就再不会有了。在大脑发育完成之前，你可能有能力超过其他投资者，也可能没有。读名牌大学并不会改变这一点，读遍所有关于投资的"圣经"也不会，丰富的投资经验也不会。可见，投资天赋有点像演艺才华，小荷才露尖尖角，早有蜻蜓立上头，所以，出名要趁早哦。

第二，找出可以让你与其他普通投资者区别开来的某些特质，即你的核心竞争力。从表面上看，普通投资者都是相似的，思维模式和投机方法大同小异。然而，你要成为一个卓越的投资者，跟其他人区别开来，你的独特优势是什么？

要想成为一个卓越的投资者，学历和阅历还只是必要条件，还远远不够让你摆脱平庸，因为这些条件，你有别人也可以有，容易被别人仿效。

如果投资分析方法是你唯一的优势，那么它并不是建立你独特优势的资源，因为它是可以、而且最终总是会被更多的投资者仿效的。交易软件是那种寿命很短的优势。还有其他的，比如观察资金流向的资讯平台，这些东西制造的优势都是暂时的，它们自身也是变幻莫测，再说了，这些东西也是可以轻易就被竞争者所模仿的。

个人投资者要么能打造一种区别他人的核心竞争力，要么就该忍受平庸，不具有超越别的竞争者的核心优势，没有别的选择，你应该正视自己的平庸，并接受平庸所带来的结果。

第三，不要过于依赖那些轻易被别的投资者模仿的"优势"。

中国现有股民人数过亿，公募基金和私募基金超过万家，每一个投资者都自认为自己的"套路"与众不同，实际上，这些散户与机构赖以生存的所谓"优势"并没有很高的门槛。

比如，经年的投资阅历与丰富的投资经验并不一定是你的核心竞争力。经验的确很重要，但并不是获得竞争优势的资源，因为，经验积累到某一点后，其价值就开始呈现边际收益递减的趋势。因此，一定程度的经验是玩这个游戏所必需的，但到了一定时候，它就不再有更多的帮助。巴菲特的老搭档芒格说过，你们可以辨别出谁能正确地"理解"，有时那会是一个几乎没有投资经验的人。

良好的投资理论教育背景不是令你成为卓越的投资者的充分必要条件。金融与投资管理方面的课程是学习如何精确地获得市场平均回报率的有效途径，可以极大地减少前进道路上的错误。这经常能使你得到一份丰厚年薪的工作，却使你离成为一个卓越投资者越来越远。你不可能仅仅通过读书学习就能成为一名卓越的投资者。因为教育和学习都是可以轻易被别人模仿的。

可以获取海量的投资相关的信息，也不是充分必要条件。因为读书看报收集信息也是可以被仿效的，在当今这样一个信息泛滥的时代，任何人都会被海量信息所包围。尽管收集信息是无比重要的事情，但是，它也不会赋予你高过他人的核心竞争力，只是让你不落在别人后面。投资界的人都有大量收集资讯的习惯，有的人收集并阅读到的信息量更是超群，但是我不认为投资表现与收集到的信息数量之间呈正相关关系，你的知识与信息的积累达到某个关键点后，再多的资讯同样会呈边际收益递减效应，再说了，过度信息反而会伤害你的投资表现。

第四，什么人玩什么鸟，充分认识自己的性格特点，找到适合自己性情的交易方式。要想成为一个充分"知己"并最大限度"知彼"的投资者，某些投资方面的特质很重要，这些特质跟智商固然相关，但跟情商同样脱不了干系。优秀的情商是成为一名卓越投资者的必要条件，是真正的优势资源，而且是你一旦成年，改变起来十分艰难的东西，情商中的有些特质甚至没有学习的可能，是与生俱来的。

比如，保持情绪稳定的定力。卓越的投资者都拥有一种"泰山崩于前而色不变"的情绪操控能力，能做到在别人恐慌时贪婪，在别人贪婪时恐惧。每个人都认为自己能做到这一点，但是，看看2015年上半年的"股疯"和第三季度的"股灾"，有几个人能战胜自己的恐惧与贪婪呢？

尼采曾经告诫人们说，和怪兽作斗的人要小心自己不要也变成了怪兽。如果你长时间凝视深渊，深渊也在凝视着你。

想想我们的周围，该有多少怪兽？而股市的深渊已经吞噬并且还将继续吞噬多少人的灵魂？

第五，你确定自己不是一个股市游戏的玩票者？你是一个热爱投资，享受投资过程，甚至于迷恋投机游戏，并有着极强获胜欲的人吗？真正的卓越投资者不只是享受投资的乐趣，他们视投资为自己的毕生使命。金钱已经不是他们沉醉于投资的首要目标了。

巴菲特在谈到投资的乐趣时说，每天跳着舞步去上班，他深信自己是替上帝来管理财富的。他们做梦都梦见自己的投资组合，他们的头脑始终处在云端，梦境里漂浮着五颜六色的股票……遗憾的是，普通投资者大都缺乏这种执着精神，他们急切地盼望买到一只大黑马股，赶紧把大钱赚到手，然后随心所欲地去花钱，他们只有股票被套牢的时候才会梦见股票。如果你不是这样的"偏执狂"，你就不可能成为下一个巴菲特。

尼采说，决不可糊弄自己，自欺欺人。要对自己永远诚实，了解自己究竟是什么人。究竟有着怎样的癖好，拥有怎样的想法，做出怎样的反应。

因为你若不了解自己，就无法将爱感知为爱。为了爱，为了被爱，首先就必须了解自己。连自己都无法了解的人，又如何了解对方呢？

第六，是否具备自我纠偏的意志与能力。让卓越投资者脱颖而出的正是这种善于从自己过去操作的错误中学习以避免重蹈覆辙的强烈渴望。大多数人都会忽略他们曾做过的愚蠢交易，但是如果你故意忽略往日的愚蠢交易而不是全面分析它，毫无疑问你在将来的职业生涯中还会犯相似的错误。事实上，即便你确实经常去总结投资中的经验教训，你重复犯错也都较难避免，更不用说那些不具备任何分析能力的投资者了。

第七，无论顺境还是逆境，你是否都能坚持自己的投资原则与方法。在2000年的时候，巴菲特就坚持不投资疯狂的网络热潮，尽管人们公开批评他过时了，但他还是一副"不熟不做"的态度，他的独立人格，坚毅不屈的个性，显现了一代伟大投资者极具魅力的鲜明性格色彩。

正如尼采所说，甲之良药，乙之砒霜。他人的做法常常不适合自己。

问题在于，你完全不了解自己的"为什么"。自己为什么想做这件事？为什么想要那个？为什么想成为那样的人？为什么想走那条路？你从未思考过这些问题，自然也不知晓问题的答案。

只要你搞清了这些"为什么"，事情就简单了。事情的做法便会摆在你眼前，没必要模仿他人浪费时间。你已经清楚地看见了自己前行的道路，只要迈开步子往前走便是。

第八，你擅长逻辑思维还是形象思维，抑或像巴菲特一样两样都很强？一些非常聪明的家伙只用一半大脑思考，就足以让他们在世上混得风生水起，可是，如果要成为一个与普通人群思考方式不同的富有创新精神的卓越投资者，这还远远不够。假如你是右脑型的投资者，高中时你的数学成绩总是排在倒数，通常意味着你在金融界混饭吃是比较艰难的。

要想在投资领域混得比较滋润，左脑发达是必要条件，但是，成为一个卓越投资者，左右大脑都需要发达。能言善辩、风趣幽默、和蔼谦卑、文采飞扬，这些都很重要。看看巴菲特，他不仅擅长财务分析，而且，他还是一名杰出的写作者，左右脑同样好使，所以他能成为全世界最好的投资家之一，这绝非偶然。可悲的是，很多人拥有天才般的智商，却不能清醒地思考除投资之外的事情，成为一个难以驾驭自我认知的狭隘的"偏才"，国内许多以成功开始，以悲剧结尾的"大佬"们多属此类。

尼采说，如果你想真正理解自己的本质，那就请老实回答以下几个问题：

自己真正爱过的究竟是什么？让自己灵魂升华的究竟是什么？是什么填满自己的心灵，让心中充满愉悦？自己究竟为什么东西入迷过？

只要回答这些问题，便能探明自己的本质，那便是真正的你。

第九，扪心自问，你是一个品格正直的人吗？许多伟大的投资者都十分注重个人品格的磨炼，他们视正直和善良为生命中最宝贵的东西。巴菲特就特别憎恨不正直的人，而他自己则身体力行，成为一个道德上的楷模。

尼采曾经说，离每个人最远的，就是他自己！这个世界，对自己依然模糊，而我们彼此也变成了熟悉的陌生人。

认知视角的大量缺失，思维深度的浅表弱化，问题探究的浅尝辄止，甚至缺少承认思辨的勇气，让我们自己跟这个世界日益陌生。这一切，源于思辨力的不足，源于思考勇气的匮乏，这一点恰恰是国人品格上的弱点。

第十，你是否有一种超越普通投资者的财富观。卓越投资者在资本市场上都会有一种强烈的成功欲望，这种欲望推动着一个人的进取精神，成功的愉悦既来自结果，也来自过程。

乔布斯曾经忏悔，作为伟大的苹果公司的创始人，他曾经叱咤商界，无往不胜，在别人眼里，他的人生当然是成功的典范，以至于财富对他而言已经变成一种习以为常的事实。

后来，他明白了，无休止的追求财富只会让人变得贪婪和无趣，变成一个变态的怪物——正如他一生的写照。

上帝造人时，给我们以丰富的感官，是为了让我们去感受他预设在所有人心底的爱，而不是财富带来的虚幻。

乔布斯在生命的尽头，无限感叹，生前赢得的所有财富都无法带走，能带走的只有记忆中沉淀下来的纯真的感动以及和物质无关的爱和情感，它们无法否认也不会自己消失，它们才是人生真正的财富。

我想，一个人的认识只有到了这样的层次，他才算拥有了成功的最高品质吧？

在世俗的世界里有一种奇怪现象，你越是不在意金钱，你却会拥有更多的金钱，你越是不看重物质成功，你在物质上越成功。

由此可见，精神上的成功与物质成功是相互推动的。在投资领域也是一样，没有宏大的精神成功，物质成功也不可能持续而长久。如果，你从物质出发，最终回到物质，这样的格局太小了，撑不起一个卓越投资者的伟大情怀。

还是牢记利弗摩尔的忠告：投机是天底下最富魔力的游戏。但是，这个游戏不适合愚蠢的人，不适合懒于动脑筋的人，不适合心理不健全的人，不适合脑中充满一夜暴富奢望的人。以上所说的这些人如果贸然从事投机，那么就只能以一贫如洗告终。

钝感让你如此犀利

在股市中，有的人热衷于短线操作，日炒夜炒，活跃异常，殊不知看起来眼观六路耳听八方，但一旦从热闹中沉寂，往往会因脆弱而崩溃；而那些股市中的"弱势群体"，平日里沉默寡言，看似了无生气，但其常常潜心定气，大风大浪都奈他不何，真正的"股神"就出在这一群人中。

土耳其击落了俄罗斯战机的当天，全世界都屏住呼吸，等着看硬汉普京如何冲冠一怒，立即动手"收拾"土耳其，结果，很多人想象中的以牙还牙式的导弹发射没有出现，飞机轰炸也没有出现，愤怒但是克制，普京当天表态不会对土动武，虽说有仇不报非君子，然而，真正的君子报仇，十年不晚呀。这样一来，土耳其反而更加不安了，不知道普京葫芦里卖的是什么药呢！

做人要做到"刚"是最容易的，因为人的天性中就有各种"不服"，难的是从刚到柔，刚柔相济。

做事要做到"快"也不是难事，因为"快"是我们从小就训练出来的习惯，难的是快慢有度。

我们经常会看到高手之间的过招，有一种典型的"滞后反应"，跟人们之前所习以为常的快速反应形成鲜明对照。

有人研究过动物对待其他动物的攻击时的反应速度时发现，越是低等的动物，反应速度越快，比如狗，你咬它，它马上就咬回你，而作为高等动物的人，在反应速度上比低等动物明显要慢得多。

在人类之中，从对待敌意的反应速度，也可以区分智慧的高下来，泼妇骂街就是你骂我一句我立马骂回你，匹夫呈勇，就是你打我一巴掌我立马回敬你一拳，越是有智慧的人，对待敌意的反应速度越慢，智慧到达最高境界的人，对待敌意的反应更是，以德报怨。

武侠和网游的世界里，人们往往会推崇"快"。自古至今，天下武功，无坚不破，唯快不破，说的就是天下的各种功夫里，只有"快"找不到可以制服的招数，当出手的速度达到极致的时候，就不需要过于复杂的招式，简单的一招就可以克敌制胜了。在古龙的武侠小说《多情剑客无情剑》里，阿飞的剑，看似简单，却因为其速度达到了极致而令其跻身一流高手之列。

但是，如果你领略过张三丰的太极，你就会发现，"快"是一流，"慢"才是巅峰，以慢制快，以柔克刚，才是天下无敌的武功啊。

所以，反应机敏的人，只能算是聪明，有控制地"滞后反应"的人，其实有可能是大智慧，一个能控制住自己情绪的人，比一个能攻下一座城池的人更强大。水深则流缓，语迟则人贵，大智若愚，说的就是这样的从容与气度吧。

滞后反应也就是所谓的"钝感"，是与敏感相对的。日本作家渡边淳一在《钝感力》一书中提出了一个所谓的"钝感力"概念，即迟钝是一种能力。他认为相比于激进、张扬和刚强，具有深厚钝感力的人更容易在竞争激烈、错综复杂的现代社会中生存，从而取得成功。

这是对"慢"的一种解读。

澳大利亚的科学家从亚马孙流域带回了两只大猩猩，一只特别强壮一只特别瘦弱，几个月后，强壮的那只死了，而瘦弱的那只却安然无恙。科学家们又去亚马孙流域找了一只更强壮的猩猩回来，但非常不幸，几个月之后这只猩猩又死了。尸体解剖没有发现任何疾病，而且那只瘦弱的猩猩活得越来越好。科学家们通过细致的调查，发现强壮的猩猩在猩猩群里异常活跃，谁都愿意与它一块玩，谁弄到食物都要分它一份，而弱小的猩猩则已习惯孤独，因而当强壮的猩猩因不适应离群独处而死去时，弱小的猩猩反而在孤独中活得有滋有味。

在股市中，有的人热衷于短线操作，日炒夜炒，活跃异常，殊不知看起来眼观六路耳听八方，但一旦从热闹中沉寂，往往会因脆弱而崩溃；而那些股市中的"弱势群体"，平日里沉默寡言，看似了无生气，但其常常潜心定气，大风大浪都奈他不何，真正的"股神"就出在这一群人中。

不得不承认，A股中的短线高手，身手都是相当敏锐的，交易时目不转睛地盯住盘面，捕捉着板块热点和龙头个股，频繁交易，生怕错过任何一个赚取

在股市中，有的人热衷于短线操作，日炒夜炒，活跃异常，殊不知看起来眼观六路耳听八方，但一旦从热闹中沉寂，往往会因脆弱而崩溃；而那些股市中的"弱势群体"，平日里沉默寡言，看似了无生气，但其常常潜心定气，大风大浪都奈他不何，真正的"股神"，就出在这一群人中。

据统计，频繁交易是散户亏损的重要原因，简单算笔账，你日炒夜炒，只是在消耗你的本钱而已。

差价的机会。收盘后又忙着复盘研究，以期找出第二天的黑马……整天像一只工蜂一样地忙碌着。

结果是，几乎所有短线高手，在面对计算机算法系统支持的高频交易时完全无法适应，最后损失惨重。

在股票市场上混，敏锐固然是好事，但是，太过敏锐，又会过犹不及，你足够快手，但总是有比你更快的手，有的手还是交易机器人，你怎么能持续做到以快制胜呢？

据统计，频繁交易是散户亏损的重要原因，简单算笔账就会发现，你日炒夜炒，只是在消耗你的本钱而已。

A股市场是一个换手率奇高的市场，在成规模的股票市场，这样高的换手率应该是独一无二的了，创业板的换手率不知道已经超过世界上最活跃的纳斯达克多少倍了，看上去煞是惊人。究其原因，还是因为散户所占比例太高，据统计数字显示，散户的占比已经超过百分之八十五，如果按市场整体上六倍的年换手率计算，那么，散户的年平均换手率大约在二十二倍以上，要知道，散户所拥有的市值只占A股总市值的百分之二十三，超过二十二倍的平均换手率，说明了一个问题，那就是，中国的散户们也是高频交易者，只不过，他们不是以计算机算法系统为支持，他们是以血肉之躯，与武装到牙齿的计算机程序化高频交易死磕，结果极为惨烈。

之前有个段子挺火，说是有个"高手"宣称自己炒股一年就炒成百万富翁了，众人皆去向其讨教炒股技巧，"高手"苦笑道：其实不难嘛，因为进入股市之前，我是个千万富翁哦！

昨天看了一个更狠的故事（应该是真人真事吧？），说是一个小散用九年的时间，把50万炒到了7800元（勉强算个"万元哥"吧？呵呵），而且还写了一篇长文，总结失败的教训。

这位"万元哥"说自己是一个不算笨，但也算不上聪明的普通小散。

他勤奋好学。跟其他散户一样，他读很多股票入门书，刻苦学习炒股技术。他说，学技术分析的过程，自己花的时间精力是超过绝大部分股民的。那时候，他经常学到深夜十二点，有时候甚至会到凌晨两三点。

他学以致用。他研究技术分析不是简单地做模拟练习，而是要做实盘测试。每学一点新知识，总认为自己找到了制胜方法，就会卖出原来的股票，然后，按新方法重新买一只。大多数的结果是，买进一只股票，第二天往往立马下跌。不断学习，就不断买进卖出，不断换股，于是，这个理论联系实际的过程变成了一个亏损不断增加的过程。过度交易导致的亏损，其亏损速度真的很惊人。指标、形态、切线、K线、江恩、波浪、筹码、跟庄等等方面的理论，不断学习，结果就是不断亏钱，真是郁闷啊。

在学技术分析的过程中，他总想找到一种必胜的操作方法。各种各样的交易系统学了多少种，他也记不清了，还有各种稀奇古怪的止损方法前前后后也学了不下20种，也没见有什么作用。

他不断创新。学过的技术分析知识越多，建立交易体系就越容易。在他看来，交易体系就是把各种各样的技术分析模块，组合在一起就成了。趋势判断一个模块，选股一个模块，交易策略一个模块，心理控制一个模块。每个模块下面又包含多个子模块。如果你以为他就此开始赚钱了，那就大错特错了。还是继续亏，一直亏。

亏损的原因一方面是因为追求暴利导致操作上急功近利，另一方面因为总是想在不确定性中追求确定性，超出了自己的能力范围。

交易系统建立之后，他自己甚至会思考一些交易哲学问题。于是乎，西方各大哲学流派都大致了解了一下，最后居然还看圣经。中国股民许多都看佛经，但"万元哥"一直学的是西方的炒股技术，所以更倾向于圣经。

但看了也白看。到头来，哲学也好，圣经也罢，都没啥用。

他善于总结。或许是由于追求暴利的思想在作祟，他的交易亏损概率就十分惊人了。从他炒股开始，陆陆续续投入共50万元，最低的时候亏到只剩7800元，这还是陆陆续续加钱进去的。有时候他自己都觉得很不可思议，怎么能亏成这样？痛定思痛，他总结出了以下原因：急躁、追求暴利、过度交易、追求确定性、急于扳本、眼红别人、逆势交易、过于自信……这也是散户投资者共同的毛病吧？

如何超越牛熊，是许多交易者思考的诸多交易难题之一，如何在不确定性中寻找确定性，是难题中的难题。但是，类似"万元哥"这样的投资者是要赚快钱的，他要的确定性就是买进去之后，就一定涨，最好是大涨。他不知道这种确定性是否存在，但他一直在寻找，他一直认为，涨的股票以及大涨的股票都有其内在的共性规律，只不过我们不知道罢了。要是能找到这样的内在规律，那岂不是发财了？于是乎，就要不断研究，还得不断测试。事实上，如果心不要太贪，不追求暴利，就可以持续稳定盈利，尽管盈利速度不会太快，但也不会很慢。

投资理念固然是炒股的关键，但如果不能跟自己的交易行为模式和谐统一，再好的交易策略也没用。

我想，这位炒股炒成万元户的哥们，应该去读一读巴菲特，也许就会不那么急躁那么"自信"地去赚"快钱"，就会慢下来，找到自己能力范围内的"慢钱"，耐心守候属于自己的那份"稳稳的幸福"。

巴菲特经过自己50年的实践提出一个概念：投资人可以通过长期不懈的努力，真正建立起自己的能力圈，能够对某些公司、某些行业获得超出几乎所有人更深的理解，而且能够对公司未来长期的表现，做出高出所有其他人更准确的判断。在这个圈子里面你拥有自己的独特优势。

你应该成为自己能力圈内的"国王"，同时对你的"王国"之外的领域保持敬畏之心。能力圈概念最重要的就是厘清自己能力的边界。比如，一个杂货店的老板，就不要幻想开辆人货两用车去参加一级方程式比赛，一个身高160厘米的男子也在刻苦模仿科比的扣篮动作，这个就是你必须知道的能力边界。

没有边界的能力就不是真的能力。据说，对于参与者而言，市场存在的目的就是发现人性的弱点。你自己有哪些地方没有真正弄明白，你的心理和身体弱点，一定会在市场的某一种极端状态下被暴露出来。市场本身是所有人的组合，如果你不明白自己能做什么、不能做什么，这个市场一定会让你不开心。

我们在股票市场里面听得最多的故事都是某人赚了大钱及快钱的故事，当然，最后的结果其实就是大家都亏掉了，收佣金和印花税的是最终的赢家。市场本身能够发现你的逻辑，发现你身上几乎所有的问题，你只要不在能力圈里面，只要你的能力圈是没有边界的能力圈，只要你不知道自己的边界，市场一定会在某个不堪的时刻，在某一种形态下发现你的问题，而且会把你往死里整。

李宗盛不无沧桑地唱道，"越过了山丘，才发现无人等候"，这个"山丘"，于他而言，是心理上的一个边界，山丘之外，也许风狂雨骤，飞沙走石，是另一个陌生的国度，他无法改变，只能接受命运的安排。

投资世界，你一旦越过了自己能力圈的"山丘"，等待你的也许就是一大群狼。最大的风险不是股票价格的高低起伏，而是你把本金都亏损殆尽。这个风险是否存在，就取决于你有没有发现并坚守属于自己的这个能力圈，这个能力圈一定不要太过宽泛，你必须把控得了，所以，它的每一块边界，都需要定义得清清楚楚，只有在这个清晰可见的边界里面，你才有希望通过长期不懈的努力建立起对未来的基本判断，建立起你认为行之有效的投资理念与策略体系。这是巴菲特对能力圈定义的精髓。

很多时候，快是轻而易举的，慢却举步维艰。有位来自华尔街的投资家在一次演讲中指出，他看到了A股市场有个奇特现象：价值投资（*即便是中、长线交易*）的大道上根本没人，交通一点都不堵塞，冷冷清清。而旁门左道上车水马龙，熙熙攘攘，看来，这个市场中的绝大多数人走的都是小道啊。投资者为什么喜欢走小道呢？因为听说走大马路也可以走到头，但是非常慢，大家一听就失去了耐心，都急着要去抄近路。

我在想，能力圈会让一个人变得更加成熟，变得不是匆忙，而是从容；不是敏锐，而是迟钝？

而勤奋好学，就能更好地提高投资收益吗？那位"万元哥"的九年股市征程，说明了仅仅通过学习技巧与方法是成不了投资大师的。能学到的只是术，能悟到的才是道！

能力圈内精耕细作，能力圈外小心谨慎。不要瞎折腾，弄不好会把自己搞残废的哦。

有时候，小学生看问题没准会更接近事物的本质呢！我们来看他们的一道作业题：

要求：把以下四句话用关联词连接：

（1）李姐姐瘫痪了；

（2）李姐姐顽强地学习；

（3）李姐姐学会了多门外语；

（4）李姐姐学会了针灸。

（正确答案应该是：李姐姐虽然瘫痪了，但顽强地学习，不仅学会了多门外语，而且还学会了针灸。）

结果有一个孩子写：虽然李姐姐顽强地学会了针灸和多门外语，可她还是瘫痪了。

后来，发现更猛的孩子写道：

李姐姐不但学会了外语，还会了针灸，她那么顽强地学习，终于瘫痪了。

李姐姐之所以瘫痪了，是因为顽强地学习，非但学会了多门外语，甚至学会了针灸。

李姐姐是那么顽强地学习，不但学会了多门外语和针灸，最后还学会了瘫痪。

李姐姐学会了多门外语，学会了针灸，又在顽强地学习瘫痪。

亮点总在最后：

李姐姐通过顽强地学习，学会了多门外语和针灸，结果照着一本外文版针灸书把自己扎瘫痪了！

比孩子们更有意思的是河豚证券，他们2016年度策略报告题目是：《慢就是快》，核心观点大意是，要赚可以持续赚到的钱，要有赚慢钱的耐心，如果天天梦想暴利、一夜暴富，其实是杀鸡取卵、透支未来，搞不好会把自己搞残废。

此言甚好，同意！

放下输赢，跟趋势讲和

绝大部分的散户买股票被套住了，都会选择抓住不放手，由此可见，不仅人真的有可能是从猴子进化过来的，而且，说不定人在一定的环境下还会变回猴子，只是，从猴子变成人肯定经历了漫长的岁月，而从人变成猴子，则仅需要一只股票。

还记得那年，年少的我们走了很远很远的山路，只是为了去看一眼火车。当一条铁路从遥远的天边忽然奔跑到眼前时，那种激动是无法形容的。我们会在铁轨上走啊走啊，想象着沿这条路一直走下去，就可以走过无数的山丘，走过河流湖泊，走过云深不知处，一直走到县城里去，那几乎就是我们在那个年代可以想到的最美好的远方……直到绿皮火车拉着低沉的嘶吼声闯入我们的视线，慌乱中我们赶紧跳下铁轨，满怀敬畏之心站在路边上，向车窗中的一双双眼睛行注目礼。

后来，一想到远方，我的脑海中浮现的一定是儿时那两条平行于生活的铁轨，它们望不到尽头，它们永远保持适当的距离，它们面无表情地延伸着，没有交叉，也没有疏远，如同这个寂寞的人间，恩怨皆空的同路人。

终于，我们不用沿着铁路步行，就来到了曾经的"远方"，最终发现，这里不过是通往远方的一个驿站，我甚至于怀疑，一个人乘坐绿皮火车永远抵达不了他想要的远方，现实与远方之间，还相隔太多无法弥补的勇气。

生活不只有闹心的股票

毕竟，有很多东西无可挽回地消失了，比如懵懂少年，比如叛逆青春，漫长的路上，注定孤单的旅行，难以自拔的蛀牙和爱情……那么多纷纷扰扰的往事，唯独对绿皮火车的情结，直叫人生死相许。

据报道，最近广东佛山市南海狮山莲塘村200亩玫瑰花田花事浓郁，吸引了不少市民过来踏春。莲塘村的玫瑰花田紧挨着三茂铁路，从朋友圈分享的图片可以看到，北江边的花海中，一列列开往春天的火车满载着花香，描绘出一幅幅旖旎多姿的春日画卷。然而，一则"几名女大学生在狮山莲塘村的玫瑰花田赏花，其中一名穿白衣服的女孩由于靠近铁路自拍而被撞身亡"的消息在网络流传，让人唏嘘不已，本来以为人们的风险意识会因此有所增强，结果出乎意料，事发第二天，有记者特地前往事故现场采访，看见该片花田的铁路上仍有不少人在溜达，甚至冒死与路过的绿皮火车自拍合影，完全不把前一天的悲剧事故放在心上。

人真是一种非常奇特的生物，他们对美好事物的执着热爱完全可以抵消悲剧惨痛的记忆，更不用说要从悲剧之中吸取什么教训了。

侥幸心理加上固执己见，表现出各种倔强与不服。

股市中的死空头或者死多头，就是如此，一条路走到黑。认死理，不认错，不管错误如何显而易见了仍然不承认错误的人，不是自信，而是出于内心深处的自卑。

真正强大的人，不仅不会逞强，而且还肯示弱，所有懂得坚持的人，同时也懂得放弃。

在《股票大作手操盘术》中，利弗摩尔讲述了一段他的亲身经历：一位非常聪明的投机者曾对利弗摩尔说，每当危险信号出现时，他总是毫不犹豫立即平仓！过了几天，如果风平浪静，他大可以再次入市。这样一来，他总是能避免无谓的损失。

这个聪明人还打了个比方来说明这个问题：我正沿着火车铁轨行走时，看到一列特快列车正在以每小时60英里的速度驶过来，这时我绝不会愚蠢到站在铁轨上，而是立即远离铁轨，等待列车远离后铁轨变得安全时才考虑回去。

这个有关投机智慧的描述既生动又有趣，利弗摩尔一生都时刻牢记着。

上帝的事、别人的事和自己的事

普通人的一生，喜怒哀乐，无非就是受制于三件事：上帝的事、别人的事和自己的事。有研究者做过统计，我们每一天的情绪，只有不到10%是"操之在我"，也就是说，我们每天百分之九十的心情是"操之在人"的。很多时候，不是我们在改变世界，而是世界在改变我们。

上帝的事情，我们可没法操心，他老人家高兴了，把幸运之神不由分说地送到你的身边，不高兴了，又招呼都不打就拿走你的一切。对于命运的翻云覆雨手，普通人总是有一种无力感。

别人的事，你花再多的时间和精力去猜测去忧虑去虐心，他也没有感觉。

我们可以掌控的，其实只剩下我们自己可以做出的选择。选择做一个君子还是做一个小人，做一个理性的人还是做一个虚荣的人，这个是可以"操之在我"的。

一直以来，我对A股策略分析师们漫天开价乱猜股指点位的报告，基本上持怀疑态度，不过，上周，读了海通证券分析师姜超一篇关于债市的分析文章，倒是有所触动。

应该说，这篇文章写得挺真诚，接地气，但又不像A股网红们乱说恶搞让人反感。全篇都是大白话，没有讲大道理，没有扯得很玄乎，没有惯常的高大上报告格式，没有卖弄高深理论框架……没有数学模型，这让我大松一口气，要知道，程大爷高等数学没学好啊，一看那些又是饼状图又是数据分析又是各种模型的分析报告，就很头疼，像是读一首冗长的朦胧诗，丈二和尚摸不着头脑。那些搞得油头粉面的高大上策略研究报告，我也不知道究竟有多少人读懂了。

难得读到一段坦诚的文字，而且是在一篇研究报告之中：

"顺便说点题外话，今天中午碰到一个老同事，跟我说准备离职了，准备回家休息，因为虽然做了快10年研究，但是总觉得不适应卖方研究的体系，因为只能推荐买入，不能建议卖出，听了以后我感觉很是伤感，因为想做好研究这份职业确实不容易。

"在中国资本市场，由于缺乏做空来对冲风险的机制，所以大家基本都是靠买入上涨来赚钱，而这也使得市场希望听好话，凡是看涨看好的报告都特别受欢迎，我自己这辈子被阅读最多的一篇报告是2015年8月底写的'从今天起，不再悲观'，阅读量超过了40万，原因无他，因为一看题目就知道是看涨。

"所以大家可以发现，在中国资本市场只要一直看涨，成为网红绝对大有希望。但是如果一直看跌，基本上最后都销声匿迹了，包括在卖方无论是股票还是债券的几个大空头，其实最后都不太受市场待见。

"所以，在中国资本市场里面混，看空的风险要远远大于看多，这里面甚至包含了政治风险。

"身为中国人，我为中国过去30年的经济发展成就自豪，也希望中国资本市场天天上涨，因为上涨大家都可以赚钱，大家都开心。但是理想不等于现实，作为研究员，我们要对信赖我们的客户负责，我对自己的要求是要客观，有机会讲机会，有风险讲风险，讲不了真话不讲假话，犯了小错不要犯大错！"

从姜超研报中的这段"题外话"，恰好读出了真正打动读者的东西。应该说，这种态度是值得肯定的，确实，唱多比唱空更受欢迎，但是，如果只是一味"讨好"投资者，在任何时候把任何利空都解读成利好，做一个死多头，这就完全失去了客观与中立，言不由衷，看似为投资者打气，实际上是在误导投资者。

读完此文，本来只点了一个赞的，犹豫再三，最后决定还是给他们打赏1块钱，并留言说，望笑纳，程大爷也是金融民工，赚钱不易，今年收入太差，再多一点也拿不出来了，见谅！哈哈。

会坚持的人也会放手

管仲说，"仓廪实而知礼节，衣食足而知荣辱"，分析师作为一种职业，也面临巨大的生存压力，所以，"你的眼睛背叛你的心"，可以理解为一种搵食策略。"端了别人的碗，就得服人管"，这就是打工者的伦理吧？

知易行难，知行合一则难上加难。如果说策略分析师擅长"报喜不报

　　绝大部分的散户买股票被套住了，都会这样抓住不放手，由此可见，不仅人真的有可能是从猴子进化过来的，而且，说不定人在一定的环境下还会变回猴子，只是，从猴子变成人肯定经历了漫长的岁月，而从人变成猴子，则仅需要一只股票。

忧"，既是为环境所迫的一种无奈，也是为稻粱谋而作出的自我牺牲，那么，作为个人投资者，就没有必要背上这样的额外包袱了。

做分析师与做投资者看市场的角度完全不同。分析师的"成功"很大部分操之在人，而投资者的成功当然是操之在我。一个分析师90%的精力用来博取外界的好评也许是正常的，而一个投资者如果90%的精力用来向别人证明自己正确，那就太不正常了。

虚荣心太强的投资者，特别不容易在投机领域取得成功，更不用说成为顶尖高手了。他们不修炼道，只是在术上下功夫，看市场浮光掠影，蒙对就喜形于色，蒙错就死不承认，因为认错就让他的自尊心受到伤害了，他接受不了别人看到自己的不正确，尽管其实也没有人真正去关心他是否正确。

少年时期，影响后来人生的"大事"除了看到火车之外，还有一件就是看到了猴子。那是我第一次去县城，第一次坐火车，第一次去武汉动物园，老师说人是猴子变的，我看了又看，不像，我不信。

后来，读到了一个小趣闻，说是在印度，猎人们常用一种特制的小盒子捕捉猴子，他们在安置好的盒子里放上美味的坚果，盒子上开一个小口，刚好能插进猴子的前爪，但只要猴子抓住坚果不放，其前爪就抽不出来。这样，它要么放下坚果继续自己的自由，要么就抓紧坚果等着被逮住。绝大部分的猴子会抓紧坚果不放手，最后被猎人轻而易举地活捉。

我想，猴子这么笨，怎么可能变成人呢？

直到二十年前，程大爷误入股市，成为一个金融民工，这才发现，绝大部分的散户买股票被套住了，都会选择抓住不放手，由此可见，不仅人真的有可能是从猴子进化过来的，而且，说不定人在一定的环境下还会变回猴子，只是，从猴子变成人肯定经历了漫长的岁月，而从人变成猴子，则仅需要一只股票。

在股疯中迷失，在股灾中顿悟

在牛市里没有明白的道理在熊市里顿悟了，这不是谦卑，而是事实，多牛逼的人都不过是这个世界的一只小蚂蚁（股疯时我们都还以为自己是一匹狼呢，这体量缩水也太快了！），不是吗？

最近一周，全球金融市场遭遇"血洗"，国内投资者旧伤未愈又添新伤（一说"心伤"）。6天跌1000点的节奏，有人说，经历这波暴跌之后，你的人生完整了，不再缺一次痛彻心扉的股灾。

然而，这一次，打开朋友圈，发现大家都异常平静。骂娘的少了，当然，也没有人骂爹（跌），一副认命的样子。哀莫大于心死，明知道这世界还是欠你一个牛市，你能向谁去喊冤？

人在顺境容易得意忘形，在逆境，又特别多愁善感。恰逢季节交替，夏已去秋意浓，看盘面感时花溅泪，读新闻恨别鸟惊心，于是，朋友圈里，充满各种离愁别绪，人生领悟。

顿悟一，这世上没有容易钱，股市的钱来得更加不容易。

在学会赚钱之前，要先学会赔钱！赔钱是很多人都不愿意面对却又无法绕过的一个问题，所以，通过剧烈的调整，我们发现，对于普通人来说，天底下真的没有所谓的"容易钱"，相反，所有的钱来得都不容易！

投机市场，散户是没有优势可言的，偶尔多收了三五斗，基本上也是运气使然，千万不要看成是自己的能力带来的结果，遍地股神永远只是个错觉。如果不想让股市给自己的生活带来太大的困扰，在配置多少比例资金进入股市这个问题上，还是得把最坏的结果优先考虑清楚，如果即使最坏的结果都是可以接受的，那么，你的心态才能保持淡定，而这恰好是一个成熟投资者必须修炼的境界！

朋友圈中肖总提醒大家："股灾再次提醒我们，五种钱不能用来炒股：生活用的钱不能用来炒股；养老的钱不能用来炒股；为孩子准备的教育费不能用来炒股；借朋友的钱不能用来炒股；贷款的钱不能用来炒股。生活的幸福，来自生活的稳定，稳稳的日子才是最好的幸福！合理的资产配置，正确的理财观念！守住财富，规划人生，幸福永久。"

顿悟二，市场是不可预测的，特别是A股。

你要小心翼翼，要克制自己的冲动，让交易变得更有规划。

2015年的股市，有人猜中了开头，但没有人猜中结尾，超出了许多人的认知能力，让人觉得不可思议。

有人开始从大师身上去寻找灵感和力量。重温一下索罗斯的投机智慧，他最牛的地方是，可以窥见人性的弱点，更为重要的是，他已经克服了这些缺点，做到知行合一，无往不利。这段话实在太好了，我一口气读了十遍：错误并不可耻，可耻的是错误已经显而易见了却还不去修正；如果你没有做好承受痛苦的准备，那就离开吧，别指望会成为常胜将军，要想成功，必须冷酷；活下来，一切好谈！

朋友圈中张总写道："没事不要手欠乱买！没事不要手欠乱买！没事不要手欠乱买！重要的事说三遍！"哈哈，不知这样去做，能不能让我们改变随便买卖的习惯呢？

顿悟三，没有股神。大师也是人，也害怕股灾，有时也很脆弱。

不过，成功的交易者会懂得如何安抚自己的内心，不让情绪伤害了自己的判断力。索罗斯是个另类，他善于在混乱中发现机会，做空做多，转换自如，所以，股灾对这样的高手，意味着机会。

见识过许多离别，体验了很多改变，深刻体会到有意义就是好好活，好好活就是有意义。

然而，股市里的大师，也是只喜欢牛市的。老吴分享了彼得·林奇："每当股市大跌，我对未来忧虑之时，我就会回忆过去历史上发生过40次股市大跌这一事实，来安抚自己那颗有些恐惧的心，我告诉自己，股市大跌其实是好事，让我们又有一次好机会，以很低的价格买入那些很优秀的公司股票。"

顿悟四，人生是短暂的，生命无比脆弱。

朋友圈中陈总写道："这世界，不会因为我们离开而改变，既然我们是芸芸众生里不起眼的小蚂蚁，活着并活好，在有生之年多做自己喜欢的事，帮助那些需要你的陌生人，努力在世界上留下点什么，或许，这比赚多少钱都更重要。时间太短，别因他人闹心，别为小事心烦，过好每一天，有空多走一些地方，多见一些不一样的人，让这一辈子，精彩地度过。"

对人生的感慨特别多，刚读完陈总，忽又看见老友徐爷写道："见识过许多离别，体验了很多改变，深刻体会到有意义就是好好活，好好活就是有意义。"

刚才又看到一位黎小姐在朋友圈里宣称："我又开始相信爱情了！"（原来她是一直相信牛市的，结果，牛市欺骗了她的金钱，幸好没有欺骗她的感情。股灾后决定改变信仰，哈哈）

在牛市里没有明白的道理在熊市里顿悟了，这不是谦卑，而是事实，多牛逼的人都不过是这个世界的一只小蚂蚁（股疯时我们都还以为自己是一匹狼呢，这体量缩水也太快了！），不是吗？

假如炒股是一场修行

股灾当然是令人讨厌的，但它也有一样好处，就是让狂热的心冷静下来了，开始懂得反省自己，认清自己，知道生命作为个体的局限性，认识到真实的生活和自我，还很幼稚，需要修炼。

2015年8月20日股市再度暴跌，令昨日深V的成果丧失殆尽，似乎是存心不想让炒股的小伙伴们过好七夕情人节。

收盘后，打开朋友圈，发现继续谈论股票的人越来越少了，连七夕节的祝福也显得有气无力。

牛市里成天叽叽喳喳热闹非凡的股票群组，现在也变鸦雀无声。这大半年的时间里，股市经历了从天堂到地狱的颠簸，相应地，投资者也走过了从狂喜到悲伤再到麻木的心路历程。看来，股市有多销魂就有多伤人哦。

取而代之的是琳琅满目的休假旅游消息和风景名胜的图片。然而，那些看似悠闲的旅途，照片中的强颜欢笑，还是残留着挥之不去的股灾的阴影。

股市的暴涨看起来是甜蜜的，但是，它最大的危险是让人容易自我膨胀，很多人都把成功归结于自己的聪明而不是好运气；股灾当然是令人讨厌的，但它也有一样好处，就是让狂热的心冷静下来了，开始懂得反省自己，认清自己，知道生命作为个体的局限性，认识到真实的生活和自我，还很幼稚，需要修炼。

霍华德·马克斯在《投资最重要的事》中说到，好光景只会带来坏经验：投资很容易，你已经了解投资的秘密，你不必担心风险。最有价值的经验是在困难时期学到的。

2015年上半年的疯牛行情确实带来了一个很坏的经验，那就是，遍地黄金，人人股神，只要胆子大就可以赚到大钱，结果，大家看到了，上帝跟中国股民开了个玩笑，股灾就那么突然降临，甚至你完全还没有面对困难的思想准备。

对于普通人来说，最好的日子总是最先过完！幸福过后，再回来遭罪吧！但凡遇到烦心事儿，很多人都想去西藏，都声称要去那里遇见另一个干净整洁的自己，去那里抖落俗世的尘土，让灵魂得到一次纯净。

很多年前，程大爷也想过去西藏，要想让滚滚红尘中狼奔豕突的生命，来一次休整。可是，人就是这么奇怪，越是想去的地方，越是心怀敬畏，担心自己还没有准备好去迎接那段神圣的时光，担心没办法休那么长的假，担心高原反应，担心……这年复一年的拖延，最终留下了一个心病，每当有人从西藏回来，晒出西藏的蓝天白云，寺庙经幡，还有黝黑的脸庞，末了，还来上一句：人一辈子至少要去一次西藏。我就有点堵得慌。

不过，这两年我想要去西藏的愿望开始变得不那么强烈了，如果说最初的西藏是以其人迹罕至的原生态风貌和宗教信仰的神秘色彩吸引着那些有一定文化品位和艺术鉴赏能力的社会精英，那么，现在的西藏无非就是一个适合自驾游的旅游景点。是大众在钱包鼓起来后，玩腻了春雨江南，三山五岳，海岛沙滩之后的一个度假好去处。

当然，不管带着怎样俗不可耐的目的，去过的人回来后总会变得特别深沉，会煞有介事地宣称自己的西藏之行跟旅游完全无关，只跟精神修炼有关，并且会跟你大谈特谈如何得到了一次洗礼，升华，开悟，脱胎换骨，这辈子去西藏之前的日子，都是白活了。

于是，我们看到了川藏公路上车流如梭，布达拉宫人满为患。但凡是仕途受挫的，生意失败的，情场失意的，高考落榜的，摄影发烧的，文坛装逼的，精神抑郁的，假慈善真作秀的，平生干下太多坏事怕被雷劈的……成群结队地去了。

颇有讽刺意味的是，前不久中国的景观大道——四川至西藏的318国道上发生了这么一件事：一个开着皮卡声称要去西藏做慈善的四川小伙跟一伙开着豪华车据说是万科公司也要去西藏做慈善的猛男，在朝圣的路上发生了激烈冲突，皮卡小伙被豪车猛男围殴，皮卡也差点被豪车撞下山崖，如果事情至此，

好光景只会带来坏经验：
投资很容易

1

可是，最有价值的
经验是在困难时期学到的

2

好光景只会带来坏经验：投资很容易，你已经了解投资的秘密，你不必担心风险。最有价值的经验是在困难时期学到的。

这也就罢了，真正激怒皮卡小伙的是豪车猛男们的一句话："就你开着个破皮卡还要去西藏做慈善？"

我不知道做慈善还要开豪车这么正式，也不知道穷人就没有做点慈善的资格？我只是有点奇怪，为什么有那么多心里藏着大恶的人要去做慈善，他们从来就不善良，却打算把一份钱物冒充善良施舍给别人。

朝圣也是这样。很多影视明星经常出没于寺庙，烧香拜佛，结交和尚大师，佛歌唱得有模有样，一副看破红尘的姿态，然而，一转身照样吃喝嫖赌，坑蒙拐骗，贩毒吸毒，无恶不作。

有许多备受高官名流崇拜的"神仙"，被揭开面纱之后，发现其纯属地痞流氓，其品格之低下，远低于社会平均水平，然而，就是这样的"大师"，却俨然是我们的所谓社会精英们的人生导师，指导他们精神层面的修行，实在可悲可叹。之前有重庆的气功大师李一，现在有江西的气功大师王林，从李连杰、成龙、赵薇、王菲到马云，可谓把精英们"一网打尽"了。

关于恶人也做慈善，俗人也要去西藏修行，贱男贱女也争相去唱佛歌这种特扭曲的社会现象，程大爷着实困惑过许多回，直到有个"高人"点拨，我才开悟。

人活到一定的年纪，最难处理的关系就是自己与自己心灵的关系。去西藏修行也好，花钱做慈善也好，烧香拜佛也好，问道于"大师"也好，无非是想要通过这些途径，去摆平你与自己心灵的冲突，最终达至身心和谐的平静境界。

扯了这么远，还是回到炒股这件事上来吧。

假如炒股是一种修行的话，股民们终其一生，要修炼的东西确实太多，既要修艺，更要修德，最后，还是要修心性。

对于股灾之后的A股，离开是一种选择，坚守也是一种选择，真实于自己的内心就好！股票的趋势只是一个人的情绪曲线，由几乎不可改变的人性推动，乐观与悲观，贪婪和恐惧摆荡在超买和超卖线之间，外界噪音和自己心声的背离是我们痛苦的根源，而严格执行的交易策略和由情绪左右的买卖行为就像有规划的人生和漫无目的的人生一样。投机交易不过是把真实的生活进行量化的一个过程。

由此看来，炒股不是一种虚拟现实，而是真实生活的倒影。炒股和生活在一个人身上是无法完全割裂开来的，因为一个人的做事方法归根结底还是要受制于人性，我们能在真实的生活中感受到投机交易的虚幻，也能在投机交易中领悟到真实生活的残酷。人生如股，股如人生。

炒股票，说到底就是炒心态。可以说，炒股只修行是不够的，还得修心。赚赔只是心态顺带的结果。炒股的过程，是一个不断修炼心态的过程，归纳起来，也就是你如何处理好三个关系的过程：

第一是，你与股票。你选择了什么样的股票，你买入它们之后，是踏实还是不安？你是打算持有还是卖出？所有的股民都在为这个事情忙碌着，快乐着也烦恼着；第二是，你与其他股民。别人乐观悲观，别人恐惧贪婪，别人赚了赔了，都可能影响到你的决定与情绪，你如果做不到独立思考和判断，你还需要进一步修炼，如果做到了，说明你就已经超越了普通股民的阶段，进阶为专业投资者的层面；第三，你与自己的内心。你可以控制自己的情绪，让自己的内心基本上不受投资结果的困扰，在任何情况下，你的投资决定都不受外部噪音的干扰，你听从自己的内心，而且，不管对与错，你能保持内心的平静，这个问题解决了，或许，你才算到达了炒股的最高境界！

世界上最遥远的距离是：
我在主板买了你，你却转身去了新三板

退市制度在这么多年的"苟且"之后，终于迈开了第一步，朝着依法治市的诗和远方。

换句话说，终于有一只A股的"不死鸟"，不仅没有了诗和远方，甚至于连眼前的苟且也难以为继了，是的，听说这一次，它真的要"死"了，尽管之前，他多次"死亡"未遂。

开车时听收音机是个防止打瞌睡的好办法，据说听一个自己特别讨厌的频道，效果更明显。听音乐台是危险的，你想想，本来就昏昏沉沉的，再听着李健的《当你老了》，你就会不由自主打盹，把方向盘当成了烤火盆，不睡着才怪呢。所以，多年来，我坚持听一个股票台，每次听到各路神仙在那里不着边际地瞎掰，我就忍不住笑，顺便再想象一下他们说话时的表情，那提神效果堪比红牛啊。

昨晚开车时我还是听那档股市神仙谈，忽然从收音机里传来许巍招牌式的温暖唱腔，还有主持人姐姐深情的旁白，大约是人生不能只有股票，还要有诗和远方，据说很多人听了第一段就泪流满面云云，还好，我听着这生活口号式的新歌，没有流泪的冲动，只有身不由己的感触。

许巍是我十分喜欢的歌手，记得蓝莲花带给我的通透，像风一样自由带给我的放纵，记得故乡的苍凉，还有旅行中曾经的你……然而，这首新歌，它不仅没能抚慰我满是灰霾的心灵，反而戳中了我的旧伤疤，你的脆弱不打自招，有一种被人揭穿后的狼狈不堪。

生活不是暂时的苟且，还有诗和远方，不过是"生活在别处"的一个白话版本。这句话本身就是一个美丽而充盈生命活力的诗句，19世纪法国天才诗人兰波创造了这句话，写在巴黎大学的墙壁上，然后米兰昆德拉把这句话弄得世人皆知了。米兰昆德拉以其作为小说的书名，让无数被世俗生活撕扯着的普通人忽然看见了一颗明亮的星星，几十年来，人们多么希望把它变为自己的美丽新世界啊。然而，始终此处不是别处，眼前是很多人不想要的生活，而别处一直是遥不可及的远方。

那个眼神忧郁的许巍，他让人着迷的地方恰恰是浓得化不开的苍凉与伤感，他很多年躲在远离北上广深的云南丽江，享受着阳光和无边的宁静，拥有诗和远方，他小心翼翼维持着与世俗的距离，神秘而低调。他生活在别处了吗？似乎也没有。我的记忆中，他在远方的那段时间，曾经被严重抑郁症困扰差点自杀了。

重组是最好的春药

股票不坏，股民不爱？

A股股民的问题，不是没有诗和远方。

相反，他们富于幻想，炒作未来，他们的心早就去了遥不可及的远方，就没有回到过当下。同样，一个炒重组炒壳资源炒了几十年，充斥着各种诗一般的主题、故事、科幻，预期指向遥远的太空、虚拟现实、量子通信、人工智能的市场，会是现实金融市场的"别处"吗？

孔老夫子说过：不知生，焉知死？说的是生的事情都没搞明白，哪有空去思考死。不过，要是孔夫子来到了A股市场，他老人家恐怕会感慨地说：只有生，没有死！制度设计上，公司上市退市都是有法可依的，执行起来却完全变了样，这么多年来，只有上市，没有退市，不死鸟成为中国股市的造富神鸟，完全扭曲了投资者的价值取向。因而，对于A股来说，我们应当反过来说：不知死，焉知生？从优胜劣汰的角度，了解死亡、期待死亡、拥抱死亡，不但能够让优秀的上市公司活得更好，让无药可救的僵尸股早死早超生，也让投资者纠正自己的投资视角，学会对投资和生活都做一番理性思考。

长期以来，以散户投资者为主的A股市场，有一道奇特的风景，那就是理论上处于退市边缘的ST股，不仅没有因为警示风险而让人回避，反而会成为投资者追捧的香饽饽，连年亏损的上市公司，股价表现远胜绩优股。当然，投资者的逻辑很简单，ST股戴帽了不仅不会退市，反而会促使企业加快资产重组的步伐，到那时，一只看起来快要死去的乌鸡不仅不会死，而且，还会摇身一变，化作神奇的凤凰一飞冲天。

可见，重组是最好的春药。绩优股无人问津，绩差股广受追捧，股票不坏，股民不爱，根源就在于退市制度形同虚设，A股只生不死，炒重组，有暴利而无风险，趋之若鹜者众，这就是A股的逆选择。

逆选择是指由于交易双方对产品的类型和质量等信息的不对称而导致次货驱赶良货的一种现象。

较早关注逆选择的学者是格雷欣。

格雷欣是英国女王伊丽莎白一世的顾问，也是银行家。在他所处的时代，货币实行双本位制，黄金与白银皆作货币流通。格雷欣发现，当一种货币贬值时，另一价值较高的"良币"会被储藏；而价值较低的"劣币"却充斥市场。

这种"劣币驱逐良币"现象，就是"逆选择"。在旧车市场上，由于买者与卖者信息不对称，卖者知道车的真实质量；买者却不清楚。买者为避免中计，往往只愿按旧车平均质量支付价格，可这样一来，卖者会将质量较差的车先卖出，结果是，质量差的车频频成交，而质量好的车却被挤出市场。

另一个例子是保险市场，原因也是信息不对称。不过与旧车市场不同，保险市场是卖方对买方的信息不充分。如医疗保险，保险公司对购保者健康状况不清楚；而购保者自己却清楚。于是迫于无奈，保险公司只好按历史出险概率制定一个均价。

ST股不退市，通过一系列真假难辨的重组，股价暴涨，这就给予了绩差股一份所谓的"重组隐含权证"，而绩优股可能没有隐含这种权证，由于绩差股股价表现比绩优股好，久而久之，股民炒差不炒优，逆选择也就见怪不怪了。炒垃圾股实质上是在炒权证，这种权证的内涵价值是：只有重组，不会退市；一旦退市，鸡飞蛋打，价值归零。

上市公司控制人眼看辛辛苦苦把业绩做好了，却得不到投资者的认可，公司股价低迷，估值偏低，市值偏小，似乎吃亏不讨好。相反，那些业绩差的公司老板，成天制造题材忙于重组，通过所谓市值管理把股价炒高，然后套现，赚的钱不知比埋头做业绩的老板多多少倍呢。

榜样的力量是无穷的，最后，次货驱逐良货，越穷越光荣，越差越抢手，垃圾股满天飞，大家都不埋头苦干了，企业家变资本家，都成资本运作高手了。

本来，优胜劣汰是市场竞争的普遍法则，然而大千世界无奇不有，劣胜优汰的"逆选择"却随处可见。官场上，贪官污吏容易被提拔重用，职场中投机钻营者快速晋升，这些扭曲的社会现象，同样会造成投资理念的嬗变，投资者心态更加浮躁，更加缺少耐心与恒心。

我一直守在被你伤害的地方
你一直留在让我哭泣的远方

退市制度在这么多年的"苟且"之后，终于迈开了第一步，朝着依法治市的诗和远方。

换句话说，终于有一只A股的"不死鸟"，不仅没有了诗和远方，甚至于连眼前的苟且也难以为继了，是的，听说这一次，它真的要"死"了，尽管之前，他多次"死亡"未遂。

上周，在退市制度正式开始实施后16个月，*ST博元成为第一家被强制退市的上市公司。

据上交所发布公告称，根据上交所相关规定，自该所公告此决定之日后的五个交易日届满的下一交易日，即2016年3月29日起，*ST博元股票进入退市整理期交易。

上交所表示，该所在退市整理期届满后五个交易日内，对*ST博元股票予以摘牌，*ST博元股票终止上市。

根据沪市交易所交易规定，*ST博元应当立即准备股票转入新三板挂牌转让的相关事宜，保证该公司股票在摘牌之日起的45个交易日内可以挂牌转让。

这意味着，*ST博元在停牌历时9个月后，最终还是被交易所强制终止上市，*ST博元成为我国证券市场首家因触及重大信息披露违法情形被终止上市的"第一家"，更成为退市制度正式实施以后被强制退市的"第一家"。

有人欢呼，博元投资退市一小步，中国A股法治一大步。多么心酸的喜悦！

有人倡议，我们要为证监会和上交所点赞。事实证明，父爱主义泛滥，只会纵容垃圾股的博傻游戏，最终受害的还是普通投资者。

这么多年以来，财务造假和信息披露违规一直是A股市场难以治愈的痼疾。而违法违规成本极低，导致不少上市公司实际控制人铤而走险。而过度包装，夸大宣传，让上市公司的业绩真假难辨，能够让投资者信赖的上市公司简直就是凤毛麟角。

一方面，二级市场重题材轻业绩的投机炒作狂热高烧不退，普通投资者不关心公司基本面，不关心上市的财务指标，甚至不关心上市公司的行业前景，对自己作为公司股东的权利义务漠不关心，只是把股票当作筹码，完全忽视其内在价值。

另一方面，上市公司对作为股东的投资者也缺乏最起码的诚信，这形成了一种恶性循环，正是由于投资者不关心其买入股票的上市公司的经营业绩，这也为上市公司实际控制人漠视甚至故意践踏投资者利益制造了便利。

*ST博元的退市，希望可以唤醒投资者的风险意识，同时还要激发上市公司控制人的法制意识和社会责任感。

但愿*ST博元的退市，会部分挽回这个市场丧失太久的对制度的信心。从这个意义上说，*ST博元如同商鞅立于南门的那根木杆，测试的是严格监管的成色。

当年，法令已详细制订但尚未公布，公孙鞅怕百姓不信任，于是在国都的集市南门立下一根长三丈的木杆，下令说有百姓能把木头搬移到北门去就赏给十两金子。百姓们感到此事很古怪，没人敢动手去搬移（木头）。公孙鞅又说："能搬过去的赏五十两金子。"于是有一个人半信半疑地搬着木杆到了北门，立刻获得了五十两金子的重赏。这时，公孙鞅才下令颁布变法法令。

变法令颁布了一年，秦国百姓前往国都控诉新法使民不便的数以千计。这时太子也触犯了法律，公孙鞅说："新法不能顺利施行，就在于上层人士带头违犯。太子是国君的继承人，不能施以刑罚，便将他的老师公子虔处刑，将另一个老师公孙贾脸上刺字，以示惩戒。"第二天，秦国人听说此事，都遵从了法令。新法施行十年，秦国出现路不拾遗、山无盗贼的太平景象，百姓勇于为国作战，不敢再行私斗，乡野城镇都治理得很好。

法国存在主义文学大师阿尔贝·加缪说，"你得过分一点，因为那样才会发现真理。"

信息披露违规被依法退市，看来还是太过宽容了，对于这种近似疯狂的造假行为，应该行刑结合，罚他个倾家荡产，家破人亡，一定要做得过分一点！

《证券法》明确规定，按照市场化、法治化、常态化的原则，要健全上市公司主动退市制度和实施重大违法公司强制退市制度。

其中特别提到，对重大信息披露违法公司实施暂停上市。证监会表示，上市公司因信息披露文件存在虚假记载、误导性陈述或者重大遗漏，受到证监会行政处罚，并且因违法行为性质恶劣、情节严重、市场影响重大，在行政处罚决定书中被认定构成重大违法行为，或者因涉嫌违规披露、不披露重要信息罪被依法移送公安机关的，证券交易所应当依法做出暂停股票上市交易的决定。

博元投资自2011年开始，为了掩盖股改业绩承诺资金3.84亿未到位的实施，连续四年多次伪造银行承兑汇票，虚构用股改业绩承诺资金购买银行承兑汇票、票据置换、贴现、支付预付款等重大交易，并披露财务信息严重虚假的定期报告。

无论从违法目的、手段、金额还是后果上看，博元投资的行为都显得颇为大胆。也正因如此，博元投资的上述造假行为和不真实信息披露，被证监会认定为"十分严重"。

有鉴于此，上交所甚至提示投资者，可对★ST博元提起民事赔偿。上交所表示，根据《最高人民法院关于审理证券市场因虚假陈述引发的民事赔偿案件的若干规定》，就★ST博元因重大信息披露违法给投资者造成的损失，投资者可以自己受到虚假陈述侵害为由，对★ST博元提起民事赔偿诉讼。

看来，这回是动真格的了。

啊，
不是主板吗？
咋变新三板了？

本来，优胜劣汰是市场竞争的普遍法则，然而大千世界无奇不有，劣胜优汰的"逆选择"却随处可见。官场上，贪官污吏容易被提拔重用，职场中投机钻营者快速晋升，这些扭曲的社会现象，同样会造成投资理念的嬗变，投资者心态更加浮躁，更加缺少耐心与恒心。

给我再去相信的勇气
越过谎言去拥抱你

股市里*ST博元退市唤起人们对市场规则的信心刚刚有所恢复，非法疫苗案又让我们对未来再度充满了忧虑。案件发生后，已经有上市公司因此而临时停牌了，此外，A股上市公司沃森生物子公司的一名董事因涉此案也已经被警方控制。

近日有媒体报道：山东警方破获案值5.7亿元非法疫苗案，疫苗含25种儿童、成人用二类疫苗。据济南警方初步统计，在长达5年多时间，庞某卫母女从医药公司业务员或疫苗贩子手中，低价购入流感、乙肝、狂犬病等25种人用疫苗然后加价售往湖北、安徽、广东、河南、四川等18个省。疫苗问题再度成为人们关注的焦点。

早在2013年，财新记者郭现中就拍摄完成过一组有关疫苗问题的深度报道《疫苗之殇》，引发过巨大反响和广泛讨论，然而，令人担忧的是，时间过去了三年，问题依旧，悲剧依旧。还有就是，疫苗在生产和流通中的质量问题，以及正常疫苗的不良反应问题，目前都缺乏足够的识别和补偿能力。

一个事关少年儿童健康成长的严重造假，三年都没有得到有效遏制，这只能说明，相关的卫生疾控部门都在苟且，就没想过拿出切实有效的措施去根除这种令人发指的罪恶。

喝着富含三聚氰胺的奶粉，接种非法疫苗，我们的孩子们能诗意地走向远方吗？

生活确实并不是普通意义上的生活，它只是一种存在方式，它会隐形，会游离于现实之外，穿梭于精神所构筑的世界，在那里攫取罕有的生命体验，这种游离的亲历难道只能是别处的生活？

人生确如许巍所唱的旅行。一直以来，我们以为我们的人生在苟且，只是耽于空想，总是心已远，而身未动。

直到听过《夜空中最亮的星》，知道了还有一个名叫"逃跑计划"的组合，我才明白，我们所谓的苟且，不过是穷尽一生的"计划"而煞费苦心地摆脱现实的一次次"逃跑"。

从一出生开始，在面向死亡的路上，我们仓促地开始逃跑。

三十年前，为了逃离农村，我们的逃跑计划是读书高考，逃往大城市。

可是现在，蓦然回首，他乡已是故乡，而故乡却成"他乡"，我们又想逃离这些个满是名利的城市，我们的逃跑计划是告老还乡？

还有，我们一路从地沟油、毒奶粉、瘦肉精、造假上市的公司、股灾等等的围追堵截中左冲右突，左闪右躲，结果，还是没有跑出非法疫苗的追杀。

何处才是我们共有的精神家园？

"夜空中最亮的星，能否听清，那仰望的人，心底的孤独和叹息？

我祈祷拥有一颗透明的心灵和会流泪的眼睛，给我再去相信的勇气，越过谎言去拥抱你。每当我找不到存在的意义，每当我迷失在黑夜里，夜空中最亮的星，请指引我靠近……"

万科牌局：斗了老半天，
还是没整明白谁是"地主"

股票被筹码化了，股东被妖魔化了，股权之争被观众娱乐化了，围绕万科的这一把"斗地主"牌局，该怎样玩下去？

上周（2016年7月初），最心酸的一个段子是：航拍记录显示，湖北已经基本都是湖，找不着北了。一场百年不遇的特大暴雨造成的洪涝灾害，让程大爷的故乡一夜变成了泽国。

那些来自千里之外的图片和视频，磅礴的雨水，决堤的洪流，被淹没的庄稼，哭泣的乡亲，泥巴裹满裤腿的武警战士……每一样都让人揪心。

而A股市场上同样大水漫灌，神奇的万科A被资金洪流冲刷而下，一天成交200多亿，资本玩家们的神勇表现，则显示出另一番人定胜天的豪迈。

我为故乡的灾民感到忧心，同时，也为那些奋不顾身地参与万科A博傻游戏的股民感到担心。

上周万科复牌后，最励志的一个段子是：

今天融资买了一手万科A，参与了万宝大战……希望不会爆仓……二十年后，可以自豪地跟小辈们说：

别看我是个读书人，在年轻的时候，就和王石姚振华这帮人做生意了，还参加了当年的万宝大战。当时，王石想联合基金把姚振华打爆仓，我坚决站在宝能这边，当然还有一些其他志同道合的同志，我们和宝能联合起来拿出170多个亿，王石他们砸多少我们买多少。市场稳定之后，我一点都不贪恋权位，把股权卖给了姚振华，重新做起了读书人。人生啊，当然要看历史的潮流，但个人选择也是很重要的。

今日买一手万科A，老了就多一项吹牛的资本……

股票被筹码化了，股东被妖魔化了，股权之争被观众娱乐化了，围绕万科的这一把"斗地主"牌局，该怎样玩下去？

其实就是一场斗地主游戏

我们先来看看发生在东部沿海一个小渔村村头大榕树下的"斗地主"赌博游戏。

游戏一开始是平淡的，姚老板主动邀约两位村中名人"小赌怡情"一下，按华叔——姚老板——王石头先后顺序，大家摸完牌，姚老板抬起头先望了华叔一眼，又望了王石头一眼，怯懦地说出五个字：我要做"地主"！

华叔面无表情，王石头满脸不屑。

王石头让上一把的"地主"华叔表态，华叔虽然拿着王炸，却摇了摇头，眼都没抬起来就说"过！"，于是，姚老板迫不及待地一把就将桌上的底牌摸走了。

王石头眼睛虽小，但目光犀利，他眯起小眼睛，用余光偷看了华叔手上的牌，啊呀，华叔不愧是江湖大佬，把把都摸到了双王在手啊，老子手上还拿住4条2呢，王石头于是暗暗思忖，哪个山头来的？这么横，没啥大牌也要抢着做"地主"，是找死吧？

姚老板牌风彪悍，一抬手就打出4条A，这可把王石头惹火了，还没等华叔表态，王石头就抽出4条2，啪啪拍在姚老板的面前，心想，我看你还拿什么横。

然而，令人意想不到的事情发生了，华叔没有表扬王石头干得漂亮，却出人意料地拿出王炸，直接啪啪拍到了王石头打出的4条2上。

有没搞错呀？你怎么会轰炸盟军的航母？王石头满脸莫名惊诧，这时，围观群众捉急地对着华叔大喊，你炸错了，姚老板才是地主！你跟王石头是一家的，你怎么炸自己人呢？

王石头被华叔不按牌理打出的王炸一下子炸晕了头，气得七窍冒烟，也就顾不得什么老朋友的礼节了，用食指指着华叔那颗硕大的脑袋，只是连说了三个你、你、你，就把牌扣在桌上，说老子头晕，歇一下再玩。

姚老板看到气急败坏的王石头，神态自若，一副成竹在胸的表情。

华叔虽被骂背信弃义，但大佬派头不倒，嘴角飘过一丝让人不易觉察的微笑，面对吃瓜群众的指责，华叔果断回击，宣称我与姚老板不熟，说我跟他打对家纯属谣言，我管谁是地主，我只想要赢！

王石头恍然大悟，原来，不管谁做"地主"，他们都会合起来打我。

王石头气得没有办法，趁着上厕所的功夫到处拉人入场买马，以便制衡华叔与姚老板的勾搭。

跑来买马的人倒是挺多，但都块头不够，在华叔不由分说的傲慢和姚老板势不可挡的霸气面前，买马群众的力量还是太单薄，没办法阻止华叔与姚老板横扫一切牛鬼蛇神的节奏。

在这个关键时刻，只见高大魁梧的铁牛哥提着钱袋从渔村地铁的工地上匆匆赶到村头大榕树下。

铁牛哥说，买马我就不玩了，要玩我就要坐在牌桌上跟你们一起玩。

王石头喜不自禁，人间处处有真情啊，关键时刻，还是有仗义行侠的好汉出手相救。

华叔与姚老板眼看就要把王石头的裤子都脱了，鬼知道怎么半路杀出个程咬金来了，甚是不爽。望着铁牛哥身上暴凸的肌肉，华叔打死也不肯同意让他上桌，姚老板立马表明态度，铁牛哥站在边上买马可以，上桌做地主，那坚决不行。

糟糕，一把牌竟然分不清谁是真正的地主，那还怎么"斗"下去呢？

围观群众的情绪更激动

这种斗地主的玩法简直太有创意了，让围观群众的情绪都显得比较激动，大家试图将他们的行为贴上标签，反正看热闹的也不怕事儿大的。

其实，这不过是皇帝不急太监急而已。宝万之争的当事三方，即王石为代表的万科管理层、宝能系和华润，从头到尾都是理性的，并非外界认为的事件在走向非理性。倒是旁观的商业大咖、经济学家以及热情围观的买马群众按捺不住，纷纷扬扬地表达着自己的观点。

可是，这么大的一盘生意，你以为他们都是一时冲动，赌气行事，那就错了。

各执一词并相互攻讦的当事人及其粉丝们，都在想方设法把对方送上道德的审判席，甚至更狠一点，把对手送进监狱。

王石为首的管理层强调自己动机的纯正，他自己贴上的标签是：万科文化的守望者，中国最佳上市治理结构的缔造者。

宝能强调资本的意志，手段的合理性，是市场规则的坚持者。

华润则标榜法治精神的捍卫者。

似乎都有其理性与逻辑。

可见，宝万之争，看起来是两种不同价值观的冲突。

德国大思想家马克斯·韦伯区分了两种理性：价值理性和工具理性。

所谓"工具理性"，就是通过实践的途径确认工具或者手段的有用性，从而追求事物的最大功效，为人的某种功利的实现服务。

工具理性是通过精确计算功利的方法最有效达至目的的理性，是一种以工具崇拜和技术主义为生存目标的价值观。

工具理性行动只由追求功利的动机所驱使，行动借助理性达到自己需要的预期目的，行动者纯粹从效果最大化的角度考虑，而漠视人的情感和精神价值。

以工具理性来解析宝万之争

用工具理性这一概念来解析宝万之争，同样会有豁然开朗之效果。

宝能系毫无疑问将工具理性发挥到了极致。他让资本的意志在所谓规则的掩护下攻城略地，为所欲为。有钱任性是中国富豪们的共同特点。但是，中国毕竟还是一个发展中国家，如果放任资本的意志横冲直撞，那他们真的要上天了！不要任何时候都只拿市场规则说事，金融市场中的许多骗局与重大危机不都是在金融创新的幌子下，以符合市场规则的方式发生的吗？因为，监管的实践总是跟不上无孔不入又日新月异的资本意志。宝能系从纷争开始至今，让工具理性走向极端化，这是一种资本霸道。

价值理性相信的是一定行为的无条件的价值，强调的是动机的纯正和选择正确的手段去实现自己意欲达到的目的，而不管其结果如何。

无论欧洲的基督教还是中国的儒家，古老的文明基本上都是价值理性。它强调的是，只要你的目的是合理的，那么你的行动就是合理的，由此可见，所有的理想主义都是一种价值理性。

在王石的身上，我们依稀可以看到理想主义的影子在晃悠，王石和他的小伙伴们一直强调万科的文化、治理结构是万科作为房地产龙头企业的成功基因所在，这一点是不能容许资本霸权的入侵的，因为那样会破坏万科基因的纯正。所以，他蔑视宝能系用金钱对话的冰冷的工具理性价值观，表面看起来王石所坚持的是一种价值理性，他追求的不是物质利益，而是一种自我价值实现即所谓的情怀。

但是，大众的批评在于王石的知行并不合一，他在主要追求理想的同时还是顺便也赚到了很多钱，在至今尚未平息的控制权战争中，他的目标还是想方设法在追求管理层利益最大化，比如，万科工会向深圳法院起诉宝能系损害万科员工权利，获得法院受理。

以情怀来挤兑规则是一种文化霸权。在宝万事件发生后，华润的举动实在是让人看不懂，一家央企，却没有结束纷争的胸怀与担当，反而还在不断搅局，都不知意欲何为？万科最大个人股东刘元生甚至向有关部门实名举报华润存在的问题，我想应该不会都是空穴来风，至少在旁观者看来，华润与宝能步调一致得像是穿着一条裤子，深交所都感到有疑点，所以还特地问询它们是否一致行为人，看来没事最好不要勾肩搭背，难免让人浮想联翩，只是，有关部门还是需要调查一下，是否有利益输送，是否存在权钱交易，是否存在其他腐败行为。作为理应肩负社会责任的央企，怎么可以给人的感觉就是在玩明修栈道，暗度陈仓呢？名为坚持价值理性，实则利用央企的市场主导地位，大行工具理性主义之技术，这也是一种权力霸道。

韦伯在他的代表作《新教伦理与资本主义精神》中指出，新教伦理强调勤俭和刻苦等职业道德，通过世俗工作的成功来荣耀上帝，以获得上帝的救赎。这一点促进了资本主义的发展，同时也使得工具理性获得了充足的发展。但是随着资本主义的发展，宗教的动力开始丧失，物质和金钱成为人们追求的直接目的，于是工具理性走向了极端化，手段成为目的，成了套在人们身上的铁的牢笼。

启蒙理性的发展高扬了工具理性，以至于出现了工具理性霸权，从而使得工具理性变成了支配、控制人的力量。换言之，西方启蒙运动以来一直被提倡的理性蜕变成了一种统治奴役人的工具。

近一个世纪以来，对工具理性的批判愈演愈烈，中国在20世纪90年代中期以前，价值理性占压倒优势，这也就是为什么王石要把大股东的位置让给央企，而自己只做职业经理人的社会环境，因为在那样的价值理性之下，知识青年对公有制的情怀是无法抑制的。

当然，我们也看到了，从那以后，我们逐渐进入了一个相对世俗化的社会，工具理性占了上风。

在这样一个世俗化社会，上帝死了，曾经闪烁光芒的价值也死了，取而代之的是五颜六色的信仰、五湖四海的神，你有你的信仰，我有我的信仰，很难再找到一个普世的价值判断标准。尤其是在资本市场，参与者普遍采取一种全新的理性标准，即用工具理性代替价值理性。

宝万之争，从二级市场看不到的暗斗，到宝能、华润、万科管理层之间的明争博弈，让一个原本不为人所知的宝能一下子成为资本主义关注的焦点。这对金融控股集团的监管提出挑战。

即便是一个"斗地主"游戏，也有谁来解释并监督规则的问题，宝万之争，不是几个渔村大哥的街头火拼，谁力气大谁就笑傲江湖，而是一场群殴事件。要知道，万科还有27万"买马"的中小投资者呢！

所以说，监管的目的乃是使失控的工具理性回归价值理性。

不应绕开监管，那该如何出手监管

既然不应绕开监管，那该如何出手监管？有专家认为，宝万之争，既有资金来源的监管问题，还有二级市场是否存在误导及操纵的问题，还有目前分业监管体制所亟待完善的问题。

上周新华社连发三文，对宝万之争的诸多问题进行了深入的探讨。围绕宝万之争，舆论广泛关注，国资委、证监会、保监会等监管部门都对此作出了回应。

有人呼吁还要完善股权并购监管机制。宝万之争，交易各方信息披露、资金来源审查等问题引发外界质疑。万科独立董事华生说："万科事件各方信披不充分，让投资者疑虑重重，甚至连我这个独董都不清楚怎么回事。"

尼采说，人总会把事情朝对自己有利的方向解释。只要清楚这一点，就能理解正确的主张为何总是难以实现了。

尼采还指出，恶人有个共同点：憎恨自己。正因为憎恨自己，才会作恶。恶事会伤害自己，也能惩罚自己。所以他们才会在毁灭的道路上越走越远。

不仅如此，恶人对自己的憎恶与复仇心，还会殃及周围的人。这正是沉迷赌博的人会拖累周围人的原因。

所以我们不能认定恶人的不幸是他们自作自受，进而袖手旁观。我们应当努力让他们不再憎恨自己，而是尽可能爱上自己。否则邪恶便会急速蔓延开来。

尼采的这一段话，简直让人醍醐灌顶，让我们一下明白了各个层面如此关心万科股权争夺战的根本原因。程大爷忽然发现了自己并非出于无聊，而是有着无比高尚的动机，或许，所有关注宝万之争的人，都是在为世界和平而操心，不是吗？

困兽犹斗，这就是一场豪赌，跟价值投资没有半毛钱关系，万科复牌一周，成交金额高达380亿，累计跌幅达到22.78%，上周五（2016年7月8日）几乎收盘在一周的最低点。

这场名为股权争夺实则投机豪赌的"战争"爆发以来，王石、华润和宝能谁赢谁输，目前还无法判断，但是，可以确定的是，热衷于火中取栗的散户们，上周都输了。

好比一场斗地主牌局，桌上玩家们斗智斗勇，输赢待定，桌下围观买马的群众，却都被掏空了口袋。

到底谁是"地主"啊？这我该怎么玩下去啊！

股票被筹码化了，股东被妖魔化了，股权之争被观众娱乐化了，围绕万科的这一把"斗地主"牌局，该怎样玩下去？

券商没有冬天，只有春天和秋天

一说到金融行业，外界想到的无非西装革履的装束和年入多少万的高薪。这是个关注度一直都很高的行业，年景好的时候，有人老早就替你算好年终奖了，年景差的时候，外边就有人嚷嚷着要看金融行业如何减薪裁员的热闹。

昨晚与朋友约了去星巴克喝咖啡，往常都是程大爷买单，这一次，朋友却坚持要请客。香草拿铁中杯还是卡布奇诺中杯？唉，都听说券商减薪裁员准备过冬，你们也太不容易了！今日就算我做公益，给证券从业人员送点温暖吧！

听他这么一说，大爷我就生气了，外边明明夏天，你非得说过什么冬天，啥时候证券从业人员已变成公益爱心对象了？不要说买一杯咖啡，就算十杯也不在话下（100杯？那我得看看工资卡里的钱再说），员工培训课程里讲得清清楚楚，越是困难的时候越要勇敢，我把音量刻意调高了百分之五十，要大杯的拿铁，外加两个面包，说完后，我就低头继续看手机。今天的大盘又跌了，但是，"不要怕，只是技术性调整！"我把音量又调低了百分之五十。

一说到金融行业，外界想到的无非西装革履的装束和年入多少万的高薪。这是个关注度一直都很高的行业，年景好的时候，有人老早就替你算好年终奖了，年景差的时候，外边就有人嚷嚷着要看金融行业如何减薪裁员的热闹。

确实，金融民工之说不完全是一种矫情与自嘲，而是从业人员外表光鲜，内心憔悴的职业生涯的真实写照呢。很多年前就流行一个段子，说是，一人干银行，全家跟着忙；一人干保险，全家"不要脸"；一人干证券，套牢一大片；一人干基金，全家都闹心……可见，谁的职场不委屈呢？哪个行业不闹心啊？

毕竟是多年形成的印象，证券行业与股市的波动息息相关，牛市皆大欢喜，熊市各自伤悲。

外界对券商的看法，一直是负面多于正面，有人甚至认为券商不过是垄断

毕竟是多年形成的印象，证券行业与股市的波动息息相关，牛市皆大欢喜，熊市各自伤悲。

外界对券商的看法，一直是负面多于正面。仔细看看，误解还真是不少。

不用棉衣，
没有冬天，
只有春天和秋天

行业中靠牌照吃饭还吃不好，还得靠天吃饭的一个低能儿。行情好的时候就躺着数钱，行情差的时候就鸡飞狗跳。特别是2016年以来，对券商的各种议论简直就铺天盖地。

仔细看看，误解还真是不少。

误解一　券商啥都不会，只会搞佣金大战

2000年前，网上交易还没普及，股民是来营业部现场开户现场交易的，营业部动辄上千平方米甚至上万平方米的营业面积，各种服务人员上百人，所以，成本昂贵，佣金率到达千四点五，千三已经是低佣金了，那得是超级大户或者营业部负责人的朋友经过特批关照才可享受的优惠。

佣金高的时候，股民把炒股亏钱的原因归结于交易印花税与佣金太贵，炒来炒去，最后都给税务部门与券商打工了。

于是乎，各路声讨，税费齐降，佣金率一路下滑，下跌趋势明显，从千三杀至千一，后来又从千一水准破位下行，杀至万六，按十年前的日均成交量，这个佣金率基本上逐渐接近券商营业部的成本价。

为适应佣金率下滑的局面，券商加大组织架构与营销服务理念的转型，推动经纪业务从坐商转变为行商。营业部快速削减营业面积，取消中午供应客户快餐盒饭的费用支出，加快员工朝投资咨询和营销方向转型，取得了显著的成效。

当然，面对快速降低的佣金率，有的地方证券期货业协会坐不住了，为了稳定预期，防止局面失控，便召集辖区券商总部及营业部负责人，签订各种类型的佣金自律公约，试图阻止竞相降价的自残行为不断升级。

由于这种佣金自律公约又涉嫌行业垄断，后来，国家发改委反垄断调查机构查处了个别地方的这种行业保护行为，各地佣金同盟纷纷土崩瓦解。佣金率再次快速下滑，这次基本上直奔万三。

都以为交易量小了，价格战激烈，佣金下滑接近地板，券商就没饭吃了，然而，由于市场日均成交量的不断增加，加之网上交易的普及，券商营业部经

过几轮降面积降成本，人员不断走向营销服务的前端，经纪业务的利润并没有出现惨不忍睹的下降。

2015开始，互联网券商快速崛起，让佣金率再次有了下降的动力。有的互联网券商甚至推出了接近零佣金的收费标准，虽然很快被叫停，但是，这种东西一旦出现，估计也很难被消灭。

按照墨菲定律，凡事会发生，就一定要发生。大势所趋，拦不住的。

由此可见，佣金率的不断下降，是市场化的大趋势，并非佣金战使然。

误解二　券商靠牌照吃饭，没有创造价值

一直以来，机构投资者将大金融板块中的银行、保险和信托视为可以长期投资的蓝筹股，而将券商看作是一个雁过拔毛的价值毁灭者而冷眼相对。在专业投资者的眼中，券商只是一个交易通道，业务同质化严重，牌照一放开，就都完蛋了。

所以，券商只有投机价值没有投资价值，每一波行情启动之初，券商股都会被爆炒，但是，随着行情往纵深发展，券商股很快就被抛弃。

散户们也浮想翩翩，一到熊市，券商行业就进入了冬天，交易量萎缩了，自营赚不到钱，由于新股经常停发，投行动不动半年一年的没活可干了……看起来只要股市不行，券商啥都不行。

外界习惯于从与行情关联度极大的传统业务来评估券商的行与不行，特别是把经纪业务的行与不行等同于券商的行与不行，这就有点以偏概全的误读了。

其实，优势券商的利润构成中，经纪业务占比一直都在下降，去年已经有部分券商下降到只有40%的水平了。尽管经纪业务受到市场牛熊格局的影响比较大，但是，对没有特色的小券商影响更大，总有一部分创新能力强的券商会逆流而上，在并购、债券、资产管理等领域不断拓展，在市场处于熊市的背景下，仍然取得了不俗的业绩。

可见，与许多误解不同的是，券商当然是一个技术密集型行业，新业务层出不穷，对从业人员提出了更高的要求，需要敬业精神，也需要专业精神。

误解三 经纪业务已成红海，是典型的夕阳行业

十年前就有人这么说，当时中国还只有3000万股民，持有证券账户的成年人还不到5%，而港澳台地区这个比例是80%，一个还有95%的成年人没开股票账户的地方，就被定义为红海，这很显然是扯淡吧？

十年后的今天，我国拥有股票账户的成年人已然过亿，看起来这个数字很吓人，但是，跟13亿的人口基数相比，还有很大的增长空间。

中国不仅是人口大国，还是全世界居民储蓄存款最多的国家，普通家庭或多或少都拥有一定的存款，世界上再也找不到一个像国人这么爱存钱的国家了，欧美就不说了，就连以节俭著称的日本，也有超过三分之一的家庭完全没有存款。

从持有股票账户的成年人占比仍然偏低这一指标来看，经纪业务可开拓的潜在客户简直就是一个天文数字，不仅不是红海，而且还是一个不折不扣的蓝海。

当然，尽管潜在客户仍然很多，传统意义上的"纯通道"式的经纪业务却难以为继，开户及二次业务逐步转向移动端，一人多户制的推行，互联网券商超低佣金率的冲击，券商牌照的逐步放开，你会发现，券商经纪业务正在剧烈洗牌，互联网对传统业务模式的颠覆性影响造就了一批新星，却让更多跟不上趟儿的中小券商生不如死，不仅新客户的开户越来越多地通过线上流向了优势券商，就连原有的存量客户在互联网时代也面临重新分配的命运。

目前最大的挑战仍然是佣金率的下滑可能无法阻挡，极有可能会造成"增产不增收"的局面，看起来开了很多户，做了很多交易量，最后一算账，赔本赚吆喝。

从理论来说，"一个回车键5块钱"式的收费标准并无不合理之处，对低成本的互联网券商来说，是有利可图的，但是，对其他传统券商的经纪业务来

说，无疑是釜底抽薪。

有业内人士怨恨地说，要不是个别互联网券商"瞎搞"，券商经纪业务不知该有多爽，继续躺着就把钱给挣了。互联网企业最大的贡献不是颠覆了传统商业模式，而是真正尊重了客户的感受，降低了客户的成本，让企业实实在在地以客户为中心来构建自己的业务模式。当然，互联网商业时代的文化就是崇尚成王败寇，不相信眼泪，不同情弱者，照马云的话说，很多企业不适应互联网时代，所以死掉了，不是互联网杀死了它，而是，它本来就该死。

只有夕阳的企业，没有夕阳的行业。

毫无疑问，就行业而言，经纪业务仍然是潜力巨大的蓝海，对于不同券商而言，红蓝各入眼，冷暖皆自知。

近年来，经纪业务的转型升级就没停止过，各大优势券商早就走在行业的前面，分支机构转向移动互联网，转向财富管理平台，转向全业务链，转向机构业务，从业人员转向投资顾问，推行咨询服务营销一体化，改革之风愈演愈烈，行业今非昔比，抵御行业周期波动风险的能力已经得到全面提升。

误解四 都在忙着减薪裁员，苦度时艰

不久前，一则方正证券裁员百分之二十的消息引发了社会各界对券商是否会出现减薪裁员风潮的关注。后来又有各式写诗讨薪、集体讨要奖金的新闻被热炒，当然，去年券商日子过得不错，自然惹人眼红，现在听说这个去年的"暴发户"有麻烦了，大家都来围观，不为关心，只是看热闹的不嫌事儿大。上网看看，人气最旺的新闻无非就是，贪官案发跳楼，老板破产跑路，明星嫖娼被捕。很多收视率最高的电视连续剧也摸到了观众的心理，所以，时不时就安排一两个一直牛逼哄哄的角色最后倒了八辈子霉，观众的补偿心理得到极大满足。

人们总是有着宽广的同情心，又有着强烈的妒忌心。让人"失望"的是，券商纷纷裁员的消息并没有再次出现，方正证券裁员百分之二十的星星之火并没有演变成全行业纷纷裁员的燎原之势，反倒是各大券商大规模招聘的信息开

始铺天盖地，有招100名投行人员的，有招500名投资顾问的，有招1000名客户经理的。这好像不对啊？这是准备过冬天的搞法吗？

忽然传来宏观牛人任泽平从老东家国泰君安辞职转投方正证券的新闻，程大爷以小人之心暗自思忖，方正证券裁员百分之二十莫非是筹钱高价"迎娶"任博？

由此观之，今时不同往日，券商抗周期波动的能力已经达到了从容穿越牛熊的境界。"三年不开张，开张吃三年"的行业特色决定了它能平滑收支，不以牛喜，不以熊悲，稳步推进自己的既定战略。

尽管每家券商都有着各自不同的竞争优势、不同的业务特色，但是，在拥抱互联网和向财富管理平台转型这两个大方向上却不约而同，步调惊人的一致。

用互联网思维去构造新的业务模式，仅仅学习其术是不够的，得其道者方可最终胜出。

互联网思维的道，就是使尽浑身解数无限可能地满足用户的需求，就是帮客户不断较低成本提高收益，伟大的互联网企业总是从免费开始，从有钱不挣开始，从本来可以赚大钱偏偏只取微利开始，哪些急切地想赚大钱的互联网企业，大多都死在半路上。按马云的说法，就是客户第一，员工第二，股东第三，如此方可从优秀到卓越，从卓越到伟大。

国内券商长期依靠"傻子"交易者的过度交易来获取佣金收益的盈利模式本来就是杀鸡取卵的短期行为，不可持续，差不多也快到尽头了。

2016年二季度开始，A股市场股基交易量不断萎缩，然而，即使是低谷时3000亿的成交量，A股仍然是世界上换手率最高的股市，新栽种的韭菜长得慢了，羊怕皮被薅破所以赶紧躲起来了，跟上一届股民相比，这一届股民明显不行，主要是牺牲自己成全主力的奉献精神不够，勇往直前跟风炒作的冒险动力不足，想想看，一个钱越来越多而傻子越来越少的市场，怎么可能会回到日成交动辄上万亿的狂热过往？日均换手率不断降低的趋势，虽然不能说明A股投资者开始趋向成熟，至少可以证明他们正从浮躁走向沉默，所以，我们要习惯市场的低换手率，说不定这将会是未来的一种常态！

　　另一个方向是，财富管理的深度和广度都还亟待拓展。据波士顿咨询公司（BCG）最近发布的报告，2015年中国私人财富达到人民币110万亿元，高净值家庭数量达到201万户，拥有约41%的私人财富。预计到2020年，高净值家庭（可投资资产超过600万元人民币）数量将以11%的年增长率增长至346万户。这说明私人财富管理的海量需求，目前仅仅只是冰山一角！

　　而据《券商中国》统计，截至2015年底，我国金融机构和第三方理财总规模为81.18万亿。银行、信托、券商和保险是最大的理财机构。其中：银行23.5万亿，占28.95%；信托16.3万亿，占20.08%；券商11.89万亿，占14.65%；保险11.86万亿，占14.61%；基金公司16.65万亿，占20.51%，其中包括基金专户4.03万亿，基金子公司8.57万亿和私募基金4.05万亿；互联网P2P理财规模为9800亿，占1.21%。券商在客户资源与专业人才方面储备经年，厚积薄发，占据更大的市场份额是可以期待的前景。

　　如果说冬天意味着痛苦的煎熬，那么，经历了2015年的大丰收之年后，大多数券商家底殷实，断无饥寒之虞，说券商入冬，纯属杞人忧天。

　　在市场处于低迷时期，有远见的券商发力业务转型升级、引进储备人才、员工强化培训……所以说，券商只有两个季节，春天埋头播种，秋天尽情收获！

　　至于证券从业人员，需要以平常心看待不平市，收入波动大确实是证券行业的典型特征，有多少苦日子就有多少甜日子，牛市时多收三五斗，熊市时少了六七颗，以丰补歉，苦练内功，不断提升自己的核心竞争力。

　　浪漫的人喜欢把直路走弯，乐观的人则习惯把弯路走成捷径。

　　忽然就冒出两句无厘头的打油诗来：

　　洛阳亲友如相问，就说日子挺滋润。

假如炒股是一场修行

LUN SHI PIAN

论事篇

一旦做了大佬，就再也做不成孙子

在资本市场里混，混得江湖无名，会有失落感；混得太有分量，却不见得是好事，比如说，当你一旦摔下去了，就会把股市砸个大坑。

在资本市场里混，混得江湖无名，会有失落感；混得太有分量，却不见得是好事，比如说，当你一旦摔下去了，就会把股市砸个大坑。

当年发哥在电影里那句"我不做大哥好多年了！"不知让多少人醍醐灌顶，幡然悔悟！江湖险阻，大佬难做，风光背后，不是沧桑就是死扛啊！

江湖人称"私募一哥"的徐翔，最终还是倒下了。因为之前坊间传了无数次徐大佬被抓，但随后总是又被辟谣，所以，这一次，当一张身着阿玛尼白色外套手上戴着手铐的徐大佬照片在网上流传的时候，大家的第一反应竟然是不相信，有人说图片肯定是P的，证据是徐翔的表情相当镇静。直到星期天午夜时分的央视新闻正式播发了徐翔被抓的新闻，大家才确认了这个事实。徐大佬对自己的命运，应该早有心理准备，他知道迟早要还的，所以，被抓时他满脸轻松就不难理解了。

有人惊呼是大利好，说是中国股市乱象丛生的现实有望得到有效治理。然而，该消息对市场的短期冲击则是显而易见的。第二天（周一）A股大跌，上证指数重挫接近百分之二，由此可见徐大佬的分量。

作为一名证券从业人员，我是真心不喜欢一个各路大佬神出鬼没的股市，因为我不喜欢大佬们接二连三地"倒下"，那样会造成市场难以避免的剧烈波动。但是，事与愿违，这么多年来，中国资本市场的各路大佬，基本上都逃不过"倒下"的宿命，神话破灭，股市下跌，周而复始，难有宁日。

徐翔倒下之后的这几天，我一直在思考两个问题：

问题一是，为什么中国资本市场的大佬们都难有善终；

问题二是，职业投资者如何实现投资生涯的至善圆满。

先说第一个问题，是什么原因导致大佬们接二连三地倒下呢？

不同于改革开放初期产业领域中的暴发户，他们只是纯物质上的成功，"老子有钱"是他们贴在脑门上的标签，于是摆阔露富，高调浮夸，结果总是不堪，倒下的速度之快，常常让大众还来不及认识他们。

资本市场的一般成功者，最多称之为"高手"，要想成为"大佬"，仅仅有钱还是不够的，你还得有"势"，红黑两道都摆得平，庙堂和江湖都吃得开。不同于暴发户的纯物质成功，大佬更看重的是精神上的胜利，可见"大佬"其实是一种江湖地位，亦正亦邪，亦褒亦贬，莫衷一是。

纵观这二十多年来的中国股市，江山代有大佬出，各领风骚三二年，然而，成为大佬者，虽说风光一时，却多数没有善终。

有人说是他们太高调了呗，闷声发大财不就啥事都没有？不过，大家应该注意到，资本市场的大佬绝对是"低调"而神秘的，不仅新闻媒体上基本上见不到他们的尊容，就算是网上也难以搜到他们稍微清晰一点的照片。不过，要是近距离了解他们的人，还是可以感觉到他们的所谓"低调"，并非发自内心，而是刻意而为之的一种唯恐别人发现其真实内心世界的遮掩。这恰恰反射出他们外在与内心的表里不一。

其实，假如此心光明，又何必刻意低调？假如此心阴暗，低调又如何掩盖得住？巴菲特低调吗？我觉得他外向，活泼，幽默风趣，也不低调啊。索罗斯低调吗？他著书立说，到处宣讲自己的投资哲学和开放社会的政治学说。也没人说他低调。

孔子曰："君子坦荡荡，小人长戚戚。"心中若无所滞，处事自然洒脱自如。可见，低调与否，是一种性格或者生活态度的取向，跟品德高下并无必然关联，只要是你真实内心的写照就好。

虽说英雄莫问出处，但凡在某个领域出类拔萃者，必有其过人之处，世间有许多所谓的"偏才"，甚至于还有残缺的天才，比如，一个傻子也可以在数学方面有超常能力，一个白痴还有的是音乐奇才呢，上帝是仁慈的，他会给每一只笨鸟一根矮树桩。

不可否认有些人对交易特别敏感，具有成为一流交易者的某种天性，然而，如果他的天性中还有许多恶的成分没有被去除的话，这种"偏才"的天性会导致他的成功是不均衡的，一定会失之偏颇。

类似徐翔这样的"偏才"，他的天性无疑是可以快速找到股票市场的灰色地带，然后快人一步，站着就把钱给挣了。在没有成为大佬之前，玩一玩利用资金优势追涨停板这样的游戏，倒也没人找他麻烦。但是，随着"高手"进化为大佬，小资金变成足以影响市场的天量游资，同时又经不住各式送上门来的"内幕信息"，钱来得愈发容易，他怎么能抵御得了暴利的诱惑，肯放弃过去屡试不爽的操纵股价的路径依赖呢？

说得粗俗一点，当你还只是江湖上的小虾米时，你干点偷鸡摸狗的事情，别人放你一马，当你事儿干大了，不收手，还像以前那么干，得罪的人多了，损害的人多了，影响范围更广了，那你不出事都才怪呢！

所以，王阳明在晚年告诫门人说："人生大病，只是一傲字。"

那些外表低调的大佬，内心有一个舍我其谁的狂傲，然而，人狂有祸，即使你刻意掩饰你狂傲的内心，但病根就此播下，就等着时机跳出来，要了你的命。

人在江湖，呼风唤雨，会有一大群人围着大佬讨吃喝，却没有人能替大佬看顾他的内心。王阳明临终还有一句名言："此心光明，亦复何言！"又有诗："吾心自有光明月，千古团圆永无缺。"此心光明了，你所在的人间，便会一同光明起来。

然而，大佬也没时间照顾自己的内心，他的欲望仍然继续膨胀，竭尽全力攫取财富，钱越来越多了，却不清楚自己的生活何以越来越迷惘纠结，日甚一日地充满焦虑，没有安全感和存在感，这等于是陷入了一个负反馈，他以为只有赚更多的钱获得更大的成功就可以让自己变得更快乐，如徐翔所言，有钱了之后，交易的出发点不再是钱，而是为了快乐。可是，他忘记了最好的救赎之道，不是不停地赚钱，而是应该把习惯向外追逐的目光收回来，关注放逐已久的心灵，才可能从这种负反馈中真正地解脱出来。

王阳明说："身之主宰便是心，心之所发便是意，意之本体便是知，意

说得粗俗一点，当你还只是江湖上的小虾米时，你干点偷鸡摸狗的事情，别人放你一马，当你事儿干大了，不收手，还像以前那么干，得罪的人多了，损害的人多了，影响范围更广了，那你不出事都才怪呢！

啥时能像大佬一样风光风光啊

1

以为我很好吗？大佬难做啊，都是死扛啊！

2

之所在便是物。"心是身体和万物的主宰，当心灵安静了，做到不为外物所动时，心底的智慧便会显露出来，而大佬们苦苦追寻的所谓快乐不过是顺带的结果。

可见，大佬们虽有万贯家财，无数豪宅，却无处安放自己的内心。

归纳起来，大佬难有善终的原因主要有以下几个方面：

其一，表里不一，人格分裂。看似低调，实则狂妄。德不配位，难载巨财。

其二，初创时带着原罪，做大后不懂归正。其暴利的获取，大半是钻了现有规则的空子，游走于法律的灰色地带，甚至违反法律，然而，当他成为大佬之后，却没有及时调整战略战术，依旧依赖过往的路径。

其三，因果报应，出来混迟早要还的。善报恶报，有时会迟到，却永远不会缺席。

其四，要走正道做成大事业，高中文化还是不大够用的。有人统计今年出事的几位大佬，恰好都是高中毕业生，这个太有意思了，不得不说是许多大佬的一个缺憾。我们经常调侃，在中国股市，赚钱的能力与文凭高低负相关。

然而，华尔街还有句话说，傻子都能赚一百万，只有天才可以留住它。金融市场本来是一个高度专业的领域，有些人恰好是因为无知所以无畏，胆子一大，就把规则破坏了，他们使用不需要专业的方式取得了物质上的巨大成功，这样的物质成功误导了他们，以为所有的底线都是可以随意践踏的。看似赚钱不需要知识，但是，当钱越来越多了，事业做大了，不善于学习，不认真修德，靠读个总裁班研究成功学，还是不太管用。

其五，滥用自己的市场影响力。大佬有名了，有江湖地位了，有的便利用自己的影响力，操纵股价，恣意妄行，鱼肉散户。所以，江湖积怨颇深，都恨不得把他扳倒而后快。

巴曙松先生有一段话，我觉得很有见地。他说，你可以有机会见到水落石出，见到一个又一个牛市中的神话逐一破灭，让你相信，市场长期来看是朴实而且没有神话的，它在长期中确实遵循我们在课堂上学习的简单的原理，不管短期内市场偏离这些原则有多大。我甚至可以说，牛市神话没有破灭干净时，熊市的洗礼就难以到底。这种周期的起伏，会增强你们对于专业的自信和从容，专业的力量，可能会迟到，但是不会消失，我一直向同学们强调专业的力量，更多来自于亲历市场起落的一些体会。

那么，大佬们该如何做才有机会实现自己投资生涯及整个人生的至善圆满呢？

其一，修炼内心，使之坦荡。

流氓不可怕，就怕流氓有文化。这个"文化"不是说有学问和教养，而是学会了伪装。人格之中，坦诚最难，你可以不高尚，但是不必装高尚，你可以去投机取巧，但不必宣称价值投资，你可以去苟且，但不必标榜诗和远方。

美国革命先贤托马斯·潘恩说，当一个人已堕落到宣扬他所不信奉的东西，那么，他已经做好了干一切坏事的准备。这样的人不仅是一个恶棍，而且是一个犬儒主义的恶棍。这种权力的犬儒是非常傲慢的：我就这么对待你，你能拿我怎么办？

虚伪，玩世不恭，大佬们都有这样的霸蛮心态，老子有钱，有影响力（这也是一种权力），登高一呼应者云集，玩弄规则，打擦边球，你能怎样？散户中不乏崇拜大佬者，仿效他们的价值观和投机伎俩，A股肆意疯狂的炒作风气，大佬们的"示范带头作用"显然居功至伟。所以，戈德法勃说，不能只看到无权者的犬儒而忽视有权者的犬儒。有权者玩弄规范和无视规范，这是造成无权者不相信规范的根本原因。如果一味责备和讥讽无权的犬儒大众，"这种讥讽本身就很犬儒，也是我们今天正在经历的"。

关于修炼内心的功夫，曾国藩提出了一个相当完美的准则，"不为圣贤，则为禽兽。只问耕耘，不问收获。"他提出，如果不能以圣贤的道德标准要求自己，便只能与禽兽一般为欲望所控制。只关心付出多少，不关心结果怎样。不过，这个标准有点高，不适合用来要求大佬们吧？

其二，去恶为善，回归中和。

"天地虽大，但有一念向善，心存良知，虽凡夫俗子，皆可为圣贤。"王阳明认为："无善无恶是心之体，有善有恶是意之动，知善知恶是良知，为善去恶是格物。"既然知道了善恶，就应该在做人做事上勤加磨练，"格物致知"，不断为善去恶，"发动处有不善，就将这不善的念克倒了，须要彻根彻底，不使那一念不善潜伏在胸中"。

投资和做人都需要格除各种邪念的干扰，让心从偏颇失衡的混沌状态，回复到不偏不倚的中和境界。当然，我们应该清醒地认识到，这是一个是非曲直并不清澈的时代，谈论"善"似乎不是一种时髦的语境。但是，道德不是虚幻的梦境，而是真实存在的心灵规范。

对一个在投资领域有所建树的投资者来说，去恶从善，是确保自己在投资这一场马拉松赛跑中胜出的精神支柱。"破除心中贼"，破除心中的贪婪、邪恶、霸蛮、虚伪等毒物，让心灵变得饱满圆融、至善至诚，是个人更高层次的精神需求。

其三，一定要厘清法与非法的边界，守住投资与生活的底线。这个底线就是法律，你不可以触碰它。

在股票市场，你持投资、投机甚至于赌博的交易策略，都是你的个人选择。曾有人用道德去谴责赚钱者，但是索罗斯反驳说："我在金融市场进行投机，是按照通行的规则来做的，如果禁止投机，我也不会投机。如果允许投机，那我就会投机，所以我实际上是参与者，一个金融市场的合法参与者。我的行动无所谓道德或不道德，这里没有所谓的道德问题。"

这是一个法律问题，金融丛林里，守在市场底线的终究是法律，你逾越了就会付出代价。

其四，从"孙子"做到大佬易，从大佬做回孙子难。套用一位伟人的名句，世界是你们的，也是我们的，但是，归根结底，却是那帮孙子们的。这个"孙子"，当然不仅仅是一个辈分概念，更是一个做人的心境与态度概念。那些刚柔并济、能伸能屈、主动示弱的大智慧者，深谙以柔克刚之道，他们甘愿谦卑到尘埃里，然后开出花来。

还是那个问题。当你是一个屌丝的时候，做人做事即使偶尔跑偏，也情有可原，比如走偏门捞快钱，游走灰色地带，那时你太穷，急需钱来改善生活。但是，当物质上已然巨大成功了之后，你没有收敛贪欲，反而变本加厉，继续偷鸡摸狗，这就不可原谅了。

不记得谁说过，未来，不是穷人的天下，也不是富人的天下，而是一群正直、正念、正能量的人的天下。

现实中，散户们对大佬的看法是充满矛盾的，一方面他们羡慕大佬的物质成功，另一方面，他们又恨大佬玩弄散户如弱智。在资本市场，一个人积攒了多少赚大钱的快乐，说不定就埋下多少怨恨的种子。

徐翔在金钱上的慷慨是有名的，但他内心的粗暴也是同样让人印象深刻。他说话的方式，让接触他的人时常受不了。据泽熙投资内部人士说，在泽熙工作满一年，没有被徐翔痛骂过的同事几乎没有。

比如研究员经常不推股票，推荐的股票盘中突然大跌却不知道原因等等，徐翔通常对研究员当头痛骂一通。此外，行政人员也时常因为做不好他交代的事挨骂。"男同事还好一点，徐翔对女同事同样不留情面，经常骂哭。"上述泽熙投资内部人士称。不仅对泽熙投资员工，徐翔对券商研究所分析师和销售人员也毫不客气。

据某券商研究所负责人表示，就因为推荐的一只股票跌幅较大，徐翔一个电话把该研究所销售负责人叫过去，一顿痛骂后，威胁撤掉所有席位。直接把这位女销售负责人骂哭了。"这是他没有受过正规教育留下的一大遗憾。"一位泽熙投资资深员工认为，江山易改，本性难移，一个人的品格和语言却很难改变。在资本江湖混迹多年，徐翔逐渐养成了多疑的性格。他总是觉得别人在利用他。

徐翔的自负也是广为认知的，有研究员去跟他做交流，他回应询问几乎一路使用反问句，咄咄逼人之气直透纸背。而且，他竟然公开表示："我们的研究团队只能说是一般吧，但为什么业绩比别人好，我觉得是因为别人的更差。"徐翔说这话时，有些烦恼和焦虑。但事实上是，徐翔花费了很大精力和财力，不惜重金到各大机构挖角，连业内公认基本上都挖不动的中金公司的研究员，也挖出来了两个加入，对于这样的组合，他也没看在眼里。这确实是过于狂妄了一点吧？

还有一个花边新闻，我们聊作饭后谈资。财经名嘴李德林爆料，泽熙之前招聘研究员助理，公开写明对于女性，没有专业要求，只需身高1.65米以上，还必须提供两张生活照，否则不会有面试机会。他认为，泽熙招聘美女的企图相当明显，就是去上市公司套取关键信息，以精准捕获牛股。不过，这个说法，我认为纯粹是娱乐吧？市场也认为可信度不高。

无论如何，徐翔的大佬架子是不可能轻易放下了，他习惯于傲慢与咄咄逼人。

然而，造化弄人，当他终于准备认真地做一回"孙子"的时候，命运却没有再给他机会了。

据说，徐翔是在从上海回宁波准备参加他奶奶的寿宴途中被抓的，当天沈海高速公路庵东出口全线封闭，警方为抓捕他，临时实施了40分钟的交通管制，可见，作为大佬，徐翔确实太有分量了。让人唏嘘感叹的是，当天是他奶奶100岁生日，作为一个幸福的孙子，他本来应该出现在宁波他奶奶的寿宴上，没想到却出现在当晚的央视新闻频道和微信朋友圈的各个角落里。

假如当天，他可以穿着最普通的白色纯棉的厨师服，给他奶奶做一道"梭子蟹炒年糕"，那该多好，那要比他穿着阿玛尼的白大褂炒股票要快乐好多倍吧？遗憾的是，已然大佬的他，再也没机会做成"孙子"！那一天，他穿着国际大牌的白大褂，一脸茫然地站在铺天盖地的新闻图片里，由于被戴上了手铐，所以啥都炒不成，只能听任整个世界，翻来覆去地，炒他。

假如熊市被击毙，猜一猜会是谁开的枪

不得不承认，如果不加以控制的话，我们早就被四周泛滥的信息洪水淹没了。这些看起来价值不菲的信息，有时还不如一捧爆米花来得有用，它们除了让你的眼睛变得更近视或者更老花之外，就是让你真正要做出一个决策的时候更加莫衷一是，无法定夺。

算上2015年的这届，这个评选活动已经举办了三十一届，每届获奖者都被邀请前去泰国的海滨城市芭堤雅参加东方公主号邮轮上的表演。去年程大爷就参加了评选，只获第三十届"最温暖分析师第三名"，第一名是82岁的杨教授，据说他的贡献在于，不仅预测到了年底的牛市行情，更让人肃然起敬的是，他还带领他的战熊团队，亲手击毙了横行霸道多年的大熊。

这几年，比较郁闷的是泰国各大券商的策略分析师们。由于丛林中豺狼虎豹横行霸道，他们组成若干团队，深入丛林，决心保护食草动物，计有"战虎团队""战狮团队""战狼团队"等等，最终只有"战野兔子团队"（兔子不是食草动物吗？怎么没有被保护呢？哈哈）略有斩获，食肉动物们实在是太过狡猾，这当然不能怪他们无能了。

行业分析师们的日子也是苦乐不均。研究蜘蛛网的，研究禽流感的，研究野猪的，都发大了；研究破铜烂铁的，研究抢银行的，研究博彩公司的，都混得灰头土面，差点三餐不继，只能靠写诗、编段子以及参加各类摄影比赛，赚点零钱，以补贴家用。

好在有这个"新财福最牛分析师"

评选活动，让大家有了一次走秀的机会。泰国的娱乐业竞争激烈，搵食艰难，选上个"头牌"，老板自然会增加出台费，再不跻第二、第三，也可保住饭碗，吃香喝辣。如果榜上无名，就有可能被贬为丫鬟，给人端茶倒水。没办法，活着就是一场战争，灵魂和肉体，总会有一个在路上！

这个泰国证券市场的分析师评比活动，其实是我昨晚做的一个梦，在进入这个梦境之前，我正在读一本有关行为金融学的书，也确实在思考几个跟证券分析师有关的小问题：

第一，A股投资者到底需不需要如此庞杂的投资资讯？过度的信息对投资行为的结果为何是有害的？投资者如何构筑堤坝防止被信息洪流所淹没？

第二，A股的分析师价值何在？如何评价分析师的专业水平？

第三，投资者应该信任专业研究报告吗？如何恰到好处地运用研究报告中有价值的信息？

如何阻挡过度信息的洪流

不得不承认，如果不加以控制的话，我们早就被四周泛滥的信息洪水淹没了。这些看起来价值不菲的信息，有时还不如一捧爆米花来得有用，它们除了让你的眼睛变得更近视或者更老花之外，就是让你真正要做出一个决策的时候更加莫衷一是，无法定夺。

投资者常常用直观判断式思维来应对复杂的市场环境，表征性是信息处理的一种策略，有助于投资者快速得出但不一定是最优的操作方案。当被过度信息所淹没或者没有时间来充分处理信息的情况下，投资者就会用到直观判断式思维，据研究表明，投资者在同一时间能够恰到好处地加以处理的信息上限是七条信息。

信息对于散户和直觉交易者其实是无效的，因为他最后采取行动的时候，还是出自他的天性与本能，跟有没有这类信息关系不大。

想起一个土豪征婚的段子。

前几年，土豪们时兴大张旗鼓地征婚，都是宣称不仅只看样貌身材，更注重品格与智慧，搞得跟选美比赛似的。

有个富豪花费百万全国征婚，从上万名佳丽中经过多轮选拔，最终有三位进入决赛。

为了考察这三位佳丽的智慧与品味，以便优中选优，该土豪亲自出了一道测试题：给每人1000元钱，要求各自发挥自己的奇思妙想，将一间同样大小的卧室"填满"。

第一位佳丽买来1000个气球，直接就把房间塞满了。

第二位佳丽买来100朵玫瑰花，把房间布置得浪漫温馨，她宣称用玫瑰花的香味把房间填满了。

第三位佳丽买来10支精美的蜡烛，她用温暖的烛光，把房间填满了。

土豪认真地看过每一个房间，然后，做出了最终的选择。

他选择了三人中胸脯最大的！

折腾了半天，土豪作出的决定还是根据他的直觉，佳丽的胸脯大小之外的信息，对他而言是基本无用的。

所以，我们经常会看到这样的一种情形：交易者在精心研究美国何时加息、热烈讨论着国内经济形势如何变化、晚上忙着读海量的研究报告、周末一家接着一家地忙着调研上市公司……然后，他会到处打听有什么内幕消息！实际做交易的时候，他看的还是盘面热点和资金流向，看见环保股拉升就追环保股，看到资金流入新能源板块就赶紧追新能源，看见券商股猛涨就追券商股……

过度信息对普通投资者来说，不仅无益，反而有害。A股市场，无论是大盘还是个股，对信息的反应大体就是：利好出来就成利空，利空出来却成利好，跟着消息炒股票，会死得很惨！

究其原因，A股市场的信息是完全不对称的，如果股价运动已经包含了某类信息，那么，当普通投资者获得这些信息时就是滞后的旧闻，如果依据这类滞后信息采取交易行动，那只是对股价的一种错误的扰动。

我们看到，A股的许多股谚是值得玩味的。比如说"买谣言，沽事实！"，比如说"利好兑现是利空，利空兑现是利好"，再比如"宁买当头起，不买当头跌"。我们看到，2015年几乎每一次的降息降准都会带来一次高开低走甚至于暴跌，个股也是一样，重大利好消息在披露之前，股价暴涨一轮，利好一公布，立马见光死。可见，好消息坏消息，常常得反着看！

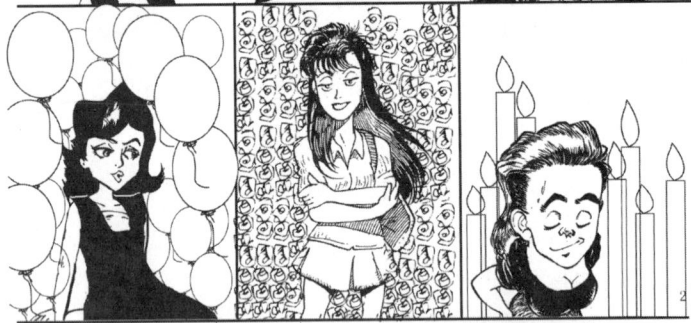

我们经常会看到这样的一种情形：交易者在精心研究美国何时加息、热烈讨论着国内经济形势如何变化、晚上忙着读海量的研究报告、周末一家接着一家地忙着调研上市公司……然后，他会到处打听有什么内幕消息！实际做交易的时候，他看的还是盘面热点和资金流向，看见环保股拉升就追环保股，看到资金流入新能源板块就赶紧追新能源，看见券商股猛涨就追券商股……

关于过度信息的危害，可以归纳为以下几点：

第一，金融市场以许多假设为前提的预测，只能被证伪，而无法被证实，也就说，我们接收到的许多资讯和研究报告其实只是一堆信息垃圾。

备受国人推崇的投资大师索罗斯，很早之前就从理论高度提出了"测不准"这个定律。他从卡尔·波普的证伪主义以及哈耶克的《感觉的秩序》和《科学的反革命》中受到启发，构建了"反身性"这一金融市场原理的理论基础。证伪主义可以说是认识论上的一次革命，它认为所有的科学知识都是等待被证伪的，很多现在看来不容置疑的所谓真理，也许只是未来的谬论而已。索罗斯据此提出"科学命题不能被证实，只可以被证伪"这一结论。

第二，A股市场的诸多专业研究人员基本上都是标准金融学的信徒，他们假设市场是有效的，投资者是理性的。与这些假设条件南辕北辙，A股市场却是一个无效市场，正如我们所看到的，这里也不存在所谓的理性人，从机构到散户，鲜有耐得住寂寞的理性投资者。这就好比我们需要假设树上的鸟儿都是不会飞的笨鸟，然后提出了一整套捕鸟的方案。正是因为参与者的决策并非基于客观的条件，而是对条件的解释，所以金融市场在本质上是充满不确定的。

第三，投资者对信息是选择性相信的，即容易认同符合自己口味的信息，相信对自己持有股票有利的信息，并且过滤掉对自己不利的信息。

第四，公开信息与内幕消息。必须承认它对股价有重大影响。内幕消息是许多投资者梦寐以求的东西，因为它存在显而易见的套利机会。当它成为公开信息之前，买入者如果潜伏其中，公布时一般会获得巨大的收益。然而，内幕消息不仅是普通散户所无法获取的，即使你有机会获得，但是，也是违法行为。

大牌分析师是怎样影响市场的

什么是大牌分析师？这个问题确实不好回答，是名气大的？还是蒙得准的？是口才好的？还是文笔骚的？

同样一个B，往北走（找着北了）就是NB，往南走（没找着北）就成SB！

可是，没有人总是往北走呀！

因为，证券投资分析并不是一门科学，更接近一门艺术，所以，大牌与否，最由"观众"（投资者）决定。

股票价格如何运行既取决于上市公司的质地即基本面，也取决于人们的偏见即怎么看待这家上市公司的基本面。

有些分析师的本领就在于，你给他一个柠檬，他可以弄杯苹果汁来！

而大众的心理就是爱喜鹊恨乌鸦，爱听顺耳的好话，不爱听逆耳之言。显然，算命先生是深谙此中真意的，尽挑些升官发财长命富贵之类的吉言，说得信众心花怒放，心甘情愿大掏腰包，于是，算命先生的吉利话就得以卖了个好价钱。

上世纪80年代，使用B超检测胎儿性别受到严格控制，广东人重男轻女的观念根深蒂固，听说香港黄大仙附近，有位算命佬以一眼便可看出孕妇怀的是男是女的特异功能而闻名，人称"包生仔"，传得神乎其神。于是广东同胞纷纷前去问询。

"包生仔"大师对每一个问询者只远远望一眼，马上就肯定地给出结论：恭喜你们，前世积德，是个男孩！于是，每个问询者都兴高采烈地回去了。

每个后来如愿生下了男孩的都会带上礼金去感谢"包生仔"大师。

当然，那些生下女孩子的父母只恨自己"命不好"，哪里还敢去再问"包生仔"呢？这样一来，"包生仔"大师就成了活神仙。

海森堡的量子力学揭示出量子粒子的质量和速度不可能同时得到精确测量这一现象，其原因在于测量行为干扰了测量对象，在这种情况下，不确定因素是由外部观察者引入的。

事实证明，没有人能完全正确地认识金融市场，更不要说精确地进行"测量"了。任何貌似正确的预测都只能是瞎蒙，它还须接受反驳和证伪。投资的过程就是不断提出猜想并让市场验证和反驳的过程，在这个过程中，所谓用科学命题去决策的说法都是在忽悠散户。

有人会说，这个市场时不时会冒出一个两个特牛逼的分析师，唱多市场就涨，唱空市场就跌，那不就可以证明市场趋势是可以提前预判的吗？

为了便于理解，程大爷再讲个印第安人的小故事。

某年深秋，气象台的专家路过一个印第安人部落，发现很多印第安人在忙着准备过冬的柴火，顺便问了一下其中的一个印第安人为何要打柴火，这个人随便回答了一句，可能今年冬天会更冷吧？

于是，气象台发布一条气象预测：今年冬天将会异常寒冷！

这个部落的印第安人听到气象预报以后，纷纷出动，捡拾更多的柴火，

有个印第安人忍不住好奇地打电话给气象台的专家，问他们怎么知道今年冬天会特别冷呢？

专家回答他说，难道你没有看见印第安人捡拾的柴火比往年更多吗？

金融市场的预测，普遍存在一种所谓的分析师"预言自我印证"的现象。用索罗斯的"反身性"理论的说法，就是投资者的交易行为是他们认知（**这里主要来源大牌分析师的预测**）的函数，而分析师的预测，又是证券投资者交易行为的函数。

大牌分析师预测未来大盘（也可以是个股）会涨或跌至某个未知的位置，他的观点足够有影响力，于是市场会趋向他预测的方向与高度，这又反过来作用于分析师的影响力。

在索罗斯眼里，金融市场本质上是不确定的，只有这种不确定是根本性的，任何看法都可能错，任何错误都可能发生，它们本质上也就是风险。

然而，A股分析师更多倾向于坚决肯定地看多，行业分析师则喜欢给予个股高得离谱的估值，他们深知唱多受欢迎，唱空挨板砖的行业潜规则。

于是，有一类分析师永远只坚定不移地看多，在他们的眼里，所有的事物都只有一面：即正面！

客观认识证券分析师的作用

第一，证券分析师不是先知，并不是为投资者提高投资收益而存在的。在A股市场，专业水平与投资收益之间并不正相关，即使是在华尔街，专家也并非赢家。索罗斯认为，不可能经由归纳法则概括出赢取超额利润的一般方法，

假如存在，那么掌握了这一方法的投资者理论上都可以做到赢家通吃，若如此，金融市场就将不复存在了。归纳法是典型的累积式的认识论，它违反了从猜想到反驳的证伪原则。

所以，分析师的预测，掺杂了他们自身的偏见，从研究报告中，我们可以看到每个研究者的信仰、价值观、立场、思维方式的差异。

第二，分析师的预测准确率更多取决于他的影响力，即他能够"忽悠"参与其"预测事项"资金量的大小。金融市场的参与者和量子力学原理一样，参与者的思维会影响金融市场本身，因此，股价的走势不再是独立的运动，而是与参与者的思维发生反复的共振，即呈现出反身性。分析师"忽悠"资金参与，资金反过来"验证"分析师的预测。

股票市场天生就存在着反身性，分析师的观点必然影响到股价，进而让股价不再独立，分析师的认知和被认知对象（股票）互相影响，股价的走势影响分析师的预测，分析师的预测反过来也影响股价走势，它们永不均衡，相互动推，形成一系列连环反馈。

任何简单的只研究股价本身而不顾参与者偏见的分析方法都是错误的。当然，那些即使是认识错误的预测，只要分析师有足够强大的影响力，它依然会"自我实现"。在今年上半年疯狂的牛市行情中，由于分析师的"忽悠"，有的股票价格泡沫巨大但投资者仍然蜂拥而入，第三季度股灾之后，大量股票价格低得可怜但仍然乏人问津，就是鲜明的例子。

第三，证券分析师存在于股票市场，类似于"牧师"存在于教堂。尽管分析师并不能显著改善投资者的盈利水平，但他们仍然可以起到传播知识，教育散户，抚慰心灵的作用。从这个意义上看，分析师的存在是合理的。当然，有梦想的分析师不会满足于只是抚慰心灵，他还需要扩大自己的影响力，最好顺便赚点钱。改变物质结构的意念当然是伪科学的，但是，改变市场结构的主流偏见有时候就可以赚到大钱。

这不，股灾眼看就要成为过去式了，牛市来不来还未定，大牌分析师们就已经在争夺击毙熊市的头功了。

对此场面，投资者可以继续持看客心态。

还是回到我的泰国证券市场的梦境中吧：

那一年，82岁的老教授娶了28岁的学生为妻。有一天，老教授肾虚去看医生，医生建议说，您毕竟年纪大了，啥事都要悠着点，毕竟不比年轻人了。

老教授一听医生劝自己要服老，就颇为不悦。反驳医生说，你说我老了，可是，我都让我的妻子怀孕了，难道还不能证明自己老而弥坚吗？

医生说，老先生别急，且听我讲个故事——

从前有个百发百中的猎人，有天早起去打猎，出门时错拿了一把雨伞当猎枪，刚刚走进山林，突然遇到一头大黑熊朝自己冲过来，猎人情急之下举起雨伞瞄准黑熊，只听"呼"的一声，黑熊被击毙了！

老教授大声说道，这不可能！一定是别人开的枪！

医生说，老先生，这就对了！

那么，是谁开枪击毙了大黑熊？

我再次从梦中惊醒：大黑熊不是被击毙的，他是被四周举起来的无数把雨伞吓死的！

散户身边的野蛮人

直到有一天，有一群野蛮人来到了股市，他们把所有"人类"都当成了对手盘，刷刷刷刷，使的是无影割草机，割"韭菜"如风卷残云。这群野蛮人就是金融市场的人工智能交易系统或曰机器人。

人工智能发展到现在，几乎已经颠覆了我们既有的认知模式，我们越发看不到它的边界与极限在哪儿，甚至有人担心，有朝一日人类会不会被自己制造出来的机器人所控制呢？当然，那是太遥远的未来，我们没必要去操这个心。

我们谈谈眼下吧。无论你喜欢还是不喜欢，机器人已经登堂入室，成为我们日常工作与生活的一部分了，就连规格很高的2015年世界机器人大会近日也跑来北京开了，习近平主席还向会议发来贺信，指出以机器人科技为代表的智能产业蓬勃兴起，成为现代科技创新的一个重要标志。

这也显示出中国已经在国家层面将机器人和智能制造纳入了科技创新的优先重点领域。事实上，在这之前，中国已经连续两年成为全球最大的工业机器人市场。2014年，中国工业机器人保有量占到全球的四分之一。不仅如此，机器人已经开始从工业领域走向服务领域，深度"介入"国人生活的现实与未来。

股票市场上关于机器人的概念炒作，似乎从未停歇，隔三岔五就来上一波，火热程度堪比互联网+，据说是机构投资者必配的方向性资产，永远给予人无限想象。

其实，人工智能早就"入侵"了资本市场，只是普通投资者也许并未意识到，自己的交易对手，可能就是隐藏在电脑屏幕背后的各式程序化交易系统。

A股市场是一个典型的散户型市场，投机炒作是其鲜明特征。

在这里边，机构（包括可以操纵市场的所谓庄家）与散户长年在玩着"躲猫猫"游戏，整体而言，机构与散户的交易互为对手盘，散户总在幻想着追寻机构的脚步，而机构则想方设法诱导甚至于"猎杀"散户，由于长年被庄家坑蒙拐骗，只有奉献鲜有收获，A股市场的散户们赢得了"韭菜族"的美名。

当然，并不是所有庄家的对手盘都是散户，也不是所有的散户都是韭菜，比如以博取差价为主的民间高手们，多以短线操作为主，于是形容某人反应敏捷，多喻之为"快枪"或者"飞刀"，总之就是出手快、准、狠，这类人一直是江湖上的传说。

直到有一天，有一群野蛮人来到了股市，他们把所有"人类"都当成了对手盘，刷刷刷刷，使的是无影割草机，割"韭菜"如风卷残云。这群野蛮人就是金融市场的人工智能交易系统或曰机器人。

计算机算法交易一出，不太遥远的未来，我们的短线高手们怕是只得退避三舍，不敢接招了。

做空人类，做多机器人

我能想到的一个场景是这样子的：身怀绝技的小李飞刀，遭遇对手，伸手摸刀，一架无人机只用了0.03秒就朝他发射了一枚导弹……

我原本只想到AK47的，但是，当我在网上读到两个俄罗斯人以680万本金在A股（准确地说，应该是在股指期货市场上）三年狂赚了20亿 的新闻时，被强烈地震撼到了，跟无人机发射的导弹相比，AK47就只能拿来做拨火棍了。

这个年化收益率是多少呢？我算术不好，用计算器算了好几遍也没算出来。

可怜的小李飞刀，我们心目中一年N倍的短线高手，再怎么神乎其技，也没法在一秒钟之内飞出31枚快刀吧？唉，只得眼睁睁看着英雄总被雨打风吹去，一般高手，就更加不足挂齿了。

一家名为伊世顿国际贸易有限公司（下称伊世顿），骨干也就两个人，扎亚为伊世顿公司法定代表人，安东负责技术管理。他们以该公司掩护在中国参与股指期货交易，三年来非法获利高达20多亿元人民币，而用于犯罪的本金只有680万，如此惊人的收益率让人叹为观止，同样感到疑惑的是，他们是怎么做到的？

安东及其境外技术团队设计研发出一套高频程序化交易软件，远程植入伊世顿公司托管在中国金融期货交易所的服务器，以此操控、管理伊世顿账户组，通过高频程序化交易软件自动批量下单、快速下单，申报价格明显偏离市场最新价格，实现包括自买自卖在内的大量交易，其平均下单速度达每0.03秒一笔，一秒内最多下单达31笔。据交易所统计，仅2015年6月初至7月初，一个月时间，该公司账户组净盈利就达5亿余元人民币。

除了惊人的收益率，我们还被0.03秒一笔的下单速度吓了一跳，小李飞刀的速度再怎么快，也绝无可能快到这样的程度。人脑与电脑比速度，这不是开玩笑吧？

撇开伊世顿公司所涉操纵市场的犯罪行为这个因素，纯粹从交易的策略与效率以及它所取得的惊人收益率来看，这种电脑程序化的交易方式，是金融市场电脑正在试图"打败"人脑的一个佐证。

当然，也有人会认为，交易过程中"电脑"之所以如此强大，还不是因为它背后的"人脑"在操纵？

可是，随着技术的飞速发展，未来机器人开始拥有了思考能力，或许还会有创造能力，在交易过程，他不受情绪的影响，拥有严格的纪律性和冷酷的执行力，而这正是一个普通投资者所无法克服的人性弱点。

地球人可能拦不住机器人

计算机算法交易正在颠覆资产管理领域既有的交易模式，当然，这个过程也出现了许多新问题，特别是对现有法规的冲击。

美国联邦法院刚刚裁定了一项通过高频交易，进行交易欺诈以及幌骗的案件，法院认定交易员迈克尔·科斯夏商品交易欺诈以及幌骗罪名成立，这是美国也是全球针对这种违法交易行为的首宗刑事起诉。

高频交易，在国内外资本市场早已不是什么新鲜事物，高频交易在近十年已逐渐成长为全球ETF及金融衍生品领域的主要力量。据美国战略咨询公司Tabb Group的数据显示，2015年8月高频交易股占美股交易量高峰可达49%。而

直到有一天，有一群野蛮人来到了股市，他们把所有"人类"都当成了对手盘，刷刷刷刷，使的是无影割草机，割"韭菜"如风卷残云。这群野蛮人就是金融市场的人工智能交易系统或曰机器人。

韭菜族们，别想赢我，我可是程序化交易系统化身

在2009年，这个比例甚至高达61%。

高频交易本身并不是罪，不过它却很容易成为交易欺诈以及幌骗者的作案手段。那么，迈克尔·科斯夏又是如果利用高频交易进行交易欺诈的呢？根据检方的指控，他于2011年在期货市场挂出大量买卖单，而事实上这些买卖单他从来没有打算执行。检方指控，他在三个月的时间里通过"诱饵调包阴谋"非法获利140万美元。

高频交易需要有强大的计算机系统和复杂的运算程序，要投入大量的资金、技术和人力资源，去争取千分之一秒的优势。如果从纯技术面观察，伊世顿确实是高手中的高手。

然而，对于普通投资者来说，这不是什么好消息，市场交易好比是拼刺刀，你端着刀冲上去了，可对手突然架起了重机枪。由于程序化高频交易的这种特性，使其成为掠夺财富的最佳工具，但这种掠夺的特性决定了其只能是游走在法律边缘，尽管能带来巨大利益，但是，一不留神就会触发法律的禁区。

高频交易并不是散户们能玩的游戏。据说，华尔街的高频交易公司程序员们大多都来自俄罗斯，而分析他们的专业可以发现，几乎都来自电信、物理、药物研究、大学数学系等领域。

伊世顿案中的两名主要犯罪嫌疑人扎亚、安东都毕业于莫斯科大学数学力学系，而这里也被称为高频交易、算法攻击的圣殿。

这些俄罗斯的高频交易员甚至已经能够影响到国家关系，美国政府就声称，俄罗斯试图利益高频交易摧毁美国金融市场。美国联邦调查局（FBI）就声称三名俄罗斯外交官建立了一个间谍网络，重点关注美国对俄制裁的影响和飞机制造商交易等线索，希望通过使用高频交易来摧毁市场。

当然，我们也应该看到，不当高频交易的法律风险正在增加。以往，还没有任何案件以美国商品交易法案中的"幌骗"罪名进行刑事定罪。无疑，在此案之后，美国的高频交易者将会意识到因不当高频交易行为不仅会面临民事责任，还有可能因刑事责任而入狱。

可以预料的是，美国乃至全球对高频交易监管将会加强。此案件的定罪意味着美国认识到不当高频交易对于市场秩序的破坏性，向全球金融监管层传递了增强高频交易监管的信号。

然而，对计算机算法交易的大趋势来说，几单违规操作案件被曝光，仍然还是前进中的小波折。趋势的力量是可怕的，它会被一些事件扰乱，但不会就此改变它的方向。

巴菲特也需要机器人投顾

互联网风潮正在全面席卷整个金融业，当然其中也包括传统金融巨头早已深耕多年财富管理板块。实际上在该领域，其服务模式一直随着新技术的出现持续发生变革，而近年来一种以自动化、计算机算法为基础的"机器人投顾"，在以北美为代表的发达国家市场迅速发展，并逐渐被越来越多的投资人所接受，尤其是在互联网环境中成长起来的年轻一代。

现有的机器人投顾主要是一种在线财富管理服务，具体指根据现代资产组合理论，结合个人投资者的具体风险偏好与理财目标，通过后台算法与用户友好型界面相结合，组建投资证券组合，并持续跟踪市场变化，在这些资产偏离目标配置时对其进行再平衡。

虽然经过几年的高速发展，机器人投顾所管理的资产到2015年底估计能达到500亿至600亿美元，也只是占到美国近20万亿美元理财市场极小的一部分。而就是这点变化已然触动到华尔街传统财富管理巨头的神经，因为机器人投顾很可能会给金融行业带来革命性的影响。

根据日前花旗集团发布最新研究报告称，在未来十年时间里，机器人投顾管理下的资产将会呈现出指数级增长的势头，总额将达到5万亿美元。

数据显示，沪深两市有超过2亿户股票账户，绝大多数散户却并不具备专业的股票投资技术和知识。如何从海量的散户身上挣到钱，是金融服务领域的猎食们朝思暮想的问题。

不久前，深圳一家互联网公司也推出了颇具中国特色的机器人投顾，号称将让80%的中小投资获取投资顾问的专业服务。业内人士分析，基于量化投资建立的投资决策平台切入进行互联网金融创新，无疑瞄准互联网投资理财这块巨大的市场蛋糕。这家公司的宣传单上写着，将移动互联网、云计算、金融大数据、量化投资等技术相结合打造的机器人投顾，可以搭建一个线上与线下联结的一站式股票投资决策平台。以"互联网+金融大数据"模式，助力券商互联网化。

从目前来看，依托大数据和类淘宝模式，这种"互联网+金融大数据"的机器人投顾服务确实达到了金融功能分解并精细化的效果。因此，金融市场的权威人士预言，在未来五到十年里，几乎每一位投资者都会或多或少地利用机器人投顾，连巴菲特这样的价值投资大师也不可能置身事外。

与美国版的机器人投顾不同，适应了中国国情的机器人投顾，显然是准备继续为投机炒作服务的。比如，它可以每晚告知下一交易日的操作要点，根据用户的资金量给出个性化的选股计划，精细到买什么、何时买，买多少、何时卖、卖多少等方方面面。中国版的机器人投顾还推出了有中国特色的服务产品，包括懒人炒股、解套专家、每日黑马等应用场景。有人在现场体验了懒人炒股，用户输入用来投资的资金，然后选择机器人操作模式，输入至少3只股票，点击保存就形成一个组合计划。机器人就会自动计算买卖点，在每天19：00点左右，给出次日交易计划。

机器人投顾真的会表现得比人类更好吗？这确实是一个颇富争论的话题，当初电子商务出现的时候，人们质疑过，数码相机出现的时候，人们也有同样的疑惑，然而，不容置疑的事实是，机器人投顾已经表现出某些方面的强大优势，应用上很可能会迅速增加，达到相当的量级，旗下资产规模越来越大。假以时日，他们的行为就会对市场产生重大影响。

去炒股吧，他带上你，你带上钱

电影《教父》中有句经典台词：永远不要恨你的敌人，因为这会影响你的判断力。尽管我们领教了计算机算法系统主导下的量化交易对散户们的野蛮掠夺，然而，还是不要去"恨"他们。

既然无法拒绝机器人"闯入"我们的投资世界，那么，就需要做好接纳他们的准备。任何时候都不要低估了机器人投顾的能量，高净值人群或许还会选择量身定制的机器人投顾，就像他们的时装大多也是定制的一样。然而，绝大多数的散户，还是只能接受批量生产的机器人投顾提供的服务。

不过，当一个市场百分之五十以上的交易比重被控制在机器人投顾而非人类手中时，这个市场实际上会变成另外一个市场——一个人类既感到新奇又觉得"陌生"的市场。我们已经见识了计算机算法系统管理的量化交易者给一些市场带来的震撼性冲击。机器人顾问的影响还会更大，因为他们还在不断进化，可见的未来他们还会获得思维能力，尤其不可忽视的是，他们很可能会控制更多资金，并且深刻地影响金融市场的变化。归纳总结一下，机器人投顾对金融市场的未来将会带来以下几个方面的变化：

第一，未来金融市场的博弈，从人类之间的双向对手盘演变成人类之间、人类与机器人、机器人与机器人之间的多边型对手盘。

第二，金融市场的波动幅度将会逐渐被烫平，因为机器没有人类那样丰富复杂的情绪波动，不会在恐惧与贪婪之间摇摆不定。不过，有人会认为计算机算法交易策略其实是加大了股价的波动，这是因为，这些程序在创建时就是以捕捉短期价差为目标的，常常都以秒甚至更小的单位来计量时间，但是，如果大多数的交易策略都是运算法则的产物，都以剪羊毛为获利方式，那么，波动幅度将会缩小到没有羊毛可剪的地步，市场的波动就会不断弱化。

第三，交易不再是一种简单的多空游戏，而是一门复杂的技术活，散户逐渐消失，市场对数据和信息的快速处理等统计分析能力的要求将会不断提高，即使是专业投资者如果不借助机器人都可能无法完成工作。

第四，股票市场的换手率将会日趋降低，无论是跨期套利、跨市场套利还是跨品种套利的机会都会慢慢枯竭，大多数投资策略会趋向长期持有，市场的流动性趋于平淡。

第五，假定人民币国际化取得实质性进展，A股纳入全球新兴市场指数成为现实，那么，机器人投顾的到来，会促进国内高净值人群资产配置全球化，金融市场的全球化趋势会超预期演进。

第六，机器人投顾最先颠覆的是投机模式，即以博取价差为目的交易策略，随后，他们一定会进入价值投资领域。也就是说，价值投资的"护城河"也阻止不了机器人的入侵。价值投资者完全可以把自己的投资理念与方法"告诉"机器人，比如，让机器人学习巴菲特的财务分析方法，机器人也可以像巴菲特一样思考，选择行业和公司，还可能比价值投资者很善于择时，精准设计持有以及卖出的最佳时机。进入股市，无论投机还是投资，甚至于赌博，我相信机器人都会干得很好！

第七，纷扰喧嚣的散户时代就快结束了，当一群机器人带着我们炒股票的时候，投资会变成一件很单调很枯燥的事情，我们体验投资过程中悲喜交加的情感纠葛的机会越来越少，每个人都会得到一个与无风险收益率为中枢的相对稳定的股票投资收益率。

如果那一天真的来临，我想我们会怀念那些千股涨停又跌停的日子的。

你会吗？呵呵！

模糊的正确远胜精确的错误

如果脸皮不是足够厚的话，在策略分析师这个岗位上做得时间愈久，得抑郁症的风险就愈高。每一次市场的剧烈波动，受伤的不只是股民，分析师们的玻璃心同样碎了一地。

世界上有许多预测方法，那些历久不败的经典成功预测都有一个秘密武器，那就是模棱两可，即不可被证伪，也不可被证实。

如果脸皮不是足够厚的话，在策略分析师这个岗位上做得时间愈久，得抑郁症的风险就愈高。每一次市场的剧烈波动，受伤的不只是股民，分析师们的玻璃心同样碎了一地。

据说，在股灾肆虐的日子里，证券从业人员之间都会互发温馨提示信息，说是，如果你家里有人在做证券分析师，请你一定要多一点关怀他，不要轻易惹他生气，不要指责他没有洗碗拖地，如果发现他回到家就目光呆滞地坐在沙发上唉声叹气，请把家里的阳台玻璃门锁牢，窗户关紧，以防止各种可能的高空坠亡事件发生……

2016年刚开始，证券分析师们的日子尤为艰难，由于屡次做出与市场真实走势完全相反的预测，有一位境外大牌分析师竟然完全被逼疯了，他最后出语惊人，要求客户最好和他的投资建议反着做！也就是说，他看多时，你必须做空，他指东时你走西，他……作为一个分析师的唯一价值就是成为一个颠倒黑白的反向指标，并且，站在成功的对面。

这样彻底到连底裤都脱掉的自黑折射出内心怎样的煎熬啊？这位有着十足勇气却也无奈至极的分析师，便是摩根士丹利大名鼎鼎的首席美国股票策略分析师Adam Parker，被媒体评为"华尔街最直率、最直率的分析师"。

国内的大牌分析师好像也扛不住了，趁着颜面还没有完全扫地之前，纷纷准备急流勇退，暂且保住这残缺不全的自尊。这两天，券商策略分析领域有一条重磅新闻——新财富三届最佳策略分析师张忆东宣布让位给新人王德伦，原因是他"实在有点干不动了"。

张忆东"让贤"的消息，一石激起千层浪，接下来的日子，券商研究员中的"离职""跳槽""转行"从星星之火逐渐演变成了燎原之势。

随后，海通证券首席宏观债券分析师姜超传出即将离职的消息，安信证券研究中心总经理赵晓光也被曝出离职动向。

为了打造最优秀的研究团队，安信证券一年前从海通证券重金挖角赵晓光，委以研究中心总经理的重任，接着徐彪、赵湘怀等新财富最佳分析师也加盟了安信，最直观的成果就是2015年安信研究所来自公募基金公司的分仓收入大幅提升。

除上述分析师之外，还有包括任泽平在内的一大批知名分析师近期纷纷被传出离职消息，分析师离职潮正加速来临，这个曾经炙手可热的好工作，怎么一夜之间就变得如此狼狈不堪了呢？

不是我不明白，是世界变化快

毋庸置疑，我们正处在一个被颠覆的时代，互联网已经让许多"好生意"一夜之间难以为继了，人工智能的加速发展正在让许多"好工作"举步维艰，分析师作为曾经的信息优先者的优势在消失，非内幕信息的传递已经没有时滞了，研究报告作为信息载体的价值大打折扣。

真正令分析师感到焦虑的是机器人投顾已经登堂入室，手就快伸到分析师的饭锅里了。除了不能陪你喝咖啡，分析师能做的事情，机器人应该会做得更好。以国际象棋为例，机器人棋手已经战胜了所有的人类对手，这足以让吃脑一族感到心烦意乱。

专业投资者对分析师的依赖也在下降。他们过往最为看重的不是分析师作出的预测结论，而是他们用来推导结论的逻辑，而现在，影响市场变化的因素如此庞杂，因果关系又是如此"不讲道理"，逻辑的价值也在减弱。

互联网时代的投资者，不仅能快速地获得海量信息，而且，借助各类交易与分析软件，他们也能极为便利地建立起自己的投资决策系统。

大牌分析师借助其个人影响力制造的"预言自我实现效应"也快消失了。

一句话，以前的那些"招"都不灵了！

因为我们再也回不去了。Adam Parker在研究报告中所说的"立方体形状的行星"，是DC漫画公司出品的Bizarro World（怪诞世界）系列漫画中的一个虚构行星，一颗名叫htraE的立方形星球。从名字拼写可以看出，恰恰是Earth的反拼。正如其名，这颗星球上的所有一切都与地球相反。

这也难怪Adam Parker及其团队在研究报告中传递出一种近乎让投资者震惊到泪崩的情绪，然后迸发出如此绝望的哀号，"我们是在一个立方体形状的行星上吗？所作所为是否应该'和地球上的事相反'？所有人似乎都在反向操作。卖出上涨的，买入下跌的，持有不涨不跌的。客户只要和有意义的事（**我们的投资建议**）反着做就好，这真是个诡异的世界！"

回过头来，我们再看看张忆东自2015年6月股灾以来的系列观点，就会悲哀地发现，市场真是一点面子都不给这位新财富最佳分析师，在"专治各种不服"的中国股市，要持续地猜对市场趋势真是难于登天，在短短八个月的时间里，A股接连三次发生崩塌式的股灾，动辄千股跌停的惨景，让国内最顶尖的分析师们也目瞪口呆，在一片混乱的环境下，哪怕只是一次预测错误，都会彻底动摇分析师在买方心目中的地位。他去年底呼吁投资者"怀着悲悯的心买入"，而现在，我们只能怀着同样的悲悯看着分析师中的"老人"们不断败下阵来。

这么多年来，A股市场的策略分析师虽说江山代有才人出，然而，最多也就各领风骚三二年而已，要想年年都"押中"趋势，几无可能。他们都曾经怀抱理想主义情怀，他们让我时常想起堂吉诃德。

事实上，我这会儿就如塞万提斯附体，瞎想，阿伦索·吉哈达，一个乡坤，他读骑士小说入了迷，自己也想仿效骑士出外游侠。他从家传的古物中，找出一副破烂的盔甲，自己取名堂·吉诃德，又物色了一位仆人桑丘和一个挤奶姑娘，取名杜尔西尼娅，作为自己终生为之效劳的意中人。然后骑上一匹瘦马，离家出走。堂吉诃德把风车看作巨人，把羊群当作敌军，把苦役犯当作受害的骑士，把酒囊当作巨人头……他最后一次到家后即卧床不起，临终才明白过来。

如果把"风车"置换成"趋势"，分析师就是金融市场的堂吉诃德，这是一个魔幻世界，骑士精神永远追不上残酷的理想。

模糊的正确远胜精确的错误

世界上有许多预测方法，那些历久不败的经典成功预测都有一个秘密武器，那就是模棱两可，即不可被证伪，也不可被证实。

特尔斐神谕可以说是所有市场行情预测者的鼻祖，2000多年来，这个古老而又神秘的预测方法，不仅支配着古希腊所有重要事务，它同时也统治着古代人和现代人的想象力，直至今日，它仍然在形形色色的预测家和他们五花八门的策略中出现，从低级的占星术到美联储主席耶伦对世界经济前景的看法，或许都可以看到它的影子。

希腊神话中，宙斯释放了两只雄鹰并且让它们朝着相反的方向飞行，这两只雄鹰相遇的地方象征着地球的中心，结果两只雄鹰相遇在特尔斐。特尔斐神谕一直以来都是人们向往的预言圣地，每当面临个人或者民族的重大选择之时，人们就去求助于神谕，以期得到启发。在古希腊，许多重大事件的发生都得到了神谕的指引。例如，早期希腊移民小亚细亚建立的以佛所古城就是听从特尔斐神谕在土耳其西海岸找到的移居地，而阿伽门农得到了"只有杀女祭天，才能保证军队顺利前进"的神谕，做出了杀死自己女儿的残酷决定，然后，征战十年，最终从特络伊凯旋。

传说古代希腊人做预测是靠神使的灵感或先见之明。经过近代科学考证，特尔菲中心的地下有断层经过神庙，化学气体从裂缝中进入神谕所的密室，使得坐在神圣三脚祭坛上与阿波罗进行沟通的皮提亚精神恍惚，其所传达的神谕就变成了凡人处于昏迷边缘的胡言乱语。

特尔斐神谕的预测流程颇有讲究，数千年来始终保持着神秘面纱。特尔斐中心是多利安式的阿波罗神庙，是皮提亚女神使的安身之所。神谕咨询者祭献完毕，进入里面的祭坛，通过祭祀人员把要咨询的问题转给在密室里的皮提亚，于是，咨询者就听到皮提亚语无伦次、含糊不清的咿咿呀呀声，但无法看见她，来自皮提亚的这些咿咿呀呀声被理解为阿波罗的旨意，然后，祭祀人员再把这些话当作预言传给神谕的咨询者。

特尔斐神谕以晦涩难懂、含义模糊著称。历史上曾经有个国王打算征讨另一个国家，他从特尔斐得到的神谕说，如果他的军队渡过这条河，那么，一定会摧毁一个王国。得到神谕的启发后，这位国王就统领他的大军打过河去，结果，被打得落花流水，他自己的王国被敌人摧毁了。只身逃出的国王跑去责问特尔斐神谕的祭祀人员，却遭到羞辱，人家的回答特别有意思：特尔斐神谕只是说会有一个王国被摧毁，但没说被毁灭的是哪个王国，你凭什么认定被摧毁的是别人的王国呢？

很多人慕名而来，但是要等待多日才有机会获得神谕。当这些咨询者住在特尔斐时，祭祀机构就会派耳目打探神谕咨询者的身世，做到有的放矢，保证神谕预测的准确性，就像现代占卜者的察言观色一样。

尽管特尔斐神谕看起来就像胡言乱语，然而，必须承认特尔斐对西方文明的重大影响。苏格拉底对"没有人比苏格拉底更聪明"的特尔斐神谕有疑义，于是，他遍访知名学者、艺术家和工匠，发现都不是像他们自己认为的那样有智慧。最终苏格拉底认识到，因为他知道自己无知，所以才会被神认为最聪明。

这种认识真理从认识自己无知开始的理念推动西方哲学走向成熟。古希腊悲剧的代表作俄狄浦斯王是有关俄狄浦斯国王受太阳神神谕的诅咒杀父娶母的故事。阿波罗神谕代表不可战胜的命运，但是俄狄浦斯并不是消极地等待，而是设法摆脱了神谕预言的宿命。

费尔巴哈说："宗教的前提之一是愿望与实际之间的矛盾与对立。"古希腊人生活环境是恶劣的，大自然并没有给睿智的希腊人太多厚爱。古希腊人借助宗教来调节自己的焦虑心理，树立起坚强的生活信心，可见，宗教是古希腊人抗拒恐惧的避难所，危难时赖以支撑的精神支柱。希腊人相信命运，相信一切都是冥冥之中就已注定。神谕和占卜是希腊人获得神意的重要而普遍的途径。希腊人讲究的是理性和中庸之道，请示神谕被视为一种理性的表现。国内学者对神谕的研究都在不同程度上认识到神谕对人具有一定的心理影响作用。

几千年以来，许多人一直在努力寻找特尔斐神谕的成功秘诀。一位名叫约瑟夫·弗特伦斯的古希腊史学者潜心研究60年，把历史上证明了的神谕进行了分类，发现"命令"占了30%，"陈述"占40%，"禁令"占25%，非预测性的"未来陈述"占3%，明确的"预测"在神谕中仅出现2%，这正是神谕的成功所在。不仅仅依靠模棱两可，神谕明确预测的缺乏和证伪的困难，使得神谕的成功理所当然。

预测还是要做的，万一说准了呢

与特尔斐神谕这样存在了数千年的"预测"方法相比，股票市场中出现的种种预测方法不过是小儿科。

关于股票市场价格趋势的预测，一直以来也是争论不休。

第一个争论的焦点是，趋势是可以预测还是不可以预测。

随机漫步理论认为市场价格的变动是随机的，没有趋势可言。

索罗斯的"测不准定律"认为，正如量子力学中有关对量子的测量行为会干扰量子的质量并导致结果的测不准这一现象，金融市场中预测者（**主要是有影响力的分析师**）的预测行为本身也会干扰被预测的对象，导致结果的偏差，事实上也是测不准。

然而，技术分析和行为金融学都认同市场是有趋势的，而趋势具有惯性。也就是说，市场是可以预测的。

第二个争论的焦点是，哪种预测方法更靠谱。

关于股市的预测方法可谓五花八门，奇招迭出，互不相让。

直觉交易者完全凭感觉进行预测并交易。他的预测工具就是他的"第六感"，只可意会，不可言。

八卦型分析师观察女孩裙子的长度，说是大街上穿超短裙的美女多就表明市场情绪乐观，可以看涨；穿长裙子的女子多，表明市场情绪低落，后市看跌。其他还有看月圆月缺的，各有说辞。

当然，市场主流的分析师还是依赖基本因素分析法，近年来，由于A股的投机交易盛行，许多分析师开始兼顾技术分析法的运用。

如何才能让预测总是"靠谱"？特尔斐人的后裔保存下来的最重要的预测技巧是，做成功可能性最大的预测。

比如，关于市场趋势的预测，特尔斐神谕中可能是以一句"陈述"式的话语来表达的："市场是波动的！"这句话永远不会错吧？

再比如，"如果周末有重大政策措施出台，下周会高开！"；"假如政府不干预的话，大盘滑向2500点是大概率事件！"，永远正确的废话！

摩根士丹利华鑫首席宏观分析师章俊称，从海外回到国内从事证券分析，比较直观感受是在国外看一位分析师主要看其研究逻辑，只要逻辑make sense，不会看其短期准不准，客户不会那么苛刻。

A股以散户为主的投资者结构，会使得客户无法给卖方分析师一个较长的时间，去检测其研究观点是否正确，相对比较短视些。中国的卖方分析师相对压力较大，也常会遇到研究观点"被打脸"的情形，因为有些真正有价值的观点还未得到充足时间去证明。

可是，最近美国股市也面临一个非典型的问题：美元升息了，美元却在贬值；就业形势好了，经济形势却差了。这些都是标准金融学所无法解释的现象。

在这个加速的时代，再也见不到"一招鲜，吃遍天"的慢时光了。分析师的局限性是显而易见的，因为全球金融市场正在发生变迁，分析师们的知识结构、思维习惯、分析模型其实都在面临严峻的考验。

从市值来看，A股已然是全球第二大市场了，从股民人数来说，A股已经突破了1亿，绝对是全球股民人数最多的国家而且没有之一。

所以，在股民人数最多的国家，没有策略分析师是不可想象的。涨时人人都是股神，下跌特别是在千股跌停时，成千上万的投资者惊慌失措，他们需要知道今日暴跌是什么利空消息造成的。这个时候，还是要有分析师撰文《今日下跌六大主因》之类，以抚慰投资者的心。

　　当然，在A股市场，娱乐精神是必不可少的，如果没有《和尚，你又在跟哪个女人纠缠》《你妈是你妈，你大爷不是你大爷》之类的研究报告的出台，如果没有李大霄这样的股市"网红"和他的"地球顶""婴儿底"及"婴儿底二胎"……仅靠几个段子，能撑起股市娱乐的半边天吗？

　　"今年股市会涨还是会跌啊？"当有人向你问询股市行情时，你可以口中咀嚼圣月桂树的叶子（找不到叶子的话，咀嚼绿箭口香糖也可以。），然后，拿来一瓶农夫山泉一饮而尽，唱一首记不清歌词的英文歌（不懂英文可以用红歌代替。），再然后，用广东普通话回答他：

　　"当一只山羊跑来时，你将会受到保护！"

你一点都不关心我，当了这久女朋友，一点股市行情都不给我说，我要跟你分手！

当一只山羊跑来时，你将会受到保护！

"今年股市会涨还是会跌啊？"当有人向你问询股市行情时，你可以口中咀嚼垂月桂树的叶子，然后，拿来一瓶农夫山泉一饮而尽，唱一首记不清歌词的英文歌，再然后，用广东普通话回答他："当一只山羊跑来时，你将会受到保护！"

缺失敬畏的所谓成功都是无趣的

技术上可以做到的事情，不一定都要去做，如果不能增加人类社会的福祉，特别是挖空心思制造更多更好的"工具"就是为了打败人类，这就有点"炫技"的嫌疑了。

人情似纸张张薄，世事如棋局局新。古人这话，说得很合时宜。

时宜正是一盘棋，端坐于两端的分别是人和机器人，观棋的据说是全世界的目光。

不管懂不懂围棋，反正国内观众的兴奋劲儿堪比围观好莱坞大片。

这其中当然少不了咱广大的股民朋友了，事实上，为了一次科学技术的迅猛进步而激动得夜不能寐，这不是第一次，当然也不可能是最后一次，就在今年春节期间，引力波带来的喧嚣还余音袅袅呢。

从类似的事件中，我们可以看到股民们的视野已经变得开阔起来了，跨学科跨国界的步伐迈得有点快，关心的问题，赫然已经跳出了传统产业的范畴，投向更加广阔的领域，比如引力波引发了大家对空间物理的浓厚兴趣，从而带来有关引力波概念股的联想；比如李世石与阿尔化狗的人机对弈，又引爆了人工智能发展的无限狂想，机器人在军事、金融、教育甚至性爱等方面的应用被绘声绘色地呈现在各类人鬼难分的漫画中，当然，相关概念股又被炒作了一把。

显然，人们的目光正在从"人"身上移开，要么仰望星空，要么俯视机器人。而愈来愈多的预言家断言，更远的未来，人是与智慧设备的结合体，人越来越理性沉静，冷酷无情，到那个时候，人类将彻底摆脱情感的干扰，甚至，不再会有人犯错了。

问题是，人类若真的战胜了人性中的一切弱点，从投资的角度，那就意味着各种套利机会的消失，所有投资成功学都宣扬摆脱人性纠缠的羁绊是成功投资的前提，当所有人都做到了，投资还有什么意义呢？

技术再发达也不可放纵，也需要尊重伦理

伯特兰·罗素曾说，这个世界最大的麻烦就是，傻瓜与狂热分子对自我如此确定，而智者的内心却总是充满了疑惑。

我们先来看看上周这场狂热的人机对弈。

代表人类的韩国围棋高手李世石与机器人棋手阿尔法狗的五局对弈，开赛前有权威机构模拟预测显示，李世石的赢率为零，这样看来，李世石的三连败就不足为奇了。至于后面无关痛痒的两局，各方看法一致，认为人类没有机会了，五连败没有任何悬念。

然而，世事无绝对。李世石就是在这样的一致性预期中赢回了一局。那天，李世石脸上露出了久违的笑容，新闻报道说，在连续三盘输给AlphaGo之后，在很多人不再对他抱太大希望的时候，李世石凭借着出色的发挥和"神来之手"击败AlphaGo，为人类的智慧挽回了一丝颜面。

第四局，李世石中盘击败AlphaGo，扳回一局。虽然1比3的比分已经无法逆转，但本局的胜利对人类来说意义重大。

这个小激动没维持几天，第五局李世石执黑中盘落败，最终将结果定格在1∶4。

谷歌这场宣传秀可以打一百分，不过，这就是一场游戏而已。有人说，如果将神经系统科学家、人工智能程序员、电脑游戏设计者、国际象棋神童这几类人的见识结合到一起，将会得到一个科技界的"银河护卫队"，也是谷歌在欧洲最大手笔收购的人工智能公司"DeepMind"。

当史蒂芬·霍金、比尔·盖茨和马斯克都在极力反对发展AI时，谷歌强势进入这个领域看起来是蠢得不能再蠢的举动。

但是英国媒体却宣称，DeepMind正矗立在AI发展的前沿，最不可能发生在这个团队身上的就是"愚蠢"。

且慢，谷歌找来这么些大神，如果只是一门生意也就罢了，如果是为了挑战人类，那不是愚蠢又是什么呢？

技术上可以做到的事情，不一定都要去做，如果不能增加人类社会的福祉，特别是挖空心思制造更多更好的"工具"就是为了打败人类，这就有点"炫技"的嫌疑了。

我不是特别清楚霍金、盖茨、马斯克这样的牛人反对发展AI的原因是否与程大爷想的一致，我只是肤浅地想到一个危险画面：有人饲养一群幼狮，开始的时候大家都感到好玩，幼狮们看起来又是那样可爱，总是以为人可以控制他们，当这群狮子长大之后，你就会感到恐惧，他们是会吃人的，一不留神，你就可能成为他们的一顿美餐！这真的好玩吗？

人们之所以对李世石扳回一局给予如此高的评价，说明从骨子里还是希望机器人可以操纵世界的那一天不要到来，人类永远是万物之灵，缺失人性的机器人，即使可以战胜一切众生的个体智慧，但是，一个冰冷的机器，输了人性，就算赢了世界又如何？

武器从大刀长矛的冷兵器时代，不断跨越到了机枪大炮，再到飞机航母，再后来，到了大规模杀伤性武器，比如核武器，如果任由发展，人类会被更先进的武器摧毁，所以，限制核武器成为国际社会的共识。

克隆技术的发展早就可以制造出克隆人了，但是，由于克隆人有违人伦，目前被各国立法所禁止。

英国科学家搞出人兽坏胎，广受质疑，一想到未来的某一天，我们在伦敦坐地铁时，一只顶着颗马头的人跟你打招呼，我就想把护照拿出来烧了。

还有，转基因食品的安全性问题。

所以说，还是要悠着点儿，人工智能同样是把双刃剑，当谷歌的科技大神们沿着阿尔法狗的路径走下去，所有竞技项目的冠军都将是机器人，如果让机器人参加奥数竞赛、猜谜语比赛、中国的高考、公务员考试……会有悬念吗？

如果让谷歌挑战人类的设想最终变成现实，机器人拥有了智慧，具备学习能力，思维能力，还拥有了人类的情感，万一，他学坏了呢？

例如，人工智能控制的算法交易模式早就侵入了金融市场，但是，从去年开始，全球金融市场动荡不安引起了各国监管部门对这种交易模式中存在的违法犯罪行为的高度关注，美国去年首次对量化交易中的"幌骗"行为进行刑事处罚，中国去年剧烈股灾中也出现了人工智能操纵股指期货的魅影，已经暴露出来的案例让人触目惊心。

机器人再先进，也只能是人类的一种工具！谷歌挑战人类的想法不仅是愚蠢的，而且，也是疯狂的。令人不安的是，有太多科技上的盲崇者，还在为这样的蠢行欢呼，失去了人性的人类，存在的意义何在呢？人类是一个整体，"不要问丧钟为谁而鸣，它也为你而鸣！"

对科技而言，有时伦理道德就像是拖住前行脚步的镣铐，而对于伦理道德来说，科技的进步似乎又带来了人伦的困扰。

研究者指出，科学伦理和科技工作者的社会责任事关整个社会的发展前途。科技伦理，这个过去非常陌生的词汇，近年来频频出现在科技类报刊和网站上。而事实，科学道德问题一直与近代科技进步形影相随。

权力再大也不能任性，还是要尊重民意

国务院总理李克强在会见采访十二届全国人大四次会议的中外记者时表示，要用群众的呼声推动和检验改革。

李克强指出，我们执政的目的是为什么？出发点和落脚点还是为了改善民生，就是要让群众对民生的呼声和要求，倒逼我们的发展，推动和检验我们的改革。

这段掷地有声的表述，说明政府在改革过程中对群众呼声的高度重视。

有一个问题长期以来一直困扰着中国资本市场的监管当局，即监管部门推出各项改革措施时是否需要考虑股市的波动？群众的呼声应该如何引导资本市场的改革与创新？

有人呼吁应回到监管本位，不以涨跌来评价监管工作的有效性，不以涨跌来论证监会主席的成败。

有人说只有加大改革力度，才能有效打击违法犯罪行为，维持市场秩序，保护广大投资者的合法权益。

假如监管部门只是负责抓坏人，而不考虑中小投资者的合法权益，那么，结果是杀敌一万，自损八千，坏人干掉了不少，股民损失更加惨重。很显然，这样的思路与李克强总理强调尊重群众呼声的要求有所不符。

让人感到欣慰的是，证监会新任主席刘士余在今年3月两会上的一段讲话表达了对投资者利益的关切，这个表态显然受到了广大股民的欢迎。随后，股市以一次久违的强劲上涨来回应刘主席释放的善意。

我国证券市场长期以来饱受诟病，2015年6月份以来发生了四次深度下跌，投资者损失惨重，信心跌至谷底。去杠杆、清理场外配资、限制期指开仓、熔断机制的推出及匆匆谢幕，这些措施也是争议不断。

关于市场剧烈波动的原因，各方看法不一。不过，市场需要更加严格的监管却是市场参与各方比较一致的看法。

刘士余主席说，老百姓买股亏钱他感到心痛。这句话赢得了广泛的点赞。

接着，他又表示，注册制不能单兵突进，证金公司短期不退出。随后，在注册制尚不具备实施条件的情况下，战略新兴产业板也不会再推出。

可以明显感觉到，市场的信心有所恢复。这一系列求真务实的新政出来后，反响是热烈。毕竟，改革还是要讲究"出牌顺序"，在市场遍体鳞伤之时，先救命再治病，显然也是顺乎民意之举。

钱再多也不可霸蛮，还是要尊重你的对手

原定3月18日复牌的万科A像是一头没有睡够的狮子，还准备继续睡下去。万科是否继续停牌以推动重组的股东大会3月17日落下帷幕，结果是皆大欢喜：由于宝能投下赞成票，这项决议以97.13%的赞成率获得通过，这意味着万科将继续停牌至6月18日，换句话说，拿着万科A的投资者，没有交易的时间至少会长达六个月，而等待他们的是一场充满变数的重组。

去年底闹得沸沸扬扬的宝万之争，因万科与深圳地铁的结盟，而给市场重新留下无数想象空间。最新消息显示，万科拟筹集400～600亿元资金，用以收购深圳地铁资产。这场资本与职业经理人之间的恩怨，因为深圳地铁这个白马

王子的插足而更加扑朔迷离。当然，观众的兴趣似乎也在退潮。

就像一部电视剧，剧情到了平淡无奇处，观众起身准备上厕所，突然又起波澜了，这回是万科的原第一大股东华润集团，我猜大约是不爽白马王子真的登堂入室了，于是醋劲大发。尽管在本次临时股东大会上，华润集团投了赞成票支持万科A继续停牌，但参与投票的华润代表会后向媒体表示，万科与深圳地铁合作公告，没有经过董事会的讨论及决议通过，是万科管理层自己做的决定。

此外，华润派驻万科的董事已经向有关监管部门反映了相关意见，要求万科经营依法合规。

看到这一幕，我不禁莞尔。作为万科的第一大股东，宝能系不断买入万科A股和H股，你一点都不紧张，只是象征性地增持了一点，直到宝能系摸到你的睡房准备把你赶下床去，你也大气不出，现在听说老王真找到白马王子，还玩牵手了，你才勃然大怒，告人家作风有问题。早干吗去了呢？

有人说宝万之争注定会在中国乃至世界企业并购史上留下浓墨重彩的一笔，并作为经典案例写入世界顶尖商学院的教科书。

我同意这个说法，不过，我更倾向于认为这是一个失败的经典案例，从中能总结出来的败笔要比亮点更多一些吧。

从一开始，市场就看到了资本的傲慢和咄咄逼人，宝能系大举买入万科股票，多次举牌，面对外界的各种猜测，宝能系均沉默是金。据说万科管理层试图沟通了解其意图，到底是财务投资呢还是直指控制权，没有个准信儿。

直到买入的比例超过华润了还在加仓，万科老王这才如梦初醒，发现宝能这是要进来当家做主的呀。

感觉被算计了，老王感觉当然不爽，甚至于有点气急败坏了，于是，跳出来指责宝能老姚，拿人家出身说事，什么宝能的信用不够呀，会降低万科的融资评级呀，明显的出身歧视嘛！

一桩并购重组，多方交恶，鸡飞狗跳，最后变成一场闹剧，这个局面有趣吗？

人活一口气，树活一张皮，如果老姚学习一下巴菲特，坦诚相待万科管理

层，没准老王他们就从了。

老王如果忍住怒火，再忍住眼泪，有话好好说，老姚不被激怒，没准还有回旋余地。

再去看看那个在企业并购的征程中一直无往不利的伟大的投资家巴菲特是如何做的。他说，在没有跟一家公司的管理层达成共识之前，他不会去强行收购这家公司。

而我们总是强调资本的意志，鼓动有钱人去做董事会门外的野蛮人，乐于围观恶意收购战中的你死我活，期待相关股票因为恶斗而非理性波动，然后，我们好坐收渔人之利。

最后，我还是要拿巴菲特说事。

巴菲特在美国一所大学举行演讲时，有一个学生问他，您认为什么样的人生才是真正的成功？

巴菲特这次没有谈到投资和财富，而是说了一段很朴实的话："其实，你们到了我这个年纪的时候就会发现，衡量自己成功的标准就是有多少人在真正关心你、爱你。"

是的，巴菲特说出的正是人生的一个秘密：真正的成功是赢得爱与尊重！一个人的成功，不能用金钱、名气、官位去衡量，而是一生之中，你善待过多少人、帮助多少人实现了自己的梦想，最终，会有多少人爱你、怀念你。

他们卖的不是"壳"，
而是"诺亚方舟"的船票

疯狂的炒"壳"行为已经令本来就投机炒作成风的A股市场变得更加扭曲，价值投资理念不幸沦为一种边缘体系，不得不说，A股市场围绕买"壳"而形成的这种利益生态是畸形的。那些疯狂的"壳"投机者们，现在看起来玩得很嗨，最终会发现，"壳"有多销魂就有多伤人啊。

在A股这样一个钱多人疯的环境里待久了，要做独立思考并保持理性冷静的人实属不易。我们对许多疯狂的事情习惯了麻木了，直至最后成为疯狂的一个分子，可是，我们内心里一直有一个会呼吸的暗伤，那就是，担心迟早会被人看出，自己其实是个傻子。

钱太多了，我们置身于一个前所未有的流动性泛滥的环境。央行近日公布的数据显示，2016年一季度人民币贷款增加4.61万亿元，预计全年信贷投放将超过15万亿元，而一季度新增的社会融资总量为6.59万亿元，是去年全部增量的43%。除了天量信贷，一季度末的货币供应量也快摸到了政策目标的"天花板"：广义货币（M2）余额144.62万亿元，同比增长13.4%，增速比去年同期高1.8个百分点；社会融资规模存量为144.75万亿元，同比增长了13.4%。

与此同时，个人财富迅速膨胀。据相关机构统计数据可知，2013-2015年中国私人财富规模的年复合增速高达21%，至2015年年末，中国个人可投资资产总额大约为110万亿元人民币，其中，高净值家庭财富占全部个人资产的41%，全年高净值人群可投资资产总额达44万亿元。未来五年，私人财富积累仍将以13%左右的年均复合增长率平稳增至196万亿元。高净值家庭数量将以11%的年复合增长率增至346万户，可投资资产超过1亿元的超高净值人群增速最快，年复合增长率可达16%，私人财富为3000万～1亿元的高净值人群，年增

A股市场围绕买"壳"而形成的这种利益生态是畸形的。那些疯狂的"壳"投机者们，现在看起来玩得很嗨，最终会发现，"壳"有多销魂就有多伤人啊。

速有望达到13%。

泛滥的资金正在流向任何"有利可图"的地方。从资管行业的口径看，截至2015年底这块的管理规模已达38万亿，这个数据超过去年我国GDP67.67万亿的一半。8.34万亿流向了公募基金、11.89万亿涌向券商资管、私募基金分5.07万亿、基金专户4.16万亿、基金子公司专户8.57万亿，期货资管0.1万亿…通过这些资管管道，3.84万亿直接投向了股市，1.51万亿买了信托计划，这其中的大部分也间接流向了股市。

快速增长的财富给人们带来了短暂的快乐之后，也带来了挥之不去的焦虑，特别是高净值人士，如何守住自己既有财富的购买力不随货币贬值变"毛"？保值增值的武器越来越少，投资成为一场逆水行舟的战役，而进攻就是最好的防御。

我的心有座灰色的监牢，关着一票黑色念头在吼叫

泛滥的资金就像泛滥的洪水，它们既是财富本身，同时也在吞噬着财富，这取决于你是在船上还是在水里。

先来说说那条著名的"船"。《创世纪》第6章到第9章记载了诺亚方舟的故事，创造世界万物的上帝耶和华见到人间充满败坏、强暴和不法等邪恶行为，于是准备用洪水消灭坏人。但是，他发现，大地上并非全部都是坏人，人类之中有一位名叫诺亚的就是一个好人。《创世纪》记载，诺亚是个义人，在当时的那个时代，诺亚堪称完人。耶和华神指示诺亚建造一艘方舟，并带着他的妻子、儿子（闪、含与雅弗）与媳妇。

据有关纪录，方舟上载着诺亚一家八口以及各种飞禽走兽，其中，不洁净动物雌雄各一对，洁净动物雌雄各七对。洪水袭来，大地全部被淹没，只有诺亚方舟上的各种生物得以幸免。等洪水过后，诺亚方舟搁浅在了阿勒山上，最后，上帝以彩虹为立约的记号，不再因人的缘故诅咒大地，并使各种生物长期存留繁衍生息。

热门电影《2012》将这条"船"的故事加以演绎，并"创造"出"船票"

这一要素，还赫然标出了船票的价格。

没有在《圣经》中记载的一段细节据说是这样的：人类为应对地球毁灭的灾难，在中国西藏秘密制造了诺亚方舟，希望挽救3万人与众多物种，延续地球生态。想登上方舟，需要支付10亿欧元的费用。

虽然世界末日的预言只是一个传说，但是，电影热映之后，在淘宝网上，却真的有人开始出售"方舟船票"。一名网友1000万元叫卖"方舟船票"反应火热，不少网友回帖询问能否打折、如何鉴别真伪，还有询问有否包含灾难后重建送指定城市户口。

从网上可以看到，"方舟船票"设计得非常精致，还打上了联合国的Logo。该店主称，"本店为联合国唯一指定大中国区网络销售点"，还有"潘基文亲笔签名"。然而，"船票"价格悬殊，电影中的"正版"方舟船票价格为10亿欧元以上，遵循"时间优先价格优先"的原则。山寨版的船票从100万到1000万元人民币不等。有人煞有介事地标注，"有了这张船票，便可以于某年某月某日中午12点登上诺亚方舟，逃离地球末日。"云云。

当时的淘宝网上有十几家店铺打出了"诺亚方舟船票预售"，其中最贵的船票一口价为99999999元，最便宜的经济舱价格仅为9元，人民币支付，不用兑换欧元，有商家还打出了团购6折的优惠。

还有卖纪念版方舟套票（定制版）的，19元包邮哦。

当然，淘宝网上的这些方舟船票纯属恶搞，当不得真。

然而，在A股市场上，最近有一种中文名为"壳"的"方舟船票"卖得异常火爆，最新票价是60亿人民币一张，程大爷算了一下，它相当于10亿欧元的8.2折，买了它，你就可以逃离据说已经见顶的美国股市或者被洪水冲毁的村庄，马上就可以登上受到"上帝"护佑的"诺亚方舟"，不用排队苦苦等待4年之久。

这个所谓的"壳"，当然只是一个比喻，它实际上就是一串上市公司的代码。2016年"两会"期间，之前被市场普遍预期很快就要推出的新股发行注册制和上交所"战兴板"出人意料地双双搁浅，中概股回归A股可以借道"战兴板"插队的"胡志明小道"就此被切断，要在A股上市，又重新回到过去的路径上来了，即要么老实排队，目前这个排着的队伍据说已经有800多家了，按照每天一家的新股发行速度，得等4年的时间；要么花钱买已经上市的A股公司的"壳"，通过一系列的资本运作，来个"鹊巢鸠占"，实现借壳上市的目的。

从全球范围来看，上市公司的"壳"也即那串代码是不值钱的，并不会比淘宝网上的"19元包邮"方舟船票更值钱，除非它是一串888888吉祥数字连号，那就私下商量。

A股市场上的"壳"公司之所以值钱，是因为它是一份包含了内涵价值和时间价值的"天价"权证，想上市而又不愿意经历漫长排队的企业，只要花高价买下这串代码就可以得到这份权证。

这份权证就是你可以在A股市场将一块钱的东西合法地卖到一百块甚至上千块的权利。

虽说A股市场炒"壳"历史由来已久，但是，像现在这样爆炒的力度，还是让人感到"疯狂"。大量的买家和卖家都在寻找"黄牛党"，现在的行市，买家急于收货，但是卖家却奇货可居，待价而沽，壳价见风涨，一天一个价，据说，有些壳平均一天可以涨价一亿，相比炒大蒜的玩家，这才叫惊心动魄的疯狂哦！

为什么2016年两会之后壳价会急速上涨呢？本来，注册制即将推出的预期已经导致了壳资源时间价值的大幅下跌，因为"百倍卖出资产"这个权利快到期了，一旦到期，权证的时间价值就趋于零。但是，随着注册制的延后，推出没有了时间表，壳相当于从一份期限2年的权证变为没有期限的长期权证，所以，注册制歇菜导致了壳价隐含权证时间价值一次巨大的升值，也可以说，现有的壳价涨的主要是其时间价值部分。

当然，壳价的内涵价值差异性太大，对这部分估值有难度，内涵价值高的壳一般拥有这四个特点：第一，市值小，2015年20亿才叫小市值股票，2016年这个"小"的标准已经水涨船高到60亿了；第二，股权分散，大股东占比低；第三，行业属于落后产能领域，主营业务缺乏竞争力；第四，长期徘徊在微利甚至亏损边缘。

60亿贵吗？那你要看跟什么比，跟10亿欧元一张相比，那还是便宜了不少，跟淘宝网上的19元包邮相比，那就是太贵了！

2016年以来，买壳的公司呈现两"高"特征：第一是公司净利润普遍奇高，都是4亿~5亿元年利润的公司在借壳，因为没有如此高的利润人家根本瞧不上你；第二是公司承诺借壳上市后的净利润高，动辄超过10亿元。比如借壳大杨创世的圆通速递等，就是这双高借壳派的杰出代表。

物以稀为贵，诺亚方舟船票为何每张10亿英镑，那是因为供需严重不平衡嘛，眼下发生在A股的"壳"，同样是因为钱比壳多的供需不平衡而导致的。

我们看到在这个疯狂的壳生意中，利益链上的各个主要角色的心态完全不一样，买壳者心急如焚，卖壳者奇货可居，资本玩家浑水摸鱼，黄牛党（中介）左右逢源。都是随身携带麻袋准备装钱的主。

尽管叫我疯子，不准叫我傻子

这些迫不及待地想跻进"诺亚方舟"的资本，一般对于退出时间有很高的要求，所以不愿意等待IPO排队。还有就是对融资规模也有较高要求，通过新三板等其他市场没法达到融资目标。于是，通过借壳或者并购实现证券化成为其达到目的最为快捷有效的途径，哪里有需求哪里就有天价，A股"壳"资源量价齐涨，盛况空前。

买壳的费用虽说高得离谱，但是，天下熙熙皆为利来，杀头的买卖有人做，亏本的买卖不可能会有人哭着喊着要去做吧？所以，对于天价买壳者，你可以叫他疯子，却不可以叫他傻子，这个买壳一旦成功，参与这场买卖的各色人等利益均沾，股票价格成倍上涨，当然，最终羊毛出在猪身上，散户一定是终极买单者。

请看案例：2016年4月8日，深圳惠程目前的实际控制人何平和任金生与中驰极速签署股份转让协议，拟将其持有的全部股份8673.64万股（占总股本11.1%），协议转让给中驰极速，转让价为16.5亿元。

随即，从4月8日复牌到4月14日，深圳惠程已连续拉出5个涨停板。引人注目的是，该股停牌前股价8.89元，而转让时的股价高达19元，溢价114%。中驰极速此番受让的深圳惠程股权仅有11.1%，按照转让价格计算，深圳惠程总股本价格接近150亿元，而其停牌前总市值仅69亿元。

有消息称，早已在港股上市的恒大地产正在酝酿买壳登录A股市场。恒大这周举牌了廊坊发展，而之前恒大在香港市场对股份进行了回购。廊坊发展在停牌前连续四根阳线，涨幅接近25%，目前市值已经达到了63亿元。廊坊发展去年巨亏6000万元，营业收入同比下降近75%。控股股东是廊坊市国资委，比例只有13.29%。不曾想，半路杀出个程咬金，嘉凯城也是恒大的绯闻女友，目前已发布公告拟公开出让控股权，市值82亿元，很可能恒大会成为最终的接盘方。

此外，也有消息称快递业高冷巨头顺丰快递将借壳红旗连锁，红旗连锁的市值已经达到了72亿，去年净利润1.7亿，似乎没到卖壳求荣的地步。

中概股正在加速回归A股，目前上市途径似乎就只剩下买壳一条路了。最近，阿里巴巴和云峰基金正式宣布加入陌陌私有化财团，陌陌股价开盘上涨30%。与此同时，合一集团（优酷土豆）宣布，合一集团与阿里巴巴集团已完成合并交易，并表示3年内实现A股上市。而在此前，合一集团曾经的对手、酷6传媒宣布，已与盛大达成最终的私有化协议。

一周之内，如家、优酷土豆、酷6传媒接连冒泡，意味着中概股的集体退市潮已经不可逆转。去年下半年至今，超过10家中概股达成了私有化。在买卖"壳"的生意场上，没有最奇葩，只有更奇葩。在2016年年初的股灾中，慧球科技实际控制人顾国平"奉献"了A股首单大股东壮烈爆仓的案例，其所持50万股遭到浦发银行卖出，交易均价17.551元，导致公司一字跌停，随后被迫停牌重组。

顾国平本来打算将自己控制的上海斐讯数据通信技术有限公司部分资产注入慧球科技，但未能成行，后来改弦易辙，与上海远御电子科技有限公司进行勾兑。

遭遇强平之后，顾国平及其一致行动人合计持有慧球科技2630万股，占公司总股本的6.66%。顾国平虽然控股慧球科技，但是其实际仅占不足7%的股份，就这样一个壳还喊价七八亿呢！

还有上演"一女二嫁"的高手，比如全新好的控股人练卫飞被证监会立案调查，听说他的一个"壳"卖了好几次。

让我笑到最后一秒为止，才发现自己胸口插了一把刀子

那些让人血脉偾张的业绩承诺如何实现呢？看到他们轻松愉快的口吻，我们在这里似乎是"听评书掉眼泪——替古人担忧"了。世上无难事，只要胆儿肥，确实，你看看，这么多绝顶聪明的人，没啥事是可以难倒他们的。聪明的人儿搞在一起，除了孩子生不下来，别的哪还有搞不掂的？

大杨创世最近发布了交易报告书草案（修订稿），通过资产置换及发行股份收购圆通速递100%股权，公司股票已于2016年4月中旬复牌了。年初借壳大杨创世的圆通速递作价175亿元，承诺2016年—2018年度扣非后归属母公司所有者的净利润分别不低于11亿元、13.3亿元和15.5亿元。考虑到快递行业的飞速发展，这个业绩承诺还是有一定依据的。

翻开这么多年来A股上市公司并购重组中的业绩承诺，就会发现，有那么多当初凭一腔热血喊出来的"海口"利润，最后都如热恋中的情话，天亮后"王顾左右而言他"，海誓山盟抛在脑后。比如，2015年度就有银星能源、易世达、鼎立股份和尤洛卡等三十多家上市公司的并购标的业绩承诺没有兑现，简直是把A股市场当作夜总会！

表面上看，这些重组后业绩承诺都是有大股东兜底的，如果达不到，可以补现金，可以捐出股份，但是，归根结底，老板失信后，买单的钱还是股民掏的。其重组或买壳这个行为本身导致公司股价已被连续拉高，市值翻着倍增长，借壳上市的公司股东通过二级市场获利巨大，早就赚得盆满钵满，在二级市场赚到的钱远远超过他们业绩达不到所补偿的那么点儿资金，这才是此类现象野火烧不尽、春风吹又生的根本原因吧？

这种做法其实是偷换概念愚弄普通投资者，你要知道，业绩承诺是指通过并购重组或者借壳上市之后，资源得到优化配置，公司的主营业务利润稳步增长，所以，投资者是基于这样的预期才给了很高的估值，买了你的股票，业绩

承诺达不到，说明重组或者买壳上市没有达到预期目标，是一次失败或者低效的资本运作，即使是大股东自己掏钱把没有兑现的利润补上了，这个充其量只是一次性的营业外收入，不能改变承诺失信这个事实。

绩差公司卖的"壳"，多是市场有名的"不死鸟"，它们往往债台高筑，诉讼缠身，内斗不断，就是这样的公司，却受到二级市场各类资金的热捧，投资者们给予他们高得吓人的估值，急于求成的产业资本也一掷千金买他们的一个上市公司代码，这些行为实际上是在奖励"坏人"，一些声名狼藉的资本市场中的害群之马，因祸得福，反而将财富泡沫高价套现了。

疯狂的炒"壳"行为已经令本来就投机炒作成风的A股市场变得更加扭曲，价值投资理念不幸沦为一种边缘体系，不得不说，A股市场围绕买"壳"而形成的这种利益生态是畸形的。那些疯狂的"壳"投机者们，现在看起来玩得很嗨，最终会发现，"壳"有多销魂就有多伤人啊。

《创世纪》如此形容洪水刚开始的景况："大渊的泉源都裂开了，天上的窗户也敞开了。四十昼夜降大雨在地上。"洪水淹没了最高的山，在陆地上的生物全部死亡，只有诺亚一家人与方舟中的生命得以存活。在220天之后，方舟在阿勒山附近停下，且洪水也开始消退。又经过了40天之后，阿勒山的山顶才露出。这时诺亚放出了一只乌鸦，但它并没有找到可以栖息的陆地。7天之后诺亚又再次放出鸽子，这次它立刻就带回了橄榄树的枝条，诺亚这时知道洪水已经散去。又等了7天之后，诺亚最后一次放出鸽子，这次它便不再回方舟了。诺亚一家人与各种动物便走出方舟船舱。

这个故事的寓意是：锁定期一年，220个交易日后，洪水消退，诺亚方舟上的人和动物都顺利"出仓"了。

那些年，我们在股市一起吹过的牛逼

生活中，适度地相互吹捧一下倒是有利于保持和谐氛围，过去，人们常说吹牛不用纳税，意思就是吹牛不用付出代价，不过，现在看来，在股市里吹牛不仅有被打脸的风险，搞不好还要被罚款，甚至付出更大代价。

去年底，有个高富帅打算与女友分手，却又不愿付青春损失费，遂假装投资失败，融资爆仓，不仅一贫如洗还背上了沉重的债务，说是不想连累女友，主动提出分手。没想到，女友是个"要情不要钱"的湘妹子，看到高富帅落难，反而对他更加痴心，不离不弃。

假装破落的高富帅为了让女友死心，再施一计，找女友借钱吃饭，又没想到，女友不仅不嫌弃，反而每周都割掉100股自己套牢多年的股票，套现500元转到男友的卡上，供他吃饭坐车交电话费。高富帅的分手计划竟然一时无法实现，只好继续装穷拖着。

有天中午程大爷正在真功夫吃鱼香茄子饭，忽然看见高富帅拖着女友的手一脸忧伤地走了进来，他嚷嚷着要吃一份排骨饭，说是好多天没吃肉了。大爷我是真心觉得他长得太帅了，不由自主地夸赞起来，说高富帅啊，你不仅人长得帅股炒得好，买东西也极有品味，你上周新买的那辆火红色的兰博基尼跑车看起来好有型啊，哪天让我也坐一坐呀？

听到我的一番夸奖，女子一脸茫然，高富帅勃然大怒，指着我的鼻子就是一顿臭骂，你个瓜娃子，说啥子嘛？怎么瓜兮兮的？我哪有你说的那么好嘛？我都快破产了，兰博基尼跑车是借朋友的，股灾融资被强平了你又不是不知道。对了，你去年借给我的1000块钱，一时半会还不上啊！你要有思想准备。说完连他心爱的排骨饭没吃一口就拉住女友的手气冲冲地走了。

我一下懵了，今日怎么了？高富帅不是一向都特爱夸耀特爱听奉承话的吗？

我真心实意地吹捧他，他不仅不领情，反而把老子骂一顿，真是莫名其妙！

按理说，天下没有不喜欢被吹捧的人，然而，人间常有满脸堆笑吹捧别人却被无情打脸的事儿。

夸人有风险，夸上市公司风险更大

生活如此，股市亦然。

比如，干投资的人都知道"择时"的重要性，如果不拿捏好时机，热脸硬往人家的冷屁股上贴，吃亏而不讨好啊。要知道，在一个错误的时间吹捧一个正确的公司，还不如在一个正确的时间吹捧一个错误的公司更讨喜！

夸人有风险，夸上市公司风险更大哦。

据券商中国报道，上周就有夸上市公司招来人家啪啪打脸的糗事发生。

说是广发证券分析师王同学和郭同学合力打造了一篇夸赞兴发集团前景一片美好的研报，或受其影响，报告发布当日午后，兴发集团被资金直线拉升至涨停板。

然而剧情却出现了转折，兴发集团面对王郭二位同学热情奉献的这份"夸奖"却"不敢"接受，声称"我没你们想象的那么好！"，甚至于连夜发布一纸澄清公告，自我批评还有很多方面没有达到投资者的期待，啪啪啪，"打脸"广发王郭二位同学后，还嫌不解气，干脆无情地"揭发"没有接受过广发证券的调研，言下之意，二位热心肠同学是闭门造车，业内一片哗然。

自A股市场开张以来，无论是卖方分析师还是媒体记者，只要说了上市公司"坏话"，立马就会遭到对方严正抗议甚至威胁要诉诸法律，直接反驳券商分析师所写"吹捧"性质研报的上市公司还是罕见的。

有人说这是因为监管日趋严格的表现，其实吧，拿交易所核查说事只是借口，其中或许另有隐情。

分析师热情洋溢，"高富帅"却不领情，坚拒赞美，声称自己就是屌丝一枚，何故？程大爷只是瞎猜，猜错了也就当个段子说笑一下，千万不要又发公告澄清，动不动就浪费广告费很不好。

王郭二位同学吹捧肯定没有问题，被打脸皆因"择时"的功夫还需要修炼，简而言之，就是在一个错误的时间吹了一个正确的牛逼，结果被牛踢了一脚。

看看F10就明白，兴发集团2016年6月1日发布了（瞧瞧，人家童心未泯，公告都特地选在儿童节发）关于调整非公开发行股票发行价格和数量的公告，人家正忙着筹划定向增发呢，拟以每股不低于9.86元的价格非公开发行141987829股，那是多大的一笔钱啊。

一般来说，定增计划的实施还会伴随着一系列的并购重组动作，在这个节骨眼儿上，股价突然乱动，不仅会扰乱人家资本运作的节奏，搞不好还会招来监管部门的关注，假如倒查半年看看谁在方案披露前买入了，一旦发现内幕交易的线索，那资本运作就有可能泡汤，你忽然吹捧出了一个涨停板，差点搅了人家的好事。同学们，还没到吹捧的时候嘛，需要的时候会通知你们，不合时宜的吹捧就是添乱嘛。

果然，人家是有大招陆续要放出来的。打完王郭二位同学的脸后，第二天，就发布了收购斯帕尔化学（BVI）持有的宜昌枫叶化工49%股权的公告。

没事，同学挺住，同学不哭，人在江湖飘，哪能不挨刀呀？王郭二位同学，不必感到难过，程大爷传授一个小秘方，用一张Tempo的湿纸巾擦擦脸，保准可以擦掉你们脸上最深的掌印，以及委屈。

在打脸这事上，你们并不孤单，不仅前有"古人"，后面想必还会有来者的。五年前，你们有位师兄也是满腔热情吹捧一家上市公司，也是惨被打脸，好家伙，那次伤得可不轻，直打得都"面瘫"了。

尽管我的心里一直有它，可是，毕竟时间过去了五年之久，一时想不起000629这个代码了，习惯性地输入拼音字母pgft，竟然找不到攀钢钒钛这个股票了。赶忙请教著名分析师东方朔，答应了一包烟他才告诉我，因为该股在今年五月份已经改名了，虽说自上市以来它也不是第一次改名，但是，这一次是连姓都改了，为了保持低调，避免轻易被人认出，他还戴了顶帽子，昵称*ST钒钛。

江湖上，绿林（由于A股长年以绿色为主基调，有识之士东方朔先生将此处称为绿林）好汉每遇危难时刻，即使劲敌当前也要拼命扛住，这个时候常常需要豪迈地大喊一嗓子，老子行不更名，坐不改姓，攀钢钒钛是也，人称"西部钢铁侠"，你娃咋的？

可惜，英雄常气短，监管不情长，在制度面前，"钢铁侠'也得认怂。

在安硕信息、朗玛信息、全通教育还有暴风科技这群"变形金刚"演绎科幻大片之前的2011年，"西部钢铁侠"攀钢钒钛因为一篇研究报告，看起来就快有机会从12元一路飞奔到188元的，要不是收到深交所的关注函被要求对"研报事件"作出说明，A股极有可能提前3～4年就可以批量制造几百元牛股，以及几十个一字涨停板的"蝙蝠侠"。

同兴发集团类似，也是一个涨停惹的祸。银河证券的这篇研报的发布时间为2011年7月9日，本来也没太多人留意，更不用说交易所关注了，也不知为何这次"钢铁侠"变成长颈鹿了，星期六打湿了脚星期五才发现，直到7月15日突然拉了个涨停板，市场才惊觉，六天前人类社会出土了一篇超现实主义风格的研报，它用一组大数据言之凿凿地预测，这个在12元一带盘旋的钢铁侠会装上强劲推动器，朝188元这个吉祥价位飞升而去。

据说经过两个交易日的核查，公司发布公告称银河证券某分析师从未来公司调研过，并称研报关键数据与实际数据不符。分析师致歉之余，声称自己抄错了数据。

不过，有媒体调查发现，研报的作者王同学2006年7月至2011年7月，已发布了167篇研报，涵盖通信、煤炭、医药、汽车、房地产、化工、食品饮料、钢铁等8大行业。尽管王同学当时是银河证券研究部负责人、研究主管，还是清华大学MBA、航天二院工学硕士，但证券分析师中能够通晓各行业的，恐怕只有他一人。可是，一人精通8大行业，超人改行来做分析师也难胜任呀，这不科学！后来，外界猜测报告可能由从光大证券跳槽来银河证券的胡同学所写，银河证券没有回应。

银河证券的研报声称是通过"股价/每股资源价值"这一颇富争议的估值方法得出攀钢钒钛的目标价为188元，随后又进行了修改，将目标价调整为56.12元，但是，我们遗憾地看到，2011年7月攀钢钒钛最高13.44元，随后一路下跌，2014年3月最低1.87元（2012年7月6日每股转增0.5股），即使是疯狂的2015年，它在6月18日摸了一下6.92元后就再次踏上下跌的旅途，2016年5月被戴上★ST的帽子，并在5月19日这个特别的日子里创下2.32元的近年新低。

以程大爷大爷之见，这次吹捧打脸事件，主要是分析师们的算术没有学好，比如，本来是一道简单的除法题，以当时股价18.8元除以10约等于1.88元，不就对了吗？银河证券的王同学误把它看成了一道乘法题，用当时股价乘以10等于188元，预测就这样差之毫厘，谬以千里啊，结果与正确方向偏离了100倍。

特蕾莎修女有一个著名的句式，"不管怎样……你还是要……"

例如，当你功成名就，你会有一些虚假的朋友和一些真实的敌人，不管怎样，你还是要取得成功。

即使你是诚实的和率直的，人们可能还是会欺骗你，不管怎样，你还是要诚实和率直。你多年来营造的东西，有人在一夜之间把它摧毁，不管怎样，你还是要去营造。你今天做的善事，人们往往明天就会忘记，不管怎样，你还是要做善事。即使把你最好的东西给了这个世界，也许这些东西永远都不够。

看看，相当正能量吧？

所以，我们赞美别人，别人不领情而打我们的脸，不管怎样，我们还是要赞美别人。

生活中，善于赞美是一种美德，于是，我们看到满大街都是"帅哥美女"。这样的美德从一开始就被引进到了股市，于是，我们就有幸置身一个遍地黄金的A股市场，估计地球上再也找不到比咱们这疙瘩更有投资价值的地方了，不信你看看各类卖方、买方、偏方分析师的研究报告，我可以骄傲地说，经过各路分析师的案头调研，趋势研究，咱们A股上市公司许多都是被"强烈推荐"，不是值得"买入"就是值得"增持"，再不济也是值得"持有"，哪里像那倒霉的欧美股市，到处都是需要"卖出"、"确信卖出"的上市公司。

揾食不易，吹牛更难，且吹且珍惜

人间自有真情在啊，毕竟随时随地都喜欢被赞美被吹捧的人还是占了绝大多数，甚至主动唱和，相互吹捧，达至"共赢"之目的。

生活中，适度地相互吹捧一下倒是有利于保持和谐氛围，过去，人们常说吹牛不用纳税，意思就是吹牛不用付出代价，不过，现在看来，在股市里吹牛不仅有被打脸的风险，搞不好还要被罚款，甚至付出更大代价。

看到没，不是我吹，是这小牛强啊，

2015年A股第一高股价安硕信息，近日公告收到了证监会的处罚通知，公告称因其董事长、董秘等人联合分析师，对公司互联网金融业务进行误导性陈述，证监会决定对该公司董事长高鸣、董秘曹丰等分别给予警告、罚款60万元、30万元、20万元的处罚。

虽说市场一直在质疑，2015年上半年，安硕信息仍然如一匹脱缰的野马，任性上涨，只用了8个月的时间，股价就从30多元一路飙升至474.20元天价，傲视群雄，勇摘2015年度A股"股王"的荣誉。然而，估计连一众吹牛逼的分析师同学也没有想到，天价之后仅仅4个月，安硕信息股价就跌到了34.80元（2015年5月22日每股转增1股）。

而这一切，全部源自一个与"互联网金融"有关的牛逼故事。但据证监会调查结果显示，安硕信息关于互联网金融的故事并不符合现实状况，公司主要收入来源仍以传统软件等为主，互联网金融相关业务收入占比极小。

跟分析师吹捧攀钢钒钛、兴发集团被打脸不同，吹捧安硕信息的分析师们都受到了老板的热情肯定和积极配合。

事实证明，吹捧别人"择时"重要，"择股"也很关键，同样是吹牛逼，对着不同的"牛"吹，待遇可以天壤之别。吹攀钢钒钛和兴发集团被打脸，吹安硕信息那是有糖吃的。

券商中国记者依据公开信息统计，安硕信息从2014年1月上市开始，共有宏源证券、兴业证券、银河证券等16家券商发布了22篇研究报告。其中，银河证券沈同学等人联名共写了4篇，宏源证券易同学等人写了3篇。

而这22篇研究报告中，涉及互联网金融的报告主要出自银河、宏源证券，从研究报告的名称中，就能清晰地看到与互联网金融相关的字眼。

让我们来看看这些注定会载入人类吹牛逼史册的分析师同学们。

从起点算起来，安硕信息的暴涨是从2014年8月开始的，而当月就有宏源证券和兴业证券两家发了研究报告，宏源证券易同学就在《一横一纵稳增长，进军征信保未来》研报中，对安硕信息都给予了"买入"评级。而兴业证券也同样给出了增持评级。

当然，这一切只是"前戏"，高潮还远未到来。

互联网金融故事的开篇之作，出自银河证券沈同学的手笔，他在2015年2月10日所撰写的《迈出进军金融战略重要一步》的研报横空出世，如同阿里巴巴发现了藏宝的山洞，沈同学宣称2015年是互联网金融加速爆发的一年，IT企业与传统金融企业融合发展并整合金融产业链，将成为未来新常态。他高屋建瓴地指出，前期大智慧收购湘财证券，国内首家互联网券商诞生；本次安硕信息跨界投资入股银行，未来有望进军互联网银行等领域，将有助于公司业务拓展和商业模式升级。首次覆盖，给予"推荐"评级。

一个月后，沈同学接着又发布《信贷优势助力转型，互联网金融渐入佳境》报告，明确指出，安硕信息是A股首家也是当前唯一一家入股商业银行的IT企业，双方优势结合，未来将开展互联网银行等业务。并预计公司2015—2017年EPS分别为0.63元、0.78元和0.99元，维持"推荐"评级。

故事一旦被讲得有人信了，就可能收不住，最后终于整出了一个安硕信息故事会，它的股价随着吹牛逼高手们横飞的唾沫星子，逆风飞扬。

2015年3月16日，东方证券浦同学的《打造信贷资产服务平台，践行互联网银行改造》研报中，更是给予安硕信息2015年300倍PE，目标价180.9元，给予"买入"评级，而当天股价149元。

有个程大爷的本家程同学，不甘示弱，2015年4月发表《"安硕易民"横空出世，互联网金融台终落地》宏论，表示公司目标价330元，对应市值230亿元左右。他认为，互联网业务超预期推进，表现出了公司对互联网金融战略的坚定信念和对自身技术实力的信心。

而从调研情况来看，安硕信息披露的投资者关系活动记录表共有22份。参与的大多是券商、基金等相关人士，如东方证券、兴业证券、国泰君安、中银基金等，其中东方证券郑同学共有9次参与现场调研的记录，是安硕信息故事会的铁杆粉丝。

生活中，适度地相互吹捧一下倒是有利于保持和谐氛围，过去，人们常说吹牛不用纳税，意思就是吹牛不用付出代价，不过，现在看来，在股市里吹牛不仅有被打脸的风险，搞不好还要被罚款，甚至付出更大代价。

这不，上交所已经表示将行业研究报告对股价影响纳入信披监管范围。一些公开发布的研报存在缺乏客观依据、结论主观草率、内容捕风捉影甚至制造"噱头"等问题，容易误导中小投资者跟风。

各位同学，搵食不易，吹牛更难，且吹且珍惜吧！

开头的故事，还有一个童话般的引子

这事还得回到三十年前。

刚满四岁的男孩小牛对三岁小女孩小猪发誓，如果你把口袋里的糖果分一半给我的话，等我长大后一定娶你。小猪一边把糖果全部掏出来交给小牛一边将信将疑地问，小牛哥哥你说的是真的吗？小牛哥哥把胸部拍得山响，小猪妹妹，我说话算数，你相信我吧，我已经不是三岁小孩了！

多年后，小牛读完博士，在某大型券商研究所谋得一份体面工作，成为一名光荣的证券分析师，而小猪则因为早恋耽误学业没考上大学，又看不起没有技术含量的工作，于是软磨硬泡拿到父母全部积蓄30万投身股市，后来也就成了职业股民。

两人幼儿园毕业后就失去了联系，直到在一次招商证券的投资策略会上巧遇，发现彼此的共同爱好竟然如此相似，从幼儿园的棒棒糖到现在的股票，一路上心有灵犀啊！

相恋数年之后，分歧开始出现，而且不可调和，毕竟文化差异太大，小牛的心中偶像是巴菲特，所以一定要坚持价值投资理念，要买就买攀钢钒钛这样的价值股，小猪的心中偶像是徐翔，要追涨停板，买美邦服饰。在投资理念这样的大是大非面前，谁都说服不了谁，最后，为了各自的理想，抱头痛哭一场，分了手！

小牛毕竟是读书人，内心总是觉得亏欠了小猪，于是，不时给她隆重推荐几只牛股作为补偿。小猪屡买屡套，感觉还是小牛选股更专业，于是，买入小牛哥哥推荐的价值成长股，准备长期投资。

昨晚月光皎洁，慷慨地照进城乡结合部一间有窗户没窗帘的出租屋里，不远处的鱼塘里，牛蛙们热烈地鼓噪着，听起来像是一阵阵观点暧昧的股评，搞不清对明天持乐观还是悲观态度。

小猪打开手机APP里的股票账户，12元买入的★ST钒钛，400元买入的安硕信息，130元买入的暴风科技都安静地躺在账户里，像一群无法唤醒的童年。

这时候，耳边响起小牛哥哥的叮咛，它们都是好股票，坚决拿住，我已经是专家了，要相信我的专业判断，要有信心！

QQ音乐里单曲循环着光良的《童话》，忘了有多久再没听到你，对我说你最爱的故事，我想了很久我开始慌了，是不是我又做错了什么，你哭着对我说，童话里都是骗人的……

终于，小猪的眼睛里依稀有了泪光，与远道而来的月光，交相辉映。

王石的智商、情商和财商

朋友圈沦为辩论赛，辩手们言辞激烈，请问对方辩友，理想与现实如何统一？规则与情怀如何平衡？资本的意志与游戏的正义如何妥协？正反双方皆振振有词，结论却莫衷一是。

丘吉尔曾说，世界上有两件事最难，一是爬上一堵正在倒向自己的墙壁，二是拉回一个正在倒向别的男人的姑娘。

最近，王石同学很闹心，一直逡巡门外的野蛮人宝能突然选择了粗暴的"推墙"方式，试图破墙而入，祸不单行的是，原本以为可以依赖可以携手并肩战斗的"华姑娘"却在最需要她的时候倒向了"别的男人"。

一时间，舆论哗然，宝万之争演变成王石去留之辩，挺王派与倒王派各执一词，口水四溅。

朋友圈沦为辩论赛，辩手们言辞激烈，请问对方辩友，理想与现实如何统一？规则与情怀如何平衡？资本的意志与游戏的正义如何妥协？正反双方皆振振有词，结论却莫衷一是。

一流的智商

从这么多年王石对待财富的热情来看，王石同学的兴趣的点显然不在如何赚取更多的金钱这件事上，他拥有极高的智商，平庸的情商，而财商则还是有点低。

从主动放弃万科股权，到身处商机遍地的深圳而没有兴趣投资地产之外的领域，这不是因为王石专注，而是他对拥有更多的财富缺乏欲望，一个心思没怎么放在赚钱上的商人，只是把做生意当成了玩票。

可见，万科董事长只是王石的一份职业而非事业，在万科的工作岗位为王石提供了丰厚的物质保障，同时也获得了许多附加价值，比如名誉，社会地位等。

当然，也有人认为王石当初不学习柳传志改制当自己一手创办企业的真正主人，选择做不持股的职业经理人，是对环境的相信，是对改革开放大趋势的相信，说到底是那一代人古怪的家国情怀在左右。

但是，他做出那样的选择，也有可能是出于个人的价值取向。王石的智慧、兴趣与爱好在商业之外表现得尤为引人注目，他在生活中显露了天才般的学习能力，在登山探险，滑翔伞，皮划艇这些方面，虽然是大器晚成，但是每一样都随便就可以达到专业级水平，创造了一个又一个让人觉得不可思议的记录，堪称才华横溢的生活家。

2003年5月22日14时37分，王石成功登上珠峰，当时他52岁，成为中国登顶珠峰年龄最大的一位登山者。他曾被医生诊断可能下半辈子将在轮椅上度过，但此后四年成功登上11座高峰。

1998年，47岁的王石第一次尝试真正的自由飞行——飞滑翔伞，2000年，王石在西藏青朴创造了中国飞滑翔伞攀高6100米的纪录。

他精致的生活，从态度到行动，都是灵魂出窍的执迷，有一次我看到一个广告片中的王石，完全无法相信那是一个活在商业时代的企业家，他天生就该与雪峰与高原与旷野与疾风与蓝天厮混一团，我发现，这个才是真实的王石，商业场景中的王石就像是在演戏。

那次是王石代言全新进口Jeep大切诺基，Jeep为什么会和王石合作呢？据说克莱斯勒官方的正式回答和民间八卦分析基本一致，说是因为王石气质与全新Jeep大切诺基代表的精神气质高度吻合。一个是热爱登山的企业家王石，一个是SUV鼻祖与全能王者品牌。王石身上几乎具备了Jeep品牌所需的一切特质：在商业和企业家中有影响力、在受众面前一直保持着热点关注度。

看来，王石同学内心深处对商业世界始终保持着距离，而对精致生活则充盈毫无保留的热爱。

宝万之争不管结局如何，王石都没有输，他也许还是万科股权争夺战中最大的赢家呢！

这要看输赢的标准是什么。

相比绝大多数只活了一天却重复了几万次的普通人，王石的人生体验可谓精彩纷呈，他拉长了生命的长度，也撑开了生命的宽度。

作为一个过程，他活得足够多，这是他那一代中国人几乎无法企及的，堪称精彩人生。至于万科的控制权，原本就是他主动放弃的，控制权物归原主，也是得其所哉。

作为一位精致且被人羡慕忌妒恨的生活家，王石无须去做一个完美主义者。

正如叔本华说，所谓幸福，不在未来，便已过去。

而"现在"，就像是和风吹拂、阳光普照的平原上的一片小黑云，它的前后左右都光辉灿烂，唯独这片云中是一团阴影。

各人依身份和财富的不同而扮演不同的角色，但这绝不表示，大家生活的内在快乐与欢愉有什么不同；我们都是集忧患困厄于一身，表情百变却内心愁苦的可怜演员。

再精彩的人生也有谢幕之时。

在不久前的一次学术交流活动中，茶歇时，程大爷凑巧坐在一位级别挺高的领导干部的边上，面对别人的蜂拥而至的恭维之辞，领导颇为谦虚，他扭头对我说了句非常有道理的话，千万别看重这些东西（权力），迟早都会退下来的，什么正部副部，到时还不是跟大伙儿一起散步？！

大时代的车轮滚滚，历史的洪流滔滔，勇立潮头与急流勇退都是英雄，哪有输赢那么可笑？已经年满65岁的王石同学，若是当年走仕途，即便官至正部级，今年也该退休了。看看人家陶朱公，金尊在手，美人就酒，人生还是无限精彩的！

二流的情商

王石同学身上散发着艺术家的气质，他个性高傲，心无城府，率性而为，喜怒皆形于色。

这种性格，做朋友当然是受人欢迎的，但是，作为公众人物，却不能不说是一种缺陷，是心智不成熟的表现。

早在汶川大地震发生时，面对全国人民竭尽全力救援灾区的感人场面，王石同学却特立独行，祸从口出，他不仅不倡议万科员工积极捐款救灾，反而写邮件要求员工不捐或者少捐。此事被媒体曝光后，全国人民都被激怒了，王石与万科差点被唾沫星子淹死。后来万科采取了一系列补救措施，甚至不惜血本在灾区援建了几个亿的项目，也难以挽回王石同学与万科受损的声誉。一个号称最富有企业公民意识和社会责任感的上市公司董事长，不识时务，信口开河，确实是情商低的表现。

汶川大地震那次说错话后被千夫所指的风波过去也没几年，这次宝万之争发生后，王石同学口不择言的老毛病又犯了，说宝能系做万科大股东信用不够，万科不欢迎宝能，云云。

即便你心里蔑视出身草根的姚老板，至少公开场合不要轻易打别人的脸。

此言一出，舆论一边倒，王石同学又遭千夫所指，等于把自己的退路给堵死了。

果然，宝能忍了半年没发作，一出声就要血洗董事会和监事，要把王石同学扫地出门。

结果，历史总是惊人的相似，王石同学又不得不低下高贵的头颅，两次向宝能系道歉。唉，早知如此，何必当初？一个65岁的老人了，还经常词不达意，出口伤人，实在不该啊。

作为一个优秀的男人，王石精彩的人生已经足够惹人嫉妒的了，然而，王石的高调却又刺伤了很多人。他忘了中国国情，一个人过度依赖情怀与魅力，以为精英管理就是他这样云游四方做甩手掌柜，那就是典型的不识时务，全世界只有家族企业的老板可以这么干，他以一个职业经理人的身份行使了老板的权利，身份完全错位了，没摆正！

万科独立董事华生在他的万字长文中提到过几个细节，比如王石嘲笑他"这个博士怕冷"，比如去万科开会时遭到冷遇等。魔鬼藏在细节里，很多细枝末节的东西往往成为最后一根稻草。不知道王石见傅育宁是怎样一种气氛，但他在冯仑办公室面对姚振华时的傲气和居高临下的指责，必然成为姚振华"认真过招"的重要理由。

钱钟书在《围城》里面说，老年人谈恋爱，就像木房子着火，烧起来就没有救了。

在处理恋爱与婚姻这件事上，王石同学的高调加上女朋友小田姑娘的张扬，令自己失分不少。

不少人开玩笑说，老王同学抛弃糠糟之妻得罪了天下的女人，后来牵手小明星又惹恼了天下的男人，你说他能不招人烦吗？

但凡情商高的人，都知道得了便宜要低调。看看杨教授与翁小姐的爱情，过去了多少年还让全国人民愤愤不平。你老王与小田自己在屋里暗爽就好了，不要打开窗户对着外边一阵乱喊嘛，那你让那些一辈子都没机会爽的人怎么办？他们可能只在照片上看过珠峰，看过北极南极，看过田小姐，但是，有时间的时候没钱，有钱的时候没时间，时间和钱都有了，又没力气，和他年纪差不多的人，都成退休老人了，只好在广场上跳跳舞，在公园里遛遛弯，在臭水沟边的水泥护栏上坐着听听收音机。所以，你的爱情多爽都不是问题，关键是别叫出来，别让人眼红。

王石同学高估了个人魅力与情怀的力量，对资本的意志，对规则的冷酷缺少足够的思想准备。

这几年，互联网成就了一种全新的商业生态，这就是所谓的注意力经济，通过各种方式满足大众的关注欲望，"忽悠"粉丝买单，成为一个生意模式。

在这样的时代，个人魅力也有了它的估值，于是，"情怀"这个词就被有商业头脑的生意人"创造"了出来。大抵上，缺钱又缺技术又想做番事业的"有情人"，最后只好掏出"情怀"这个生产要素了。

不过，情怀这东西估计快被中国的企业家们玩坏了，现在，情怀之于企业，已然被当作了一种生产力，给予了过高的估值泡沫。

万科的A股和H股估值水平都比同类的房地产股要高出一大截，这个是因为王石的IP估值显著高于其他房地产公司掌门人吗？

无论是情怀也好，文化也好，治理结构也好，这些东西对企业的发展到底起了多大的作用，对业绩和市值的提升，没法量化，把这些东西当作企业的核心竞争力，显然有些牵强附会。

情怀就像内衣，要有，但是没必要到处证明给别人看。

朋友圈沦为辩论赛，辩手们言辞激烈，请问对方辩友，理想与现实如何统一？规则与情怀如何平衡？资本的意志与游戏的正义如何妥协？正反双方皆振振有词，结论却莫衷一是。

在程大爷看来，每一个人的个性决定了他拥有怎样的情怀，做成一件大事是情怀，做好千百件小事也是情怀。

至于企业文化，也完全跟领导者的价值观与个性有关，它打上了领导者鲜明的个性色彩，你不能说这种企业文化是好的，那种不好，经常是殊途同归，各得其妙。

阿里巴巴的文化与谷歌的文化是一样的吗？华为的文化与娃哈哈的文化有什么相同之处？但是，他们都是由不同的企业家个人造就了不同的企业文化，而且，各有其成功之处。

把情怀或者文化看成是一种生产力要素，甚至是核心竞争力是虚妄的，归根结底，打造企业核心竞争力还是要靠科技和创新，尤其是，要做一家伟大的企业，领导者的个人情怀，作用真的有限。

宝万之争发生以来，大众对王石的态度经历了几次过山车似的剧烈波动。

大众的评判标准，很多时候还是遵循着一种"喜闻草根逆袭，乐见牛人倒霉"的审美情趣，

从原始社会开始，人类对公平正义就在不懈追求。自从人类在进化过程中由于自然选择，大脑发育出了边缘系统，于是人类有了语言与情感，后来又形成了新脑皮层，于是人类有了理性与判断能力，这两种脑部活动各自独立，人类便时常被"羡慕嫉妒恨"的情感驱使，又被理性的公平正义主导，后来，就成了这种喜怒无常的生物。对弱者释放善良，同情心泛滥，对强者释放敌意，嫉妒心难消。

在绝对公平正义的堂皇借口下，人类故意漠视个体能力的差异，漠视别人所拥有的优势，只是一味强调"别人是人我也是人"，愤恨"为什么和尚摸得老子摸不得？"

所以，为何自古至今，老祖宗苦口婆心说要高调做事，低调做人，要"言宜缓，心宜善"，都是在残酷的生存环境中用鲜血换来的经验教训啊。

三流的财商

跟很多人一样，程大爷对王石同学的看法也是充满了矛盾，时而欣赏，时

而厌恶，甚至一年之中会变卦好几回呢，所以，不能简单地用喜欢或者不喜欢来表达自己的看法。

我仔细琢磨了一下，原来，我不欣赏的是企业家王石，而我喜欢生活家王石。

如果把王石同学的角色定位于一个成功的企业家，或者商界领袖，我认为这或许是一种误读。当然，我这个观点，相信同样会有很多人不认同，站在反方的人一定不在少数。

那好吧，请问对方辩友三个问题：

问题一，万科是一家伟大的企业吗？

如果是，核心竞争力是什么？万科品牌？万科文化？王石的明星IP？显著区别于其他竞争对手的独特业务模式？还是优秀的管理团队？

问题是，这些"软实力"如何去量化，如何估值呢？

我们怎不能这样算吧？王石同学有500克的"情怀"，每克估值1亿，所以，王石同学的情怀总价值500×1亿＝500亿？

没有一家公司是靠"文化"与"情怀"就轻易跻身于世界级的伟大企业行列的，即使是世界500强企业，最多也只是一个销售规模排名，大企业并不等同于伟大的企业，比如依靠垄断制度而建立起来的大企业。

伟大的企业要么具有强大的技术优势与创新能力，要么具有显著领先竞争对手的商业模式，并以此构建了自己的"护城河"。

万科与别的房企相比，业务高度同质化，并没有显著的差异化产品与服务，融资——拿地——盖房——卖房，你可以说这中间还有那么点儿资本运作，文化创意，策划炒作，但是，这些小伎俩对业务的发展，跟资金、关系、胆量相比，简直不值一提。

而房地产行业持续三十年的"牛市"让这种简单的业务模式总是有效的，除了几次非常短暂的调整，房地产业几乎没有经历过"熊市"，房价偏离居民收入水平而不管不顾地持续上涨，增加了购房者的痛苦指数，甚至绑架了中国经济，这几乎就是一个畸形行业。

不仅如此，它还是一个暴利行业，不仅造就了一大批的亿万富翁，还成功地培养了亿万房奴，如果他们不偷工减料把房子建成豆腐渣工程，房奴们都要对他们感恩戴德，我们很少看到富有社会责任感的房企，相反，他们勾结中介炒高房价变相"抢劫"房奴倒是时有耳闻。

在这样一个声名欠佳的行业里，万科的口碑相对较好，目前来看，是一家遵纪守法赚钱的大企业，但是，还算不上是一家伟大的企业。

问题二，没有王石就没有今天的万科吗？

这好像是一个英雄造时势还是时势造英雄的辩题。毛泽东说过，"历史是人民创造的！"对于一家长期由央企控股的房地产公司，个人英雄主义好像也说不大通。

王石是万科的创始人，但是，万科今天的成功，应该说天时地利人和多因素共同作用下的产物吧。

身处改革开放最前沿的深圳，万科的发展壮大首先是得风气之先，得特区政策之利，同时代涌现了一大批成功的企业，其次得益良好的人脉关系，王石同学父亲与岳父都是高级干部，在那个人脉即钱脉的时代，融资拿地谁不是靠关系？当然，最为重要的是，还是得益于三十年来中国房地产业一直走在一条上升趋势线上，这个趋势线有过短暂的回调，但是，无论是回调的时间和空间都非常有限，所以，同时起步的房企只要不胡搞，基本上都是成功的，"只要有风，猪都会飞！"在中国，再也找不到一个行业像房地产这样只有上涨趋势而几乎没有下跌过的"周期性行业"，事实上，它"成长"了三十年，暴利了三十年，只要不中间下车，你就总不会错。

可见，时势摆在那里，在房地产长达三十年的黄金时代中，个人与团队的作用不是决定性的因素。

万科的成功也不能说明王石同学是一个成功的企业家，正如没有经历过几轮牛熊的考验，我们也不能把一个只在牛市中赚过钱的股民称为股神一样。有没有王石，在深圳这片热土上，万科这样的企业也不可阻挡地会产生、发展、壮大，只不过，它或许不叫万科，而是叫百科、千科、亿科，或者文科、理科，如此而已。

6500万年前，一颗来自太空的不速之客，让地球上的恐龙灭绝了，其他物种因此获得机会，智人崛起了，后来，又有了比恐龙强大得多的人类。

100年来，商业世界里灭绝的恐龙型企业不知多少，同样为许多伟大的企业创造了条件。

每个人都是自我世界的全部，而对于自我之外的那个世界，我们却不过是一颗飞扬的尘土。

所以，无须自恋，这个地球少了谁也不会不转了。

问题三，万科股价一直以来被严重低估了吗？

万科股价长期严重低估之说，似乎就是大家普遍认为宝能不惜血本横刀夺爱、华润冲冠一怒为红颜的原因。

然而，如果我说万科实际上长期被高估了，又有人会不同意。

房地产业是个暴利行业，造就了一大批亿万富翁，如此赚钱的行业，近年来却并不受资本市场的待见，投资者总是对他们充满疑虑。

A股市场房地产企业的IPO早就停摆了，再融资也受到限制，并购重组中的房地产项目基本上都是烫手山芋，这个行业的未来，怎么看都迷茫得很。

要不是险资的频频举牌，A股房地产股只是死鱼一堆，它们的估值并不比银行股更好看。

2015年年底，在宝能系的强力买入之下，万科A只用了几个交易日就火箭发射般蹿到了24.43元，对应14倍PE，2.68倍PB，而这之前，万科A股价低迷，长期徘徊在13元左右。

宝万之争，导致了万科A停牌超过了半年，人们纷纷猜测它复牌后的走势。

以2016年7月1日的收盘价来看，万科H股股价为15.20港元，对应的是7倍PE，1.39倍PB。

A股的龙头房企保利地产目前是8倍PE1.31倍PB，金地集团11倍PE1.38倍PB，均为万科A的一半水平。

再来看看在香港上市的内房股的估值水平：恒大5倍PE1.07倍PB，华润7.2倍PE1.09倍PB，碧桂园6倍PE0.91倍PB，龙湖地产5倍PE0.89倍PB，合生创展9倍PE0.28倍PB。

如果大家还认为万科A长期被低估的话，我们再看看李嘉诚旗下的长实地产，11倍PE0.71倍PB，另一家香港地产大佬的新鸿基地产，11倍PE0.59倍PB。

无论如何，万科A的管理层溢价不可能高于行业平均估值水平的一倍。

所以，2016年7月4日万科复牌后，股价会朝哪个位置奔去，可以参考万科H股的估值水平，自己在计算器上摁几下即可。

记得有个名人曾说，有些东西，要不是怕被别人捡去，我们可能早就想把它扔掉了。

比如万科A。

所以说，不要因为有人抢来抢去，你就认为它真值那个价，擦亮你的小眼睛，看清楚，那些炙手可热的价值，无非就是一堆被人炒得虚高的泡沫而已。

假如炒股是一场修行

论世篇

我们是如何被股市娱乐的

从融资者的角度看，或者说从一级市场来看，股市当然是严肃的。从投资者的角度或者说从二级市场的角度看，股市在很多时候，更接近娱乐场所哦!

人类社会没有出现股票市场之前，肯定没有股灾的痛苦心情，当然，也不会有牛市的欢乐时光。作为股民，仅仅把股市当作赚钱的地方，这个念头应该就是所有烦恼的根源吧。

让我们换个角度看吧，顺手的时候，股市带给我们金钱；遇到挫折的时候，股市带给我们烦恼。但是，在所有的时候，股市都为我们提供了娱乐。

自从有了股市这么一个"娱乐场所"以来，我们的人生，不再只是一张白纸，而是画满了各式各样线条，涂鸦着一大堆红绿数字的"白纸"，也可以这么说，是股票以及围绕着股票所发生的诸多故事，丰富了我们原本一穷二白的物质和精神生活。

有人说股票市场的主要功能不是优化资源配置吗? 不是集中大伙儿的小钱去办大事吗? 这是多么严肃多么神圣的事情啊，怎么会跟娱乐扯上关系了呢?

从融资者的角度看，或者说从一级市场来看，股市当然是严肃的。从投资者的角度或者说从二级市场的角度看，股市在很多时候，更接近娱乐场所哦!

关键词一：草根明星

还记得营业部管盒饭的那个年代，大爷大妈们每天准时来营业部"上班"，不练各式气功了，也不闹黄昏恋了，开市时炒股，收市后在大户室里打牌聊天听股评，日子过得特巴适。

那是股市的纯真时代。那个年代的股民真是单纯得可爱，一个股评报告会动辄几千人来听，跟汪峰开演唱会似的。大爷大妈们追星族一般追着股评家。

那是一个股评家可以胡言乱语不受约束不负责任的年代，奇怪的是，哪怕是明明知道这帮"口水佬"是在闭着眼睛说瞎话，股民们还是听得如痴如醉。

其实，他们听的不是投资，而是故事。

当股评家变成"抢帽子戏法"的黑嘴之后，监管部门的严厉打击，让股评家作为一个群体受到了束缚，搵食艰难，日渐式微，纷纷改弦易辙。

也有华丽转身成功为券商分析师或者研究员的。西装革履之后，口水佬们收拾起江湖习气，作道貌岸然状，俨然正人君子也。

当然，也有将娱乐精神一以贯之的分析师如李大霄，他秉承股评家的传统套路，语不惊人誓不休，凭空"捏造"了诸多概念，竟然吸引了不少粉丝。

早上开车去上班路上，听央广经济之声频道采访李大霄，谈及股市走向，他发挥天马行空的想象力，先抛出一个"婴儿底"这个丈二和尚摸不着头脑的名词，然后又抛出一个"地平线"的名词，快结束时他再次抛出一个"价值底"的名词，听得我云里雾里，差点闯了红灯。

三年之前，李大霄提出了"钻石底"，结果大盘继续跌跌不休，就是不愿见底，股民们倒是蛮富有娱乐精神的，有人聊侃，是大家听错了，大霄说的是广东普通话——"暂时底"，其实现在来看，那个底的提出，是很正确的；2015年7月份的股灾之前，大霄提出了"地球顶"，也被市场验证了。按理说，对市场做出如此准确的预测，理应被投资者奉为神明，大加称赞，但是事实上大霄在投资者心目中，作为专业分析师的口碑并不是很好，甚至被广为诟病。

李大霄乐于猜底断顶，还是迎合了不少散户的口味。投资者对指数涨跌很关心，也关心自己是不是赚到钱，可是，这几年来，他看好的蓝筹股没有让投资者赚到钱，而被他斥之为"黑五类"的股票却走势明显强劲。

作为职业分析师的李大霄，把复杂的股市简单化、绝对化，把估值作为分析和解决股市一切问题的灵丹妙药也许有失偏颇，但是，作为一个娱乐明星，大霄先生还是带给了大家很多欢乐的。

牛市对大妈们的娱乐活动产生了挤出效应，她们关心世界经济和国家大事与小事，没想到忽然一夜暴跌，大妈们的股市热情又降至冰点。

关键词二：国际巨星

这几年，还有一位国际资本市场的洋明星在国内广受追捧，他就是号称索罗斯战友的吉姆·罗杰斯。如果说李大霄的粉丝大部分是散户的话，罗杰斯的粉丝则以投资机构、个人大户以及财经媒体为主。这个极富表演才能的演说家，被国人奉为神明，高价出场费直逼赵本山。

大约八年前，程大爷有幸与罗杰斯在广州的花园酒店同桌吃过一次饭，也听过他在广州的几次演讲，第一次听感觉不错，虽说没听到什么投资方面的高见，但他一会儿谈到如何环游了世界，一会儿又扯到如何教育孩子，我觉得就是一场"脱口秀"，关于投资建议，只记得一点，就是永远看好黄金，那个时候，黄金差不多是1600美元一盎司，八年后，黄金快跌到1000美元了。

后来听多了，发现这个小老头实在是太不把中国的投资者当回事了，每次演讲，内容几乎不做任何调整：1. 必谈女儿；2. 必谈看好中国；3. 必谈刚刚购买中国股票；4. 必谈从不抛售中国股票。十年演讲都此内容。

可是，这并不妨碍他在中国到处走穴，吃香喝辣，在中国的投资圈，形成了一个奇葩的"罗杰斯怪圈"：他出席的每一个活动都被众星捧月、大肆报道；他出席之后我认识的每一个接触过他的人，私下都会评价"骗子""大忽悠""来中国混出场费的"。然后他接着被每一个活动方盛情邀请，那些私下给他负面评价的朋友接着乐此不疲的参加他的每一个活动，大篇幅报道他说的每一句话。

这就是最经典的走秀。

关键词三：王的女人

2015年股灾中有一个词语，既可上报纸的财经版，也可以上娱乐版，它就是"王的女人"。在一个投机炒作近乎偏执的市场，理性的分析永远难敌博傻的思维。看看梅雁吉祥一天超50%的换手率，两周150%的涨幅，再看看农业银行一天0.1%的换手率，以及绵绵阴跌的走势，即便再有"坐怀不乱"定力的投资者，也架不住梅雁姑娘们那香艳的诱惑呀，更遑论那些本来就心猿意马的投机客，以及说起来信誓旦旦做起来心有旁骛的伪价值投资者了。

宫廷剧和王的女人就是在这样充满喜庆的氛围下登场的。你没法把娱乐这样的元素从A股的历史与现实中剔除出去。

2015年7月初，自从国家队开始救市，IPO暂缓，再融资暂停，A股就失去了所谓的"优化资源配置"的功能，只剩下娱乐功能了。

本来股市火爆之时，广场舞大妈们跳舞的时间、规模以及小苹果和凤凰传奇的音量都明显下降了，牛市对大妈们的娱乐活动产生了挤出效应，她们关心世界经济和国家大事与小事，她们的资金投入正紧跟潮流，配置"一带一路"、国企改革以及互联网＋，等等等等，没想到忽然一夜暴跌，大妈们的股市热情又降至冰点。

好在有梅雁吉祥这个灰姑娘及时登场，让大妈们眼前一亮，好似一首凤凰传奇的金曲横空出世，股市一下子充满了苦中作乐，如意吉祥的气氛，这对于股市的低迷状态，何尝不是一种别开生面的拯救呢？

有人指责国家队不该救梅雁吉祥这种垃圾股，而是应该坚决买金融地产两桶油这类根正苗红的蓝筹股，让价值投资之花遍地开放。似乎梅雁一出，价值就零落成泥了，国家队救人不淑，让灰姑娘变成了妖孽？

此言差矣！国家队在梅姑娘流落街头，差点要沦落为娼之时，英雄救美，并成功引来各路满身正气的游资一齐捧场，人家就不是冲着救"价值"去的，人家这是要救"娱乐"！你懂吗？

试想，一个已经没有融资功能的股市，一旦连娱乐功能也失去了，那还有意思吗？

关键词四：诗和段子

这几年，券商研究所的分析师们写诗编段子很是流行了一阵子，股民们似乎也乐此不疲。

有人在新财富分析师评选过程中首次使用写诗拉选票的绝招，没想到引来群起仿效，一时间"诗"横遍野，让人感受到中国股市深厚的文化底蕴。在诗中罗列自己过往业绩者有之，哭诉工作不易压力山大者有之，直舒心意跪求选票者有之……有点金鸡百花奖评选的意思。

每一次暴跌之后，总会有那么多的段子恰到好处地递给我们安慰，或感人至深，或催人泪下，或仰天长啸……难以想象，没有段子的陪伴，我们可以安然度过那些失眠的夜晚，那些心灵破碎的清晨，那些魂不守舍的午后，怪不得有一位大佬会一本正经的宣称：段子是我留在A股的最后理由！

分析师们的预测也越来越富有娱乐精神。长期以来，看多看空都只是一种说法，而不是一堆理由，同样的事情发生了，有人说是好事，也有人说完蛋，见仁见智吧！策略分析师看市场，运气第一，水平第二，就好比别人打麻将，你在边上"指导"，你说听一四七条押三张牌的机会大，结果别人单吊幺鸡自摸了。预测指数的未来，读了点书且炒了几年股的，大家的认知都差不多，到最后，比拼的还是"吹水"的水平，好文才干不过好口才，当然，写诗编段子更能快速出名，制造轰动效应，所以，也可以说，好口才干不过好诗才呢。

大券商的策略分析师，写文章和演讲的水平难分伯仲，最后谁可以"自摸"，手气就很关键。说到底，未来是什么样，鬼才知道？大家都是在蒙而已，说对说错，跟水平关系不大，蒙对了一次大的，就是新财富金牌，蒙错了，可能就是银牌，这么多年了，大家也都心照不宣。

恶意收购的本质是一种"绿色敲诈"

举牌这样的事情，在国际上到处都是成功的案例。程大爷担心的是，国内的"歪嘴和尚"太多了，搞不好会把一本好端端的经给念歪。

宝能系与万科管理层的控制权攻防战打得难分难解，虽然安邦突然宣布力挺王石，然而，万科股票仍在停牌，谁胜谁负尚无定论。当然，看客们显然早已经选边站好了，挺老王的和挺老姚的各自摇旗呐喊，口水四溅，有拿道德说事的，有拿规则说事的，有拿八卦新闻说事的，反正，看热闹的都不怕事儿大，越是不着边际越是刺激感官。

这确实是一场股权争夺大戏，不过，说是"世纪大战"还是有夸大之嫌。从国内国外来看，类似的事件过去100年来，不知道发生过多少回了，相信将来类似的举牌、收购和反收购戏剧还会更多上演。

2015年安邦横扫了民生银行、金地集团以及金融街等一众上市公司的控制权，除了赢得"安土豪"的威名之外，也没有引来这么多关注与评论。按理说，民生银行的体量更为庞大，市值是万科的两倍，发生的时间更早，但是，除了股市有些小激动之外，民众对此颇为不以为然，你有钱你任性，关我鸟事？

这一次万科的股权争夺大戏，观众如此之多，剧情如此之峰回路转，主要原因，恐怕不是因为万科是多么重要的一家公司，也不是某些评论者笔下的所谓世纪大战和经典案例，而是，这次的"主演"都是个名角，头号主角老王，他的出格言论，他的女朋友，他的活力四射的各种爱好，都是观众饶有兴趣的焦点。而男二号老姚，他的草根身世，传奇创富历程，他以小博大的天量资金来源，都是坊间热议的话题。金钱，美女，血性男儿的争斗，这可都是热播剧的必要元素呀！

随着不断刷屏的宝万之争，各种对举牌，恶意收购，门口的野蛮人的解读也开始刷屏，甚至有人预言未来围绕股权纷争的投资机会还会不断涌现。宝万之争发生后的几个交易日，一股寻找下一个"万科A"的主题投资在A股市场卷起了浪潮，大牌研究员们开始预言来年的市场热点非"举牌概念"莫属，手握源源不绝现金的保险公司，将会是未来市场绝对的"主力"吗？

巴菲特搞笑版还是刘銮雄山寨版？

如果说从去年开始上演的保险资金不断举牌A股上市公司的资本运作大戏之前是暗流涌动，那么，这一时点的宝万之争就将这部大戏推向了高潮。

除了看热闹的外行，也有看出门道来的内行。冷静的专业投资者开始思考，过去大家并未深入研究的"保险＋投资"模式是否已经开启了A股市场的另一个时代？过去几十年，巴菲特是将这种模式打造到极致的投资大师，所以，大家干脆把这种模式称为"巴菲特模式"。

国人都知道巴菲特是价值投资的标志性人物，国内时不时就有人喊着要做中国的巴菲特，简单"复制巴菲特"长期持股的"中巴"们，这些年在A股混得灰头土面，很不得志。因为，我们的"中巴"，一买进大蓝筹就被套牢，一两个月不涨还扛得住，一年不涨，大家要比业绩了，就未必沉得住气。价值股不断下跌，确实更便宜更值得买入，遗憾的是，你没钱了。因此，学巴菲特的门槛太高了，除非你也有一家保险公司。

巴菲特为何看见价值股下跌不仅不会痛苦，反而是更加高兴，那是因为他控制的保险公司会为他提供源源不断的"子弹"，可口可乐股价在15美元他就开始买入，然后，股价不断下跌，巴菲特就不断买入，最后可口可乐跌到5美元左右，巴菲特坚持买入，终于买成了第一大股东。

A股市场的险资通过二级市场"彪悍"买入上市公司流通股，通过不断举牌，甚至成为上市公司第一大股东，这个过程中引来天量跟风投机性资金买入，不断推高股价，在短期内制造了巨大的账面浮盈，这个模式其实还是一种避开监管红线的做庄模式，跟巴菲特没啥关系。倒是像极了上世纪90年代纵横香港股市的股权狙击手刘銮雄。

刘銮雄，广东潮州人。1951年生于香港。早年就读于加拿大大学，获学士学位。1974年毕业回港，加入其家族的吊扇制造业务，获"风扇刘"之绰号。

刘銮雄眼光敏锐，极具魄力，以狙击手姿态驰骋于香港股市，自1985年迅速崛起。现已发展成为拥有4家上市公司的综合性大集团，总市值追随十大财团之后，成为香港候补财阀，业务扩及地产、传媒、建筑及制造业等方面。在2007年金融危机爆发之前，他在"福布斯全球富豪榜"上以21亿美元财富位列第458位。今年，刘銮雄以109亿美元身价排2015福布斯香港富豪榜第六位。

请注意，他来自潮州！刘老板从做电风扇起家，原本做得风生水起，颇有规模，不曾想到，一个资本市场"天才"玩家的出现，彻底改变了"电扇刘"的生意轨迹——从生产电风扇的实业家裂变为一个金融巨鳄，专事狙击上市公司控制权并以此为借口要挟控股股东以更高价买进从而获取暴利。

改变电扇刘命运的这个人就是前亚洲最牛投行香港百富勤总经理梁伯韬，他不仅仅提供了狙击上市公司控制权的战略战术，而且，还提供了强大的资金支持。

当年刘老板的股权收购战之所以引起人们的热情围观，还有一个原因，就是，刘老板工作之余，也是热爱跟女明星闹点绯闻的，特别是他那个名叫李嘉欣的著名女朋友，让刘老板出现在报刊和电视娱乐版的时间比出现在财经版要多。

看到了吧？这次宝万之争，为什么大家会如此兴奋不已？你以为大家都想学习这出所谓的"经典案例"中的专业操作啊？其实，很多人感兴趣的是老王的明星女友，是绯闻与八卦而已吧？如果除去了老王与刘銮雄同样丰富多彩的绯闻，那么，还会有几个人会有兴趣成天关注这种事情呢？

比巴菲特野蛮，比刘銮雄厚黑，这是国内狙击上市公司控制权的特色。

巴菲特的收购征途，我们看到的是他与原有的大股东和管理层之间的良好沟通，惺惺相惜，毕竟，你看好一家公司，很大程度上是看好它的管理团队。而国内的控股权之争，多半是充满了敌意的霸王硬上弓，结果多数是鸡飞狗跳，一场闹剧。

刘銮雄的收购，苍蝇不叮无缝的蛋，他的"狼子野心"是赤裸裸的，明摆着是醉翁之意不在酒，他就是通过类似国内"举牌"的方式，制造恐慌，威胁原有大股东，达到自己的目的。而国内的举牌，不忘自诩是价值投资，还有就是股灾中响应国家号召买蓝筹，"为国护盘"，总之，理由都冠冕堂皇。其实在商言商，搞太多"王顾左右而言他"的说辞，反而会显得虚伪了。

举牌这样的事情，在国际上到处都是成功的案例。程大爷担心的是，国内的"歪嘴和尚"太多了，搞不好会把一本好端端的经给念歪。

我想说句，我绝对不会把经给念歪啊，谁信谁知道啊，嘿嘿

恶意收购的实质是一种"绿色敲诈"

宝万之争有一个显而易见的巨大成果，那就是被举牌概念股大幅的上涨，这激发了股票市场参与者的无限想象力。于是，险资举牌概念股成了大热门，投资者开始按图索骥，寻找所谓的"万科第二""金地第二"之类的潜在牛股。

市场开始热情推崇举牌的各路资金，甚至于在一边倒地赞美敢于举牌的险资，有人甚至将他们神化为"英雄"。

有人赞美：老姚凭一己之力，把一个市值数千亿上市公司的董事长从雪山上、哈佛中、美女身边、红烧肉灶台上，拉回办公室，开始为公司前途奔波；他让资本市场价值投资之火重新燃烧，让那些不重视公司市值的蓝筹股大股东不安。你可以不喜欢他，但是，你不可以轻视他，这个被普通投资者膜拜的草根大鳄，目前正人气爆棚。

榜样的力量是无穷的。有了保险资金这个开路先锋，股市中的各路资金有样学样，开始跃跃欲试。据报道，有的私募基金已经采取行动，开始玩举牌了。有人惊呼，举牌概念股是下一个炒作的风口。

不过，举牌这样的事情，在国际上到处都是成功的案例。程大爷担心的是，国内的"歪嘴和尚"太多了，搞不好会把一本好端端的经给念歪。

极具投机炒作特色的A股市场三十年来，题材花样翻新，坐庄模式也是与时俱进的。那么，各路神仙今年开始热衷于举牌游戏，到底意欲何为呢？

第一，由于大数据等先进技术手段的运用，二级市场监管趋严，以前无往不利的各种操纵手法一下子无所遁形，交易所动辄给你发问询函、提示函，警示函，甚至暂停交易，大资金根本没办法炒超短线了，今年以来大批股市大鳄被严厉处罚，特别是徐翔被抓，震慑住了各路神仙的坐庄念头，市场巨资云集，却再也回不到原来的操纵手法上去了。换玩法是巨量资金的当务之急。

第二，A股市场上市公司的控股股东及管理层几乎没有应对股权阻击战的经验，他们在举牌资金的攻击下，非常脆弱，容易得手。

第三，A股上市公司中有部分存在造假行为，他们或多或少会存在"原罪"，一旦遭遇其他资金的举牌，很容易露出"狐狸尾巴"，他们被举牌资金以各种"刁难"相威胁，然后胁迫上市公司推出许多诸如利润分配方案、购并重组、重大投资等事项有利于举牌方的目的。

第四，举牌是幌子，变相操纵股票才是他们的"主业"。

刘銮雄当年在香港玩的股权狙击，实质上就是一种变相的"敲诈"行为，只不过他运用了规则，没越过红线。但是，A股市场的举牌爱好者们，也许就不会把"脚踩红线，不越红线"放在心上，然后用举牌为借口，敲诈上市公司控股股东，以达到自己利益最大化的目的。

然而，这种"绿色敲诈"行为，尺度一旦把握不好，可能就会变成"红色"的了。《刑法》上这样说：敲诈勒索罪是一种重要的侵犯财产罪，其犯罪对象是公私财物。有的学者认为，敲诈勒索罪的对象是复合的，包括人和公私财产。从敲诈勒索罪的客观要件入手，敲诈勒索的客体只能是财产所有权，因而其犯罪对象只包括公私财物，而不包括人。本罪在客观方面表现为行为人采用威胁、要挟、恫吓等手段，迫使被害人交出财物的行为。

威胁，是指以恶害相通告迫使被害人处分财产，即如果不按照行为人的要求处分财产，就会在将来的某个时间遭受恶害。威胁内容的种类没有限制，包括对被害人及其亲属的生命、身体自由、名誉等进行威胁，威胁行为只要足以使他人产生恐惧心理即可，不要求现实上使被害人产生恐惧。威胁的内容是将由行为人自己实现，还是将由他人实现在所不问，威胁内容的实现也不要求自身是违法的，例如，行为人知道他人的犯罪事实，向司法机关告发是合法的，但行为人以向司法机关告发进行威胁索取财物的，也成立敲诈勒索罪。

所谓要挟方法，通常是指抓住被害人的某些把柄或者制造某种迫使其交付财物的借口，如以揭发贪污、盗窃等违法犯罪事实或生活作风腐败等相要挟。但行为人取得财物可以是当场、当时，也可以是在限定的时间、限定的地点。

行为人使用了威胁或要挟手段，非法取得了他人的财物，就构成了敲诈勒索罪的既遂。如果行为人仅仅使用了威胁或要挟手段，被害人并未产生恐惧情绪，因而没有交出财物；或者被害人虽然产生了恐惧，但并未交出财物，均属于敲诈勒索罪的未遂。

可见，利用举牌，甚至恶意收购，然后采用威胁或者要挟手段，迫使控股股东答应举牌者的利益诉求，这种行为，应该是涉嫌犯罪了。

错误不在别处，就在我们自身

这恰恰反映了我们这个社会上普遍存在的一种逆向选择，我们热衷于欣赏"浪子回头金不换"，赞许"凤凰涅槃，浴火重生"，却对踏实稳重视而不见。

说实话，国内股市真是一个拒绝长大的孩子！剧烈波动的局面总不见改善，今年更是开年就股灾，股民不禁感叹，拿什么拯救你，我的股市？

一说到A股投机炒作愈演愈烈，就连一向坚持价值投资的机构投资者也被投机的大潮所裹挟失去了自我这一奇葩现状，马上就会有人站出来反驳道，那是因为A股的蓝筹类公司都是铁公鸡，不给投资者分红，大家失望了，就去炒题材！这个逻辑真有意思：由于赚钱的公司不分红或少分红，那还不如去炒不赚钱的公司？

还有人会说，A股市场有价值的公司太少，发现好公司比较难，这个问题，还是要客观看待，伟大的公司确实挺少，但是，应该看到仍然存在一批估值水平合理的公司。炒作者的逻辑是，既然没有最完美的公司，那就不将就，那就去炒垃圾股。这就好比说，一个男人没找到完美的女朋友，就理直气壮地跑去嫖娼一样荒谬。

炒重组的鼓吹，A股如贾平凹笔下的丑石，它是以丑为美的，它丑到极处也就美到极处？甚至有人还论证过，垃圾股是有极高价值的，垃圾股的价值就在于它隐含着被借壳或者重组的预期，这相当于它那种看似不合理的股价中包含了一份认购权证的价值。这个解释有一定道理（**尽管这种现象极为荒唐！**）所以，股票不坏，股民不爱，就不难理解了。

这恰恰反映了我们这个社会上普遍存在的一种逆向选择，我们热衷于欣赏"浪子回头金不换"，赞许"凤凰涅槃，浴火重生"，却对踏实稳重视而不见。

矛盾之处在于，看起来我们是热爱不确定性的，但是，我们永远只热爱不确定带来高收益的一面，却拒绝接受不确定性也会带来巨大损失的一面。追逐暴利的同时，却不愿承受相应的高风险，这是一个悖论！

既然市场的参与者们一直都是以炒作的心态来对待A股市场，那么，就该明白一个纯粹供大家博弈的市场，它的剧烈波动就不可避免。古今中外的生意，收益与风险成正比的规律从来没有改变过，凭什么要求一个市场年年高收益而低风险呢？没道理。

每一次危机以后，我们从市场参与者这边看到的都是指责、怨恨和诅咒，唯独不见认真的反思，好像只有监管者需要反思，市场参与者的行为完全没有任何问题一样。这也没道理。

每一次危机都意味着金融监管的失败

有人做过统计，大约每隔5~6年，全球范围内就会爆发出一次金融危机，至于区域性的股灾，那就多不胜数了。或许股灾正是世界上最容易出现的"自然灾害"了，就拿A股来说，去年6月初以来，在半年多一点的时间内，就已经发生了三次系统性的崩溃，人家马航一年内也就掉下来两架飞机而已哦！

每一次的金融危机，确实都会暴露出监管体系中的一些问题，成熟老到如美联储这样的机构，面对危机的时候，也难说每次都可以做到得心应手，比如在2008年次贷危机之后，伯克南就痛陈过政府在监管方面的问题，并随之主导对监管体系进行了全面深入的改革。中央财经领导小组办公室主任刘鹤撰文一针见血指出，"每一次危机都意味着金融监管的失败和随之而来的重大变革。我在两次全球大危机的比较研究中提到，两次大危机中一个共同的原因是金融体系的脆弱性超过了微观层面的风险管理能力和宏观层面的监管能力。"刘主任说，在两次危机形成过程中，监管上奉行"轻触式监管"，认为"最少的监管是最好的监管"。监管放松、监管空白和监管套利愈演愈烈，各国监管机构甚至竞相降低监管要求以追求本国金融机构的相对竞争优势。

很显然，危机的发生，监管体系的脆弱性是重要原因之一。

2008年的全球金融危机之后，各国的金融监管都进行了改革，这次改革的最大特点是对系统性金融风险的重视。但是金融系统的复杂性使系统性金融风险的监管在具体操作上显得复杂而艰难。金融监管不能仅限于对金融业务和职能的监督和管理，而更应该抓住金融监管的本质。

金融监管的本质是对自由竞争程度的选择，金融监管改革的措施也应该以金融监管的本质为核心。

进入2016年后，A股开盘即发生重挫，熔断机制实施首日，沪深两市即被熔，1月7日两市开盘15分钟即被熔断，创造了全天交易不足半小时的最短交易记录。于是，对熔断机制的抨击铺天盖地，市场参与者对监管部门口诛笔伐，几乎是群起而攻之，最终导致熔断机制的快速退出。

然而，被公认为是A股新年暴跌"罪魁祸首"的熔断机制退出之后，A股并没有改变下跌的趋势，并在随后一周创下半年新低。这说明，我们经常理直气壮地认为的"真理"，其实只是一场误会而已。

影响市场波动的因素实在是太多了，那些武断的分析，其实就是盲人摸象，似是而非。从中长期来看，监管部门是不是可以改变市场的走势，这个难以证伪，也无法证实，即使监管者有着泛滥的"父爱"，他也做不到让"每一个孩子"都赚钱。把牛市的希望寄托于此，无异于缘木求鱼。

证券监管以保护投资者合法权益为宗旨，以矫正和改善证券市场的内在问题为目的，通过法律、经济、行政等手段对参与证券市场各类主体的行为进行引导、干预和管制。这里强调的是，任何对投资者合法权益的侵害行为如操纵股价、欺诈发行、内幕交易等违规违法行为均应毫无争议地成为监管对象，并让其受到严厉惩处，防止任何机构或者个人以其拥有的信息、工具和资金优势对中小投资者进行诈骗与掠夺。

可见，证券监管以一般的管制概念为基础，又具有与之相区别的特殊意义。我们耳熟能详的"三公"（公平、公开、公正）原则即是证券监管最基本的原则。

市场参与者期望证券监管至少达成两大目标。第一个目标是，引导并在必要时实施有效干预，克服证券市场的各种缺陷也即证券市场失灵，保护市场参与者的合法利益（尤其是中小投资者的合法权益），维护市场的公平、透明与效率，促进市场机制的运行和市场优化资源配置功能的发挥。这个可以看作是证券监管的现实目标；第二个目标是，保障证券市场的稳定、健全和高效运行，促进整个国民经济的稳定和发展。这个目标有点远大，算是证券监管的最

这恰恰反映了我们这个社会上普遍存在的一种逆向选择，我们热衷于欣赏"浪子回头金不换"，赞许"凤凰涅槃，浴火重生"，却对踏实稳重视而不见。

降了，
是我错了，
啊啊

终目标吧？

无论是第一目标还是第二目标，证券监管不容忽视的核心目标就是，保护投资者尤其是中小投资者的利益。投资者是证券市场的基石。

但是，不可片面理解"保护投资者的合法权益"，打造一个人人赚钱的牛市，这个目标确实超出了监管者的能力范畴，换了谁，这也是一个不可能的任务。如果以市场是否走牛来判定监管的有效性，这也背离了监管的本质。

恺撒的归恺撒，上帝的归上帝

如果一个市场长期背离价值投资的信念，离政府设定的目标越来越远，参与者沉迷于讲故事的炒作游戏不能自拔，那么，指望它还能发挥"优化资源配置"的功能就勉为其难了。融资只是手段，优化资源配置才是真正的目标。投机是股市运行的润滑剂，它也不是推动市场健康发展的原动力。我们应该清醒地认识到，过度投机让资本市场正在滑向柠檬市场。

在重庆市的一次金融工作会上，市长黄奇帆对金融的本质有过一番妙论，第一，金融是为有钱人理财，为缺钱人融资；第二，金融是"信用""杠杆""风险"这三个词语；第三，金融不是单纯的卡拉OK、自拉自唱的行业，它是为实体经济服务的，金融如果不为实体经济服务，就没有灵魂，就是毫无意义的泡沫。在这个意义上，金融业就是服务业。

纯粹的投机市场是没有灵魂可言的。市场参与者应该认识到，既然选择了"赌"的游戏，是没有理由要求赌场保证你每把都要赢钱的。"买者自负"翻译成赌场用语不就是"愿赌服输"吗？

监管者的反思是必要的，但是，市场参与者的反思同样不可缺少。

当然，有人说资本的天性就是逐利的，无关乎道德。我只能说，这是因为我们走得太快了，灵魂跟不上自己的脚步。

我们知道，所谓资本是指能够带来剩余价值的价值。所谓价值是指凝结在商品中的无差别的人类劳动。所谓剩余价值是指由劳动者劳动创造而被出资人无偿占有的那部分价值。资本作为价值的一种变式是劳动的结晶，资本带来剩余价值的过程是通过资本投入生产过程并支持生产过程顺利完成而得以实现的。

为什么资本的本性是追逐利益最大化？资本所指代非常宽泛，它包括人力、技术、物力等所有服务于生产的必要材料。与其说资本追逐利益最大化，不如说是人力、技术、物力等要素在追逐利益最大化。

人力掌握在每个正常的有需求的人手中，技术掌握在某一领域有需求的专业人士手中，物力掌握在有物品所有支配权的有需求的人手中，凡此种种，说到底就是资本掌握在有需求的人手中，人有需求就会用其掌握的东西去交换自己追逐的东西。由此可见，资本其实就是我们所拥有的，需求就是我们愿意舍弃原拥有的后所得到"对价"。

资本的天性是贪婪。

马克思有一段经典名言，一旦有适当的利润，资本就胆大起来。如果有百分之十的利润，它就保证被到处使用；有百分之二十的利润，它就活跃起来；有百分之五十的利润，它就铤而走险；为了百分之一百的利润，它就敢践踏一切人间法律；有百分之三百的利润它就敢犯任何罪行，甚至冒着绞首的危险。

股神巴菲特是这样定义自己的工作性质的："我的工作就是为资本的所有者，把资本从资本回报低的地方运到资本回报高的地方，所以我工作的目标就是要达到我的客户利益的最大化。"这句话切中了资本市场的本质。在价值被低估时买入，在价值被高估时卖出，他更看重的是股票的内在价值，而不是要看有没有故事可供炒作，他挣的钱更多的是企业创造的价值，而不是简单从别人口袋里掏出来的。

除了监管部门需要发挥强大的作用之外，投资者的自我管理也是极为重要的一环。证券交易的高专业化程度和证券业者之间的利益相关性与证券市场运作本身的庞杂性决定了对自律管理的客观需要。

近年来，集中化证券监管和强化政府监管地位正成为各国尤其西方证券市场管理的发展趋势，而自律管理需要的是自我行为的调控，克服资本唯利是图的本性，还是要有所作为有所不为。行业协会这类机构的存在，更多地是为了唤醒参与者的良知与善意，帮助市场参与者找回自己的灵魂。

错误不在别处，就在我们自身

美国国会对次贷危机的调查结论是，这场金融危机本可以避免，危机既非天灾也非计算机模型的失效，而是源于人类对风险的无动于衷和错误判断。借用莎士比亚的话说，就是"错误不在别处，就在我们自身。"

德鲁克在谈到管理时说过一段发人深思的话：管理要使人生有意义！

无论是证券监管，还是投资者的自我管理，终极目标还是要让资本市场成为一个"有意义"的市场，投资者的交易行为成为一种"有意义"的价值发现和价值创造的过程。

一个柠檬市场不能增加社会的总效用，零和博弈不过是存量财富的重新分配，讲故事能刺激荷尔蒙分泌，最终还是需要中小投资者为这些故事付出昂贵的代价……我看不出它们的"意义"在哪儿。

德鲁克说，企业要生存，它也一定要有经济上的回报，要有利润，要有资本再投入。但是，你如果真的只是为了钱而去做，有可能赚到钱，但是你可能根本没创造价值。比如索罗斯，他有很多聪明智慧，发展出很多投机的工具，还写了一本书《金融炼金术》。但是索罗斯创造价值了吗？我认为没有，他只是把别人创造出的财富，用财务技巧转移到自己的口袋里。他的企业可能赚到钱了，但它没有创造出价值，违背了企业的目的。

德鲁克最可贵的地方就在这里，他不是教你如何生存和发财，不是教你怎样成为一个著名的、引人注目的、有社会地位的成功者和企业家。他是教你怎样通过工作使你的人生有意义。这个意义的标准，不是你赚了多少钱，而是你的行为是否为他人创造了价值。

我们在资本市场当然要追求成功，但是，需要追求的是有意义的成功，创造价值的成功，为社会带来好处的成功。

资本市场有很多的成功者，他们的有些行为符合德鲁克所说的创造价值，给社会带来好处，推动社会进步，但是，他们也有一些行为破坏了价值，和正面的行为是冲突的，他们有很多不一致的地方。

如果不改变投资者的信念，放任资本的贪婪天性，我们仍将在一个无意义的市场中经历一次又一次的危机与伤害。

作为一个无神论者，我不止一次地被德鲁克有关如何获得信仰的论述深深感动，至于信仰的实践，德鲁克提醒，不能与当今所谓的"神秘体验"混为一谈，不是修炼如何呼吸或沉浸在巴赫的音乐就能实现的。

"只有通过绝望，通过苦难，通过痛苦和无尽的磨炼，才能达至信仰。信仰不是非理性的、伤感的、情绪化的、自生自发的。信仰是经历严肃的思考和学习、严格的训练、完全的清醒和节制、谦卑、将自我服从于一个更高的绝对意愿的结果……每个人都可能获得信仰。"

股市的悲观预见总是最容易被验证

乐观者看到了雪花飞舞的浪漫与优雅，悲观者感到了寒潮袭来时的冰凉与不适。

墨菲定律警示我们，面对人类的自身缺陷，我们最好还是未雨绸缪，对可能出现的小概率事件做好应对策略，防止偶然的人为失误导致错误的发生。

对广州人来说，2016年1月最大的事情不是股市的剧烈波动，而是，广州下雪了！

估计地球上再也找不到比广州人更爱看雪的人类了，原因很简单，就是现年87岁以下的广州本地人，是没有看见过广州下雪的。广州下雪，可谓百年一遇。

作为一个曾经地道的湖北农民，程大爷对下雪这档子事，保留的记忆可不那么美好。长江以北的冬天，室内供暖，而长江以南的冬天，与北方一样大雪纷飞，可是，只能靠烧点树枝烤火取暖。那个年代，真的是你在北方的艳阳里吹着暖气，我只能在南方的飘雪里流着鼻涕，下雪于我，只与寒冷、冻疮、泥泞这些词汇有关。

下雪时的广州，人雪共舞，全城热恋，那从天空中飘下的不是雪花，而是一片片的惊喜。雪花飘了不到半小时，但是，朋友圈里的雪似乎越积越厚，怪不得有人打趣说，那天广州哪儿的雪下得最大？朋友圈！

还真别说，这广州人眼中从天而降的喜悦，分布得并不均匀，还有人就开始"抱怨"了，凭什么番禺一直下雪，这边越秀却一点动静都没有，这边房价还那么高！这算是地区歧视吗？哈哈……

1. 乐观者看雪与悲观者看雪

段子手纷纷从股市跑出，一路跑进了广州的飘雪里。

据说初雪日表白的成功率高达90%！看来雪下到恋人的脑子里了？

广州什么时候会下雪？等到猴年马月吧？结果猴年一到，就真的下雪了！猴年没到，股市就猴性大发好多天了呢！

我曾经的梦想是在广州看到下雪，今天居然实现了，所以说梦想还是要有的，万一实现了呢！我的梦想是牛市成真，咋就这么难实现呢？

历史上广州有过八次下雪的记录：

1. 宋朝淳祐五年十二月（1246年初） 大雪三日，积盈尺余，炎方所未有也。

2. 明朝永乐十三年（1415年）冬雪，梅枯死。

3. 明朝隆庆三年（1569年）十二月 西樵山大雪，林木皆冰，二日乃解。

4. 清朝康熙二十二年（1683年）冬大雪霜，树木全枯死。

5. 清朝道光十五年（1835年）十二月二十二日 大雪漫天如飞絮，积地四寸余。

6. 清朝光绪三年（1877年）十一月二十九日夜 风雨雷电雪雹并至，鱼多冰死。

7. 清朝光绪十八年（1893年初）十一月十七、十八日，大雪，平地积雪寸余。

8. 民国18年（1929年）一月三十日上午，降雪点，午后更寒，中央公园之梅花、红菊，铺满雪菲，均为艳白。

加上2016年1月24日的这次，近800年，广州也就下了九次雪。

由此可见，历史上的那些广州下雪，并不那么受待见，多是作为一个灾难来记载的。这次，一个小概率事件又发生了！

每个人的角度不同，看法可以判若云泥。

乐观者看到了雪花飞舞的浪漫与优雅，悲观者感到了寒潮袭来时的冰凉与不适。

乐观者看到了雪花飞舞的浪漫与优雅，悲观者感到了寒潮袭来时的冰凉与不适。

墨菲定律警示我们，面对人类的自身缺陷，我们最好还是未雨绸缪，对可能出现的小概率事件做好应对策略，防止偶然的人为失误导致错误的发生。

唉，跌了，也好，正好休息休息

真是，寒风刺骨啊

2

朋友圈里，乐观者感叹：广州下雪了！这么美好的事情都发生了，还会有什么不会发生？

一位基金业大佬却写道：广州今日下雪，为八百年来之第九次。天象因应人事，上次冬雪为民国十八年（1929），乃全球大熊之年，故今年宜取守势，去机巧，废聪明，重敛轻施，退藏于密，蓄势待发。

没准，广州下雪与股市中的极端事件类似，墨菲定律是否会再一次验证——如果事情有变坏的可能，不管这种可能性有多少，它总会发生。

2. 凡事会出错，就一定会出错

前两年，人们在电影《星际穿越》中多次听到"墨菲定律"，并且在剧情中都得到了验证。很多人都是看了这部电影后知道了这个名词的。然而，在金融市场，墨菲定律几乎隔三岔五就被验证一回。

这不，就在广州人民一片欢呼雀跃声中，就有人低声地嘀咕：天降异象，不是好事啊！

有一篇文章甚至用了《广州下雪，全球股民遭殃》这样一个耸人听闻的标题来表达自己对"不祥之兆"的担忧。

太多人认为广州下雪是一件美好的事情，是大吉之兆；也有人担心会出幺蛾子，乃大凶之兆。结果，仅仅隔了一天，A股没有缘由地再次暴跌，甚至击穿2850点的所谓股灾底，一路奔向2600点，并创下十三个月来的新低。

3. 最悲观的预见总是最容易被验证

再一次，广州下雪的墨菲定律应验了！

说起这个神奇的"墨菲定律"，它实质上是一种心理学效应，是由爱德华·墨菲提出的。其主要内容包括：

第一，任何事情都没有表面看起来那么简单；

第二，所有的事情都会比你预计的时间长；

第三，会出错的事情总会出错；

第四，如果你担心某种情况发生，那么它就更有可能发生。

由于墨菲定律被演绎并应用在不同领域，流传至今的版本多不胜数，最后，大家都分不清哪个才是最原始的版本了。

据说，墨菲定律的原句是这样的：如果有两种或两种以上的方式去做某件事情，而其中一种选择方式将导致灾难，则必定有人会做出这种选择。后来这句话迅速流传，成为一个影响深远的论断。

在我看来，"墨菲定律"说的是一种小概率事件产生的心理学效应，越怕鬼越见鬼，心理暗示起作用的表现。打高尔夫球的人都会有这样一种经历，当前面有水障碍时，你会担心球掉进水里，结果是，球真的掉进水里。沙坑也是如此，所以，高手之间的差别，往往不是技术，而是心理素质。"凡是可能出错的事有很大几率会出错"，指的是任何一个事件，只要具有大于零的几率，就不能够假设它不会发生。

多年来的扩展，"墨菲定律"逐渐成为一个习语，在文化方面，它代表一种近似反讽的幽默，用来对生活与工作中"触霉头"事件的一种排解方式。其内涵被赋予五花八门的创意，衍生出众多的变体。

关于广州下雪是大吉之兆还是"全球股民会遭殃"这两种解读之间，后者不幸被验证了。所以，也可以把墨菲定律解读为：看似一件事好与坏的几率相同的时候，事情都会朝着糟糕的方向发生。

自诞生以来，"墨菲定律"就搅得人类心神不宁，它一再提醒我们：尽管科学技术越来越发达，人类解决问题的手段越来越高明，然而，这个世界将要面临的麻烦并不会就此减少。各类灾难事故，还发生的照旧还会发生，甚至还会变本加厉。比如金融市场，过度创新带来的危机时有发作，在这里，人类的贪婪，创造出了无穷多的衍生工具，最终把人类推入火炕。

所以说，容易犯错误是人类与生俱来的天性，它比贪婪与恐惧还要根深蒂固。作为个体，人是有局限性的，再牛逼的人永远也不可能成为上帝，当你得意忘形乃至妄自尊大之时，你就离犯大错不远了，有个叫墨菲定律的"神器"会跳出来教训你一下，让你吃尽苦头；相反，如果你认识到自己的幼稚无知，没准墨菲定理会帮助你拾遗补阙，完善自我。

4. 墨菲定律在股市中显灵

正是由于投资者对"黑天鹅"事件的恐惧，那些悲观预见的观点，更被人们关注。于是，我们看到了末日博士动不动就发出警告，曾经的千点论不幸言中，空头司令一呼百应。

尤为诡异的是，A股推出熔断机制，第一天就被两次熔断，两天后更是创下全天熔断，交易不到半小时就停止了的"天方夜谭"。而在熔断机制征求意见阶段，就有学者提出，A股既然已经有了涨跌停板制度，熔断机制搞不好会产生"磁吸效应"，导致熔断无端发生。可惜无人听进去，结果，墨菲定律以迅雷不及掩耳之势地发作了。

真是哪壶不开提哪壶，许多投资者都有过这样的经历：自己买进的股票在牛市总是死活不涨，熊市则跌得头破血流；好不容易买到一只超级大牛股，只是在它开始拉升之前一定已经卖出了；确信买到会涨的股票了，解套的时候也沉得住气，计划卖出落袋为安的那个交易日，股票停牌了，因为业绩造假被监管部门立案调查了；买到会涨的股票了，解套的时候也忍住没卖，准备平仓时股票也没出黑天鹅，只是卖出时把"卖出"按成"买入"了，想等到第二天再卖，晚上公告该公司重大事项停牌了，忽然狂喜不已，想象复牌后多少个涨停板；股市狂飙，自己持有的股票因重组停牌三个月，接着股灾来临，股市狂泻不止，偏偏这个时候，你持有的股票复牌了，并且公告了重组失败的消息，于是，它为你献上整整10个一字跌停板……

墨菲定律在股市处于剧烈波动时期更是经常发威，有些甚至成为某种魔咒，比如去年股灾后的千股跌停，逢周四必跌，下午2点半跳水，都是墨菲定律的验证。

墨菲定律的一些变种或推论以及在股市里的运用，也是蛮有意思的。

普通人的炒股生涯大抵如此：你怕跌，它就偏偏跌给你看；你盼涨，它就偏不涨；你忍不住卖了，它也开始涨了。

投资其实是一个逆人性的过程，你越是有把握的事情，越是容易失败；你越是想卖出的时候，其实应该买进：你冲动满仓之时，恰好应该减仓。

为了说明这个问题，程大爷特地编了一个股民问禅师（一种与证券分析师类似的职业，哈哈）的段子：

股民（说湖北话）：我看好五只股票，买进其中的一只，结果除了手中的那只外，其他四只都涨得很好，这是怎么回事呢？

禅师默默地从果盘中拿出看起来最丑的那只苹果，用袖口抹掉灰尘后递给股民。

股民：啊，我顿悟了，大师，您的意思是说墨菲定律？所以，当你同时看好五只股票时，你可以将这五只股票在你心目中做个排位，你就挑排名最后的那个买就好了。你要知道，股市如人生，期望值最高的事情，一般来说也最容易让你失望。

禅师（用湖北话）：拉倒吧，我只谈人生不谈股市，我抹去了苹果上的灰尘，想让你吃苹果，然后住嘴！

5．如何化解墨菲定律的魔咒

在股市中，墨菲定律之所以经常让小概率事件被验证，个中原因，应该是心理因素导致的羊群效应，引发了群体行为，于是把一个担忧最终变成了现实。

比如，股灾中分析师对下跌目标位的预测，就有可能一语成谶。2016年1月的股市暴跌，有人预言会跌破2850点，结果，随后就跌破了。接着，有人又预测会见到2500点或2600点，这种预测又被验证了，这是一次经典的墨菲定律显灵，也是一种预言自我印证的现象。

另外，熔断机制中的磁吸效应，也属于一种心理效应，在恐慌中的群体活动，有典型的羊群行为特征，一致行动最终导致熔断从一种概率瞬间变成现实。

墨菲定律警示我们，面对人类的自身缺陷，我们最好还是未雨绸缪，对可能出现的小概率事件做好应对策略，防止偶然的人为失误导致错误的发生。毕竟，错误与我们一样，都是这个世界的一部分，漠视风险只会使我们自讨苦吃，必须学会如何接受错误，并不断从错误中吸取教训并发现成功的路径。

当然，重视墨菲定律并不意味着我们就此认命，并听任墨菲定律的摆布，而是最终还是要找到化解它的方法。

既然墨菲定律是一种心理效应，那么，怎样的心理素质才能抵御这种负面心理的冲击呢？有研究表明，乐观是化解魔咒的一剂良药。

许多人将乐观与快乐画上了等号，实际上，乐观并非像快乐那样是一种感觉，乐观是一种关于未来的信念。一方面，我们要抓牢快乐、满足和兴奋等这样积极的情绪，另一方面，我们又要努力弱化压抑、恐慌和仇恨等负面情绪。如果想要更加乐观，就要培养更积极的生活态度，如果想要减少悲观，就要努力避免陷入消极情绪。

乐观常常能给人们带来幸福感的增加，它增加了人们对目标的专注和投入。它就好似快乐的灵丹妙药，悄悄给了为它所偏爱的乐观者。

乐观者和悲观者之间最基本的一个不同之处就在于，乐观者对可能出现的墨菲定律会做足准备，但是，并不会为此而受到困扰，结果，在良好的心态之下，那个最坏的概率会变得更小。悲观者会为有可能发生的坏事忧心忡忡，结果，负能量爆棚了，反而加大了坏事发生的概率。

所以，乐观主义者会反复告诉自己：一切都是好事，尤其是坏事。

没有任何一种性格可以让你在所有情况下都表现得无懈可击，事实上，任何类型的性格都有其无法掩饰和逃避的人性弱点。

悲观者是一种天性中就带着悲剧情结的人，他们似乎很难从各种消极情绪之中解脱出来，因此，他们要比乐观者们花更多的时间去后悔过去已经做错了的事情，烦心当前不太对劲的事情，忧虑将来可能会做错的事情。他们对周围负面要素的过度敏感甚至能令他们形成一个信念，即他们的现状远远比不上他们本来可以做到的程度。

悲观主义的言论非但不正确，反而会阻止乐观思维的萌生。乐观者永远不会对充满不确定性的世界感到绝望，他们会对各种潜在的看起来概率很小的坏事给予足够的关注，但不会被这些小概率吓得故步自封，他们会比悲观者付出更多的努力去争取最好的结果。

羊年盘点：谁说白交易，收获酒与诗

尝试一下改变吧，在那些看似荒谬的的投机生涯中，寻找属于自己的人生意义。爬到高山后石头还会继续滚下去，请不要灰心丧气怨天尤人，忘掉那个不堪的结局，记住你所追寻的人生意义。如果还有人问西西弗你为何坚持做如此看似毫无意义的事情，西西弗可以平静地告诉他，生命的意义，操之在我，而不是操之在人。

在咱国人眼里，农历新年才是一年的开始，所以，2016年2月5日下午3时，才是这个看起来无比悲催的羊年股市交易的终点。

年终盘点，估计太多的股民心里不是滋味，发生在短短半年多时间里的三次崩盘，让某些本来就脆弱的玻璃再又心碎了一地。难怪会有人感叹，刚刚被"历史"的车轮碾过，还没爬起来，发现那狗日的"历史"又在开始倒车了！

不过，之所以说是看起来无比悲催，是因为，所有的这些悲催也好心碎也罢，都只是旁观者的看法，投资者的真实感受，或许并没有别人想象的那么不堪哦！

子非鱼，焉知鱼之乐？一个从投资收益来看确实"悲催"的股市，从过程的峰回路转跌宕起伏来看，却又满载一场游戏必需的惊险与刺激呢！

比如说，幽默风趣的各类段子，总是在市场惨烈熔断的时候疯狂刷屏。谁说股民只有股票？他们一样有诗和远方哦！每当股灾来袭，他们就诗情澎湃，才思泉涌。

原以为只有那个悲天悯人的白居易才可以写出让花溅泪令鸟惊心的好诗，不曾想过，网络上有个名叫"白交易"（这名字挺好，难道是白居易后人？）的才子，横空出世，股灾后接连写下不少风靡一时的流行诗词呢！他不仅有白居易的情怀，更具有东坡的意境，让股灾的痛，突然减轻了不少。

不过，这首婉约风格的词还是读哭了一些散户：十年炒股两茫茫，先亏

如果还有人问西西弗你为何坚持做如此看似毫无意义的事情，西西弗可以平静地告诉他，生命的意义，操之在我，而不是操之在人。

唉，
谁说白交易，
收获酒与诗

车，后赔房；千股跌停，无处话凄凉！纵有涨停应不识，人跌傻，本陪光。牛市幽梦难还乡，睡不着，吃不香。望盘无言，惟有泪千行！料得年年断肠处，熔断夜，大熊岗！（《败家子·沽市》作者：白交易）

羊年股市终于收盘了，白交易先生诗兴大发，又来一首，这首豪放大气磅礴，鼓舞了全国股民：我欲清仓归去，又恐迅速反弹，踏空不胜寒。与其储蓄负利，不如厮混其间，少追涨，勿杀跌，夜安眠，不应有恨，获利总在无意间。月有阴晴圆缺，股有横盘涨跌，此事神难料！

没有悲愤，只有勇气斗志向前。

长歌当哭，必定是在痛定之后，如鲁迅先生所言，真的勇士，敢于直面惨淡的人生，敢于正视淋漓的鲜血。从这些哀而不伤，痛而无悔的诗词歌赋之中，我们又分明看到了一种革命乐观主义精神的正能量嘛！

年年岁岁白交易，岁岁年年忙交易

这是一条前仆后继的不归路，一踏上炒股这条路，你就会被人群簇拥着往前走，根本就停不下来。正如张宇在歌中唱的，一生热爱回头太难，苦往心里藏，"情"若不断，谁能将股忘？

套在股市围城里的人出不去，但是，拼命往围城里冲的人也不在少数。不信你看，虽然股灾无情，人有情，这个就是国人的热情！

据统计，2016年1月全月沪指累计仍跌超22%，创2008年10月以来最大月跌幅。一个月我国股民人均亏损了25万元。

其实大家都知道散户也就一个被剪羊毛的命，整个羊年几乎都在被剪，不曾想过，羊年的最后一个月，散户的"羊尾巴"都被剪掉了。

然而，怕死就不当A股股民！6124点跌到1664点都经历过了，也没把我们坚强勇敢的A股股民咋的，这区区22%就可以吓尿我们吗？做梦！割肉不要紧，只要牛市真，套牢我一个，还有后来人！

不信你再看，据监管部门统计，截至2016年1月28日，A股市场投资者数量共计10038.85万，其中自然人10010.12万，非自然人28.73万，其实，早在2016

年1月21日，市场投资者数量就突破1亿人啦！也就是说，股市越跌股民越多，有人看到了风险，更多的人看到了机会？

2016年1月市场投资者数量增长128.32万，增幅较为稳定，平均每天新增投资者6.75万，较去年同期新增投资者4.86万相比，增长近四成。在投资者参与程度方面，1月份以来参与交易投资者数量呈每周下降趋势，从第一周2170.5万降至第三周的1662.22万，降幅超过23%，而持仓情况表现相反，期末持仓投资者数量在每周均有小幅增长，1月份总共增长11.94万。

股市虽然在跌，股民却携带资金跑步入市。2016年以来证券公司客户交易结算资金总体保持净转入。据投保基金公司的统计，2016年1月4日以来证券公司客户交易结算资金累计转入24973亿元，累计转出23052亿元，净转入1921亿元。截至1月28日，证券公司客户交易结算资金余额16608亿元。很显然，股市越跌，涌向股市的钱越多！

其实，无论市场是牛市还是熊市，能赚到钱的投资者都是极少数，尤其是以博取差价为目标的散户投机者，要保持长期稳定盈利，几乎没有可能。

绝大多数的投机者难逃年年岁岁白交易的命运，他们把一块巨石，费力地推上山，然后又眼睁睁地看着巨石滚落山脚，接下来，又重复上一个周期。他们在图表上的波峰与波谷之间起伏，在喜悦与悲伤之间摇摆，在看似毫无意义的事情上磨损自己的光阴。

但是，如果你认为他们是痛苦的，那你肯定是以一个旁观者的角度来看问题。没准，他们乐此不疲地做着看似毫无价值的事情，就是在这种看似无用的事情之中找到了"大用"，只要你不认为他们可悲，他们就是快乐的！没错，他们就是股市版的西西弗！

西西弗是众神之中的散户

在灿如繁星的众多希腊神话人物之中，西西弗是最为奇特又最富有争议的一个。他太过狡猾以致惹恼了宙斯，于是，诸神处罚西西弗不停地把一块巨石推上山顶，而石头由于自身的重量又滚下山去，诸神认为再也没有比进行这种无效无望的劳动更为严厉的惩罚了，因为这种惩罚被人们认为是"永无尽头而徒劳无功的"。

请注意这一点，西西弗是因为太过狡猾而惹毛了终极大佬宙斯，要知道，这个大佬可是非同一般，他是古希腊神话中第三代众神之王，奥林匹斯十二神之首，统治宇宙的至高无上的主神，人们常用"神人之父""神人之王""天父""父宙斯"来称呼他，是希腊神话里众神中最伟大的神。

而股市中的投机者呢，他们爱抖机灵，日炒夜炒，跳进跳出，也是爱耍小聪明的狡猾表现。问题是，投机者们惹毛了谁？股市中的终极大佬是谁呢？呼风唤雨的庄家？管理层的有形之手？境内外的敌对势力……上帝、弥勒佛、观音菩萨、善财童子？

我认为都不是。股市中力比宙斯的终极大佬应该是时间。时间是价值投资者的朋友，却是投机者的噩梦。那个让投机者徒劳无功的"众神之神"，名叫"时间"。

关于西西弗，不同的角度有着完全不同的看法，其分歧的焦点在于，是否要赋予这地狱中的无效劳动者的行为动机以价值？法国作家加缪在《西西弗的神话》一文中，却认为这一惩罚只是荒谬的一种形式罢了，惩罚是外在强迫的，西西弗完全可以改变自己的内心来摆脱这种荒谬。或许他在上山的途中跟同路的乌龟快乐竞赛，在到达山顶的那一刻看见了高山夕阳美景，在下山的路上哼着小曲蹦蹦跳跳。他享受的是过程，不专注于结果，这样反而会摆脱心灵的纠结，找到某种平衡。

在无效而苦逼的重复劳动中发现"荒谬"的价值和意义。加缪对于西西弗的角色重新审视，一改以往人们心目中那愁眉苦脸的身影，代之以眉开眼笑的形象。从加缪的角度，恰好可以解释股票市场中的散户为什么在明知道投机炒作的结果会是无效的却还会乐此不疲的原因。

很显然，加缪是以西西弗来影喻现代人的，从某种意义上说，现代人朝九晚五的规律生活，与西西弗的劳动有类似之处，都是简单重复，很多人在这种简单重复中逐步丧失了生活意义，日复一日的工作却看不见未来，有人聊侃自己其实只生活了一天，不过是重复了几万次而已。无聊人生需要改变对待生活的态度，才能获得意义，重新寻找到激情。

加缪的视角，很显然不是以结果为导向，而是以过程为导向的，所以他说，西西弗是一个荒谬的英雄，他身上散发的激情与所遭受的磨难形成鲜明对照，他对神明的藐视，对死亡的蔑视，对生命的热爱，也使他受到难以言喻的痛苦折磨，天底下再也没有一种痛苦是以自己的整个身心沉浸于一种注定没有结果的事业。

于西西弗而言，这是他为了表达对大地的无限热爱所必须付出的代价，在西西弗那里，我们看到一个紧张的身体千百次地重复一个动作：搬动巨石，用尽全力滚动它并一直把它推至山顶，那一张因为痛苦而扭曲紧贴在巨石上的面颊，那沾满泥土并抖动不止的肩膀，青筋凸出的双脚，僵直的胳膊以及那坚实的布满老茧的双手……眼看着目的地达到了，然后，西西弗再次看着巨石在几秒钟内又向山脚下面滚去，而他接下来的任务就是把这巨石重新推向山顶，于是，他又向山脚走去。

我看到西西弗以沉重而均匀的脚步走向那无尽的苦难，所有人都会认为西西弗的不幸是确定无疑的，在每一个这样的时刻，他离开山顶并且缓缓地走向轮回的起点，他超出了他自己的命运，在加缪的眼里，西西弗的意志比他自己搬动的巨石还要坚硬。

如果说这个神话是一个悲剧，那只能说明它的主人公西西弗的思想最终屈服了旁观者的意志。假如西西弗走向山脚下的每一步都有成功的希望在支撑着，他不会为这荒谬的事业感到悲哀，那么他的痛苦实际上可以转化为快乐。

我们看到A股的投资者们年复一年地都在做着滚石上山的苦役，终日忙着炒进炒出的简单重复劳动，这样的命运并非不比西西弗的命运更荒谬。但是，这种命运只有在股民意识到其中的徒劳无功的偶然时刻才是悲剧性的。西西弗，这诸神中的散户，这进行无效劳役而又解脱无门的散户，他完全清楚自己所处的悲惨境地，他被一次次的股灾推下山顶，他想到的正是这悲惨的境地。西西弗痛苦源于清醒意识，这种清醒同样成就了他的胜利。股市也好，人生也好，不存在不通过蔑视而自我超越的命运。

如果西西弗下山推石有时是痛苦的，那么，他这个工作其实也可以在欢乐中进行。想象西西弗又回头走向他的巨石，痛苦又重新开始。当对高山的想象过于着重于回忆，当对幸福的憧憬过于急切地希望拥有，那么，痛苦就在这个人的心灵深处泛滥成灾。

散户永远面对的是一个无法撼动的巨石，作为一个失败者，你不得不接受事实，这就是巨石的胜利，这就是巨石本身。世界只有一个，幸福与荒谬是他的两个孩子，有人说幸福一定是从荒谬的发现中产生的，这个判断可能是错误的。因为荒谬的感情还很可能产生于幸福。西西弗无声的全部快乐就在于：他的命运是属于他的，他的巨石是他的事情。不存在无阴影的太阳，而且必须认识黑夜。荒谬的人说"是"，但他的努力永不停息。此外，荒谬的人知道，他是自己生活的主人。在这微妙的时刻，人回归到自己的生活之中，西西弗回身走向巨石，他静观这一系列没有关联而又变成他自己命运的动作，他的命运是他自己创造的。

不要总是盯着他身上的重负。西西弗告诉我们，最高的虔诚是否认诸神并且搬掉石头。他也认为自己是幸福的。这个从此没有主宰的世界对他来讲既不是荒漠，也不是绿野。这块巨石上的每一处棱角，这苍凉高山上的每一棵小草唯有对西西弗才构成一个世界。他爬上山顶所要进行的斗争本身就足以使一个人心里感到充实。所以说，西西弗是幸福的。

如何让炒股经历成为生命中的财富

散户投资者的痛苦，并非都来自投资结果的徒劳无功，很大程度上源于跟别人在过程中的攀比。这一点与西西弗显然不同，因为西西弗是孤独的，他独自滚石上山，他只要控制好自己，就可以控制好世界。

散户投资者总是处在一个无尽循环当中，追高被套，下跌的时候麻木不仁，跌到谷底了徒然恐慌，于是斩仓出局，发誓不再炒股；当股市反转向上时，他们空仓，当行情攀升之时，他们犹豫观望，当股票攀上顶峰之时，看到傻子都赚钱了，他们因为无法忍受而满仓买入，于是再次被套。只好自嘲，我不炒股时傻子都赚钱，我炒股后我就变成了傻子！

尝试一下改变吧，在那些看似荒谬的投机生涯中，寻找属于自己的人生意义。爬到高山后石头还会继续滚下去，请不要灰心丧气怨天尤人，忘掉那个不堪的结局，记住你所追寻的人生意义。如果还有人问西西弗你为何坚持做如此看似毫无意义的事情，西西弗可以平静地告诉他，生命的意义，操之在我，而不是操之在人。

昨天恰巧读到《生命的意义》这本书。更加深了对许多事情"意义"的重新思考。美国国会图书馆将《生命的意义》列为美国最有影响力的十本好书之一。我从书中读到，对生命意义的探索、对苦难价值的体会、对超越自我之责任的承担，而这些似乎与我们现在的文化格格不入。

现代人追求活在当下，他们觉得与其思考生命的意义，不如去追求个体的眼前的幸福。弗兰克在书中写道："与欧洲文化不同，这正是美国文化的一个特征：每个人被不断催促着去追求幸福。但是，幸福是可遇不可求的。幸福只会伴随着某些东西款款而来，一个人必须有一个'变得幸福'的理由。"

心理学家最后总结道：在幸福的生活中，"得到"更多；而在充满意义的生活中，"给予"更多。研究者写道："那些不追求生命的意义，而只追求幸福的生活，通常意味着相对浅薄、利己甚至自私的生活。在这种生活中，一个人的各种欲望和需求总是能被轻易满足，人们总是逃避困难和负担。"

当那些一味追求幸福的人正在忙不迭地满足自己无穷无尽的欲望之时，那些追求生命意义的人早已超越了自我。那些追求更高生命意义的人，更愿意伸出双手去帮助那些有需要的人。研究者写道："总之，纯粹地追求幸福，只意味着对需要帮助的人视而不见。"

所以，追求幸福并不能将人从动物中区分出来，这只是生物的本能而已。人的独特之处，就在于其对意义的追求，佛罗里达大学的社会心理学家罗伊·包麦斯特在新书《意志的力量：重新发现人类的力量》中这样写道。

我顺着罗伊的观点往股市这个方向张望，似有顿悟：如果单纯追求炒股中的盈利是人类的动物性，那么，追求炒股过程中对生命的体验或许是人类与动物区分开来的一种标志。

用一个粗俗的比如，你去赌场只是为了赢钱呢？还是去感受一下高度刺激的游戏体验？不可否认，不管你是带着何种目的去赌场，最终结果都是输的。假如你只是为了"过把瘾"，你就会坦然接受"愿赌服输"这一个命运，你享受了过程中的高低起伏，你认为这才是你想要的"意义"。若如此，你输了，你虽败犹荣！

如何将股市的经历变成人生的财富，这看似荒诞不经的人生，并非全部是在虚掷光阴。你可以在过程中感受成功与失败，喜悦与悲伤，人生如股，股如人生，既然身处股市，就要从这些看似无聊的日子里获得意义。

人生看似热闹，其实是孤独的旅行，太多的时候，你只能带上自己孤独的心灵远行。没有一个人的人生是不值得尊重的，尤其是在股市中屡败屡战的散户。

90后青年作家张皓宸的这段话，值得分享：永远不要因为别人的言论而怀疑自己，也不要因为喜欢谁而看低自己。你所有的优缺点，都是为了能接纳你现在这个样子的人而准备的。要知道，谁都想要成为更好的自己，但不代表现在的你不值得被爱。

确实，这个世界远远说不上最好，但还是有快乐可供寻找；这个股市还远远谈不上成熟，但还是有些微的意义可供挖掘；你还远远达不到完美的标准，但你仍然值得被爱！

过年了。今夜，让我们从心里卸下这让人欢喜让人忧的股票，卸下生活中无聊的攀比与虚荣，卸下工作上的考核指标业绩排名工资奖金……让我们围坐在火塘边上，跟父亲谈谈早稻棉花芝麻，跟母亲说说土豆白菜辣椒，用一杯呛喉的乡下谷酒洗净名利的风尘，用一块硕大的腊肉抵挡远方的诱惑，用一双老祖母手纳的千层底布鞋踩踏想象中的"小人"，用一枚炮竹驱散据说会带来霉运的鬼魅，用一根烧得乌黑的拨火棍赶跑那纠缠不清的生命的迷茫。

年年期待开门红，股民该拜哪尊神？

迎财神也好，接财神也好，拜财神也好，还是要有针对性，并不是见到财神就拜，而是要细加选择。

就拿炒股的人来说吧，拜所有财神都没问题，但是，如果要做到"精准"求到好运气，就要选拜偏财神！

2016A股过年，欧美却使劲折腾，股市汇市黄金石油上蹿下跳，难道是因为在国内无事可做，猴王就出国"大闹天宫"去了？这回搞得动静太大了，看来没紧箍咒还真不行呀！

外围的暴跌似乎并没有影响咱国人抢红包的兴致，股民朋友们也基本忽略了国际金融市场的剧烈动荡。唯有过年的时候，A股才能表现得如此"淡定"，他们依然怀揣着A股年后"开门红"的愿望呢。

外围股市跌得头破血流之时，国内股民正忙着接财神，因为一个美好愿望就是，有了"财神"的保佑，A股就有开门红！

春节期间，恭喜发财是拜年的标准用语，各类禁忌、风俗也多与财神爷的喜怒哀乐息息相关。财神在汉族民间传说中是主管发财的神仙，来源其一是道教的赐封，其二是汉族民间的信仰。道教赐封为天官上神，汉族民间信仰为天官天仙。道教赐封并不称为财神，而是在所官职上加封神明。

大乘佛教里的财神是多闻天王和善财童子。程大爷有帮证券界的朋友每年都去观音道场普陀山烧香礼佛，除了普济寺、佛顶山、不肯去观音院外，还有一个关乎财运的地方也是必然要去的，那就是善财洞。善财洞在普陀山梵音洞附近，供奉善财童子，香火鼎盛，希望发财的信众，把现金或信用卡在崖壁上摩擦，据说此举相当于"印钱"，可以让财富快速翻倍呢！

财神崇拜与中华历史一样古老

过年时，你会发现财神无处不在。神态各异的各路财神在门框上屋檐下堂屋里闹市间，披红挂绿，手舞足蹈。或眉开眼笑，或威目而视，或沉思冥想，给人无限遐想。

细心观察，你会发现这些财神很少有同一款的，就连名字都千奇百怪。纵观中国大地供奉的财神，大致可分为五路，即王亥（华商始祖），文财神：比干（东）、范蠡（南）和武财神：关公（西）、赵公明（北）。

另外还有其他四方财神：端木赐（西南）、李诡祖（东北）、管仲（东南）、白圭（西北）。这就是道教所谓的"四面八方一个中"的财神团队哦。

千百年来，关于财神的演义可谓推陈出新，目不暇接。财神在不同的地域甚至于不同的行业也有不同的版本：

最常见的是关帝君。在家里或办公室供上关帝，是很多生意人装修时的标配。关公是忠义勇敢的象征，被尊为"武圣""财神"。形象威武，忠肝义胆，可镇宅避邪、护佑平安、招财进宝、财源广进、提振权威，适用范围涵盖开店经营、经商理财、政府官员等各界之成功人士。传说其擅长簿记方法，能保护商业利益，在港澳台还有广东福建地区被普遍供奉。

关于五路财神又有一说，陕西终南山的玄坛真君赵公明与招宝天尊、纳珍天尊、利市仙官、招财使者等共同主掌招财纳福。《封神演义》说得神乎其神：商朝末期，纣王暴虐无道，周武王兴兵伐纣。武王的姜子牙和纣王的闻太师，各事其主。搬动了天兵天将，许多神仙也参与了。出现一幕幕惊险激烈人仙混战的场面。在斗阵斗法中，闻太师被姜子牙攻破，损兵折将。正无计可施时，忽然想起峨眉山的道友赵公明，便亲自来迎请赵公明出山相助。赵公明随同前往，也未挽回局面，反受其害。后姜子牙封神，封赵公明为"金龙如意正一龙虎玄坛真君"，率领招宝天尊、纳珍天尊、招财使者和利市仙官等，统管人世间一切金银财宝，可谓法力无边。

许多财神爷的形象是来自于历史传说与神话故事中的艺术形象。比干也是来自《封神演义》。在故事中是商朝忠臣，传说天帝怜其忠贞，因无心而不偏私（不是不想偏心，而是没法偏心，呵呵），故封其为财神，比干是一位文臣，所以他被称为"文财神"；增福真君的原形是北魏孝文帝时的官员李诡祖，据说其人爱民如子，常以俸禄布施贫民，民以为德，他死后也被奉为财神；天官大帝来自道教，三官大帝分司降福、赦罪、消灾，其中天官专能降福，华人有"天官赐福"之说；土地神可谓民望极隆的财神，土地从来就是财富的象征，港澳台一直有供奉土地财神的习俗；传说中的弥勒佛化身为布袋和尚，可以想象一下布袋和尚那"能容世间难容之事"的大肚、"笑天下可笑之人"的笑容与可纳海量财宝的布袋，天生就是欢喜、招财的范儿，所以被视同财神就是顺理成章的事情了。

世间都道神仙好，唯有富贵忘不了。福禄寿虽寥寥三个字，却写尽了世人的心愿。福禄寿三仙又名三星，是中国人心中永远的神明；端木赐是孔子弟子孔门十哲的子贡，能言善辩，尤以经商闻名，富可敌国，被世人称为财神；范蠡本为越国政治家，后来弃官经商致富，号称陶朱公，又被后人尊称为商圣；和合二圣又称和合二仙，寒山、拾得两人为唐太宗时期的高僧，相传为文殊菩萨、普贤菩萨化身，二人情感融洽，象征和睦与和气生财，很多旧时的年画均以此为主题；钟离权祖师、吕纯阳祖师又称钟吕二仙，淘金者相信钟离权真人、吕纯阳真人师徒二人有"点石成金"的本事，也奉二仙为保护神和财神。

民间传说明朝商人沈万三致富的原因是因为获得了一只聚宝盆，不管将什么东西放在盆内，都能变成珍宝，于是便将沈万三说成财神。

程大爷去过周庄若干回，多次在沈万三曾经的豪宅里苦思发财之道，做梦也想得到一只与万三同款的聚宝盆，幻想把所有股票都放进聚宝盆里变成十倍牛股。与我怀揣相同心愿的求财若渴者，络绎不绝。每次去都感觉沾了不少财气，回来后终究效果不甚明显。不过，周庄的著名小吃"万三蹄"（广东人称猪手）香酥可口，味道还是相当不错的，每次去周庄，我都要买上一份，坐在河边石条凳上，右手握啤酒，左手握住万三的"猪手"，乌篷船桨声咿呀，垂柳依依细语，每当那个时候，我就有一种与财神跨越时空握手言欢的豪迈涌上心头。

老婆你说，
我都五路财神全跪拜了，
还是炒股炒得口袋空空，
我要拜谁才好啊

1

要不，
拜韩信吧，
哈哈哈

在A股这样的投机市场，五路财神不一定帮得上忙，所以，炒别的股票不好说，炒A股必须要请出偏财之神——韩信。哈哈哈！

2

对开门红的迷信源于启发式偏差

几乎每次逢年过节，投资者都会问两个问题：第一个就是持股过节还是持币过节？第二个问题是节后会不会有开门红？

当人们要对一个既复杂模糊又不确定的事件进行判断时，由于没有行之有效的方法，往往会走一些思维的捷径，比如依赖过去的经验，通过对过去的经验进行分析处理，得到启示，然后利用得到的启示作出判断。

每次放假前，就有分析师拿出一整套统计数字，比如过去若干年，春节后的第一个交易日，有多少次是以红盘报收的，然后判断说，春节后开盘红的概率是百分之六十或者八十之类，这些思维的捷径，有时帮助人们快速地做出准确的判断，但有时会导致判断的偏差。这些因走捷径而导致的判断偏差就是启发式偏差。

在使用启发法时，首先会考虑到借鉴要判断事件本身或事件的同类事件以往的经验即以往出现的结果，这种推理过程称之为代表性启发法。一般情况下，代表性是一个有用的启发法，但在分析以往经验，寻找规律或结果的概率分布的过程中，可能会产生严重的偏差，从而得到错误的启示，导致判断错误。

使用"代表性"进行判断可能产生的偏差有几类。第一，代表性会导致忽略样本大小。在分析事件特征或规律时，人们往往不能正确理解统计样本大小的意义，对总体进行统计的结果才是真正的结果，样本的数量愈接近真实的数量，统计的结果也就愈可信，样本愈小，与真实数量相差愈大，统计的结果愈不能反映真实的结果情况。

代表性启发法是对同类事件以往所出现的各种结果进行统计分析，得到结果的概率分布从而找出发生概率最大的结果即最可能发生的结果。因此，必须考察所有同类事件这个总体或者考察尽量多同类事件（**即选择大样本**）。然而，人们往往趋向于在很少的数据基础上很快地得出结论。第二，代表性会忽略判断的难易程度，即使面对的是一个复杂的难以判断的问题，也简单地去作出判断，或经常根据不规范的和与判断无关的描述轻易地作出判断，或经常会忽略掉不熟悉或是看不懂的信息，只凭自己能够理解和熟悉的信息去作出判断，这些忽略掉的信息可能对判断是关键的。

在使用启发法进行判断时，人们往往会依赖最先想到的经验和信息，并认定这些容易知觉到或回想起的事件更常出现，以此作为判断的依据，这种判断方法称为可得性启发法。人们最容易想到的通常是过去经常发生的事件或近期发生的不寻常事件，但这些信息也可能对判断是不重要的或不够的，自然也会导致判断上的偏差，因此，在使用可得性启发法时要注意对易得性信息的性质进行判断，挖掘更多的信息进行综合判断。

人们在进行判断时常常根据一些典型特征或过去的经验对事件的发生产生某个锚定值，调整的范围也在该锚定值的临近领域，导致在判断中常常过分夸大或缩小事件的发生概率，出现非理性倾向。

中国人凡事都希望有个"好彩头"或者"好兆头"，这种强烈的心理暗示，往往会导致人们选择性相信已有的事件。比如春节开门出行，要是见了花开或者喜鹊会认为就是好兆头，如果不幸遇到乌鸦从头顶飞过，这个事件，往往就会被忽略。可见，开门红或者开门见喜与其说存在启发性偏差，不如说是人们刻意而为之的偏见。

炒股应该拜哪路财神？

去年年初，一位投资界的大佬去普陀山烧香祈福，为表达自己的诚心，他还专门坐轮渡去洛迦山，只见迦蓝殿内人山人海，大家都举着三柱燃香往迦蓝神的面前挤，该大佬认为这儿香火很旺，迦蓝神肯定很厉害，于是也举着香挤了进去。费尽千辛万苦拜神出来，我一眼就看见他崭新的阿玛尼外套背后被烧了三个小洞，本以为他会不爽，哪知道他竟然哈哈大笑，说是看样子今年股市不火都不行！后来股市火得发疯的场面果然蔚为壮观，大佬时常穿着他那件背后被烧了三个小洞阿玛尼外套到处展示，风光一时。然而，股灾之后，一地鸡毛，大佬穿着他的阿玛尼不知所终了。

关于那一次大佬被香火烧背的经历，我与某大师讨论过，得出结论就是，他都没看清迦蓝神（迦蓝神是地位稍低于四大天王，亨哈二将，韦驮，天龙八部等佛教寺院守护神。相当等于中国皇帝的御前侍卫的职位。）是分管啥的就随大溜跑去烧香，衣服被烧，不是财运旺，而是名副其实的惹火烧身啊！

可见，迎财神也好，接财神也好，拜财神也好，还是要有针对性，并不是见到财神就拜，而是要细加选择。

就拿炒股的人来说吧，拜所有财神都没问题，但是，如果要做到"精准"求到好运气，就要选拜偏财神！

前面说了五路财神，就发财之神力，当然是神仙界的泰山北斗，地位无法撼动。可是，在A股这样的投机市场，五路财神不一定帮得上忙，所以，炒别的股票不好说，炒A股必须要请出偏财之神——韩信。

韩信是西汉的开国功臣，算得上是个牛逼的军事家，据说他与萧何、张良并列为汉初三杰，与彭越、英布并称为汉初三大名将，来头不小。

韩信是中国军事思想谋战派代表人物，被萧何誉为国士无双，刘邦感叹说，战必胜，攻必取，吾不如韩信。韩信被后人奉为兵仙与战神。

相传韩信擅长精算，为一解士兵思乡之苦便发明了赌博这门游戏，至今仍流传韩信发明麻将以及韩信设赌安军心等故事，于是，韩信在民间便被奉为赌神，人们虔诚地敬称他为"韩信爷"。

财富因为来源不同，自古就有正财及偏财之分，相应地财神也有正财神和偏财神之别。所谓的正财就是循正常的途径与方法，通过诚实劳动、合法经营得到的财富。所谓偏财就是指靠小聪明，利用一些偶然的机会而获得的意外钱财。比如买彩票、赌博等得来的钱财，通过股票基金投机获得的财富也算是偏财。

凡是不需劳力即可得到的财力或有关于博弈行为都属于偏财，这种靠运气或机会不经意获得的财物，如果数额较大还被称为横财。所谓正财神就是引领信众走正道、行正路的财神，而偏财神就是保佑炒股、赌博、买福利彩票之类的人有好运气。赌神韩信被敬奉为偏财神，许多祈求偏财运之信众亦深感韩信爷降福之灵验，争先恐后地往其神位前烧香跪拜。

汉族民间信奉的偏财神除韩信之外，还有一位姚少司。

　　此公身世传奇，是拍电影的好题材。他是峨眉山罗浮洞赵公明的弟子，与陈九公是同门师兄弟，是截教门人。因为闻仲讨伐西岐，到峨眉山请赵公明，姚少司便随师父下山。姚少司手使双剑，左右开弓，立下汗马功劳。后来陆压道人出山，与姜子牙合力以钉头七箭书暗算赵公明。

　　姚少司与陈九公为救师父前往周营抢书，却被杨戬、哪吒追杀，姚少司被哪吒一枪杀死了。姚少司死后，封神榜上封五路财神中的利市仙官。早年香港有一部贺岁喜剧电影名叫《运财至叻星》，由王晶导演，袁咏仪、陈百祥主演，讲述的正是陈百祥饰演的偏财神私自下凡的故事。

科学的尽头是股市？

如今，星空依旧在，可惜再也无心去仰望，许多人都幻想成为资本市场的天使（投资人），对于科技的每一重大发现，想到的就是应该在A轮B轮还是C轮进入，分他一杯羹。

犹记当年，青年程大爷拖着沉甸甸的理想坐上绿皮火车一路摇摇晃晃就跑来广州混世界了。回忆往昔峥嵘岁月，身处改革开放前沿阵地的广东人在我"幼小"心灵里留下了两点难以磨灭的印记：一是敢为人先的赚钱头脑，二是敢为人"鲜"的美食精神。

说起广东人的敢吃，那是有着光荣的文化传统的。与老广们一起逛动物园，除了增长科学知识，还能提高烹饪技术。比如，在参观蛇园的时候，我还在眼镜王蛇阴沉的目光里发愣，旁边的老阿姨就喜形于色地介绍说，这种蛇拿来煲汤不知几好饮哦；望着湖面上成群的火烈鸟，广东大叔会边吞口水边喃喃自语，这种鸟用来打边炉那该有多得意啊！

不仅土生土长的广东人在美食面前才华横溢，而且，那些在广东生活久了的"新客家"也入乡随俗，在吃上狠下功夫，用材无所不用其极。有一次我与一位昵称"茶叶佬"的广西人在国王球场打球，可能是在广州待的时间太久了，面对盘旋在空中的老鹰，"茶叶佬"看得目不转睛，竟然忘了打球。我问他喜欢老鹰还是咋的？"茶叶佬"这才说，有个偏方，如果能用活的老鹰泡酒，不仅去百病，还可消灾祛邪。

回来后我找到一本早年的科普读物，在介绍老鹰的时候，没说用活鹰泡酒可治病，但也写到其毛可以用来做啥，肉可以吃之类。再翻到华南虎一篇，说老虎浑身都是宝啊，虎皮可做皮衣，虎肉可吃，虎骨酒可治风湿之类，相当详细。

所以，早就有人感叹，广东人天上飞的除了飞机不吃，地上爬的除了火车不吃，别的什么都可取而食之。

广东人对于美食的热爱，已经达到了天马行空的创意境界。

不过，广东人在吃上面的才华，只能算是雕虫小技。当然，我说的是，如果与A股股民精骛八极、心游万仞的丰富想象力相比的话。

引力波的发现是A股概念炒作的"里程碑"

估计全世界也找不到比A股股民更爱"科学"的人类了。那些高冷的基础科学，丝毫不影响人们谈论它们的热情，近年来几乎所有的科学技术成果都会引起微信朋友圈的疯狂刷屏。比如冥王星探测器，比如虚拟现实，比如量子通信。

再比如猴年春节期间的引力波热潮。

美国科研人员2016年2月11日宣布，他们利用激光干涉引力波天文台（LIGO）于去年9月首次探测到引力波，两个黑洞于约13亿年前碰撞，两个巨大质量结合所传送出的扰动，于2015年9月14日抵达地球，被地球上的精密仪器侦测到。爱因斯坦广义相对论实验验证中最后一块缺失的"拼图"被填补了。

引力波是爱因斯坦广义相对论所预言的一种以光速传播的时空波动，是时空曲率的扰动以行进波的形式向外传递的一种方式。如同电荷被加速时会发出电磁辐射，同样有质量的物体被加速时就会发出引力辐射，这是广义相对论的一项重要预言。

按理说，一个物理学上的重大发现，断不至于会引起普通百姓的如此兴致。这个"轩然大波"显然跟大众的物理素养没有半毛钱关系，也不是如吾弟这样的理工男言之凿凿国人是因为认识到学物理可以防治老年痴呆所以趋之若鹜云云。

回头再看"我们爱科学"的朋友圈里，从美国科学家探测到引力波这个科学成果中，有人看到了"情色"，有人看到了"商机"，有人则敏锐地探测到了"引力波概念股"，却少人看到它对人类探索太空的意义。

有人干脆播放起了舞曲。在茫茫人海中，你我相遇，两看不厌，于是深情地跳起了华尔兹。转啊转啊转啊转，华尔兹变成了探戈，舞步愈加疯狂，最后合二为一，你中有我，我中有你……

有人开始写诗。你来自云南元谋，我来自北京周口。拉起你毛茸茸的手，轻轻地亲一口，爱情让我们直立行走……

关于此事，最惊世骇俗的一句评论竟是，十亿年前的一场风流韵事，十亿年后我们终于看到了那张被滚皱了的床单……

就在LIGO宣布捕捉到了引力波之时，不到两个半小时我国已有商贩说要开发防引力波孕妇服。

引力波马上就催生了一批A股相关概念股。中国股民不负众望，几个小时后就已经整理出了一批名单。

据说当晚还有一批券商研究员发表更具权威性的概念股名单。

正如每一次全球重大事件发生后，我国券商研究员总是率先发布研报一样，这一次属于全人类全宇宙的里程碑式科学发现，各大券商研究员不说话还真怕被人当哑巴卖了呢。

要知道，土耳其击落俄罗斯战机那回，全球第一时间召开电话会议讨论局势的是咱A股的券商分析师呀。

有个段子挺逼真。某大券商召开电话会议讨论土耳其击落俄罗斯战机对A股的影响，普京总统远洋接入，电话刚接通，军工行业研究员就冒出一句习惯用语："正如我们所料……"据说普京先生一口鲜血直接就喷到了地图上。

所以，不出所料，一波券商研报跟引力波一起冲击了我们的视野。

当然，这次嗅觉更灵敏的是商贩，我们已经感受到淘宝大军……分析师……引力波概念股的一波波来袭。

引力波的发现无疑是全人类的里程碑式事件，然而，这一只只所谓的概念股，让我的心中油然而生的是一种与宇宙一样无边无际的荒谬感。

就如那年奥巴马当选美国总统的时候，竞选结果一传来，A股市场中那只名叫"澳柯玛"的神股突然狂拉奔赴涨停板一样。我们来看看这一次的神股们：一是名字直接沾上"引力"二字的，如引力传媒和波导股份；二是名字中带有"维"字的，据说这类股票符合小说《三体》中二向箔降维描述，如昆仑万维、四维图新、三维丝、三维通信、三维工程、一心堂；三是时空旅行概念

如今，星空依旧在，可惜再也无心去仰望，许多人都幻想成为资本市场的天使（投资人），对于科技的每一重大发现，想到的就是应该在A轮B轮还是C轮进入，分他一杯羹。

欧耶！

发现引力波？好啊，又可以炒A股相关概念股了，我要跳个舞庆祝下

股，如世纪游轮；四是天体概念股，如红太阳、世纪星源、神州信息；五是与宇宙哲学和神学相关的概念股，如天神娱乐；六是据说未来可以开发引力波通信的，如中兴通讯、烽火通信、北斗星通、中国卫星。有科学家说了，引力波的穿透能力比中微子还要强，或许可被人类用于星际通讯领域；七是貌似跟太空有那么点儿关系的，如大族激光；八是不知跟宇宙有啥有关的，如两面针。我寻思可能是未来可以开发专供外星人使用的牙膏？

无论如何，春节后的第一个交易日，这些概念股大多经受住了大盘走弱的考验而纷纷以红盘报收，显出了引力波的强大威力。

科学技术是股市的"第一生产力"

除了卖引力波防护服、炒引力波概念股之外，引力波被发现的真正意义反而在一片喧嚣中显得格外微弱。我脑补了一下。这项发现，首先填补了广义相对论实验验证的最后一块缺失的拼图。爱因斯坦1916年发表的广义相对论预言了宇宙诞生之初产生的一种时空波动——原初引力波——的存在。过去近百年中，广义相对论的其他预言如光线的弯曲、水星的近日点进动以及引力红移效应都已获证实，唯有原初引力波因信号极其微弱，技术上很难测量，原初引力波的发现是支持广义相对论的又一有力证据，至此，相对论所预言的所有实验现象全部被验证。

其次，这一发现打开了观测宇宙的一扇新窗户。

第三，这一发现有助于真正理解宇宙大爆炸原初时刻的物理过程。第四，这一发现意味着对宇宙微波背景辐射的测量将会进入下一个重要里程碑。说了半天，这个发现是一次物理学的里程碑，与我们的生活离得太远了。

当然，也有人觉得引力波离现实很近，因为他们在科幻小说《三体》中"近距离"接触到了引力波。比如，在小说中人类用来和三体星人抗衡的武器，就是引力波发射装置，主人公罗辑发现"黑暗森林"法则之后，威胁三体星人要将对方的星空坐标通过引力波广播出去，将对手暴露在更加凶险的未知敌人面前，三体星人因此就范，和人类达成了和平。瞧瞧，引力波就这么简单!

那些鼓吹引力波概念股的研究员们，认为引力波至少可以用在通信技术方面。其证据竟然也是来自科幻小说和电影。

在刘慈欣的小说《三体》中，引力波能够成为通信工具，因为它可以轻易地穿透物体，并且不会发生任何衰变。从这个角度上来说，刘慈欣对引力波应用的想象有一定理论依据。然而，对于人类来说，接收到的引力波信息来源并不是宇宙中某个高度智慧的"外星人"，而是宇宙自身传递的。

臆想通过引力波传播信息的科幻作品不止《三体》一个，在电影《星际穿越》结尾处，库珀在高维空间中干扰地球上的引力，给女儿留下了突破人类科学极限的关键信息的场景。但是，虽然也是通过引力变化传递信息，但电影中的情况和引力波其实风马牛不相及。还是有人要牵强附会一下，该电影的科学顾问基普·索恩在他的科普著作《星际穿越》中，讲述了人类是怎样在观测引力波的同时，发现了那个足以拯救全人类的虫洞的，当然，这是后话。

在《星际穿越》和《三体》中，都不约而同地将引力波选为了未来科技发达的人类的通信手段，这也许只能是美好的幻想，但对于天文研究而言，引力波的确开启了一扇新的窗口。谁能知道在将来更多的探测中，LIGO和一众引力波探测器能带给我们怎样的惊喜呢？

LIGO科学合作组织成员、德国马克斯-普朗克引力物理研究所、清华大学博士后胡一鸣对引力波的解释颇有意思，"不少亲朋好友问过我，你在研究些什么。我都这么回答：我们在找另一种光，一旦找到，意味着人类从此有了第六感，就像有了超能力，用一双天眼饱览神秘宇宙中无尽的奥妙。现在，我们，找到了！"

同样兴奋的还有A股的引力波概念股，比如，在春节后大盘开门大跌的情况下，引力传媒却逆势上涨，连拉阳线。

A股市场基本上是一个追求短期回报的投机市场，在炒作上崇尚的是快餐文化，最好上的都是应用成果，适合"山寨"，不管是什么题材，炒一把就走人，哪有耐心去了解科技发展的长期趋势？

未来投资动辄数十亿、耗时多年的基础学科研究，到底会给我们的生活带来哪些改变？基础研究关乎我们对世界的理解，只有发现世界运行的规律，才能慢慢转化成应用研究。基础研究的成果可能需要50年到100年才能应用到老百姓的生活中，但如果不去研究，科学是无法进步的。

爱因斯坦的广义相对论刚提出来谁也不知道它有什么用，但现在日常生活中，它的运用非常广泛，最直接的例子就是导航。根据广义相对论，地面和卫星所处高度的时间流逝是不一样的，如果没有把这个误差计入，那么我们就会被导航到离目的地很远的另一个地方。再比如引力波的研究对测量地球矿藏及水资源分布等有非常重要的科学意义，此外还能极大地推动激光物理和航天技术等发展。然而，我们都迫不及待，都要立竿见影，都只争朝夕，恨不得明天就把它拿去股市套现，结果就是对待重大科学成果的浮夸与曲解。

有一个这样的故事：一位收税官在观看法拉第的电动机工作表演后，很轻蔑地问道："这样的东西会有什么用呢？"法拉第告诉那位收税官："先生，我想在将来的某一天，你一定会向它收税的。"

确实，一项伟大科学发现对人们日常生活的影响非一日可现，引力波对未来有何重大影响？胡一鸣指出，如果要问及它的现实意义，恐怕很少有人能回答得上来。正如爱因斯坦当年也无法准确地预言，广义相对论能给人带来什么用处。

在面对科学突破时，特别是这种基础领域的突破时，我们不应该以现实应用评价它的价值。要知道，创造互联网的，并不是某个商业公司，而是为了探索高能物理的欧核中心。

胡一鸣对急功近利者泼了一大瓢冷水：科学的发展往往很有趣，有人总结过，如果某个科学家预言某种事情一定做不成，事实往往会证明他的错误，所以我们不敢说用引力波一定不能融入未来人类的日常生活并深刻改变人类的生活方式，但是，应该说，在我们的有生之年，是不能看到这一天的。

看完这段话，我忽然替那些勇敢买入引力波概念股的投资者感到"骄傲"：买股票就是买未来，您这超长线投资，已经跨入了百年之后的下辈子哦！只是，你要有足够的"耐心"。

成功投资需要培养自己的科学态度

引力波让物理学大师爱因斯坦再次走入大众的视线，一时间到处充斥着"广义相对论""宇宙大爆炸"之类的专业术语。有人笑言这下子物理系男生终于找到跟女朋友聊天的话题了。

显而易见的是，人们关心引力波这样基础科学的里程碑式的发现，还是希望马上就得到"好处"，比如借题发挥的"引力波防护服"，比如打算忽悠散户的引力波概念股，科技进步的意义一再被快速"消费"，被庸俗解读，被投机利用，这是一种时髦的恶俗。

爱因斯坦本人对人类的恶俗早就有先见之明，他曾经说过，有两样东西是没有边际的，一个是宇宙，另一个是人类的愚昧。

我不能确定的是，这位物理学大师到底是对宇宙的认知深刻还是对人类的愚蠢理解得更透彻？

对待科技领域的重大突破，还是要有科学的态度与科学的精神。要实事求是，独立思考，理性判断，而不是瞎起哄。

爱因斯坦告诫人们，发展独立思考和独立判断的一般能力，应当始终放在首位，而不应当把获得专业知识放在首位。

科学精神是人们在长期的科学实践活动中形成的共同信念、价值标准和行为规范。科学精神就是由科学性质所决定并贯穿于科学活动之中的基本的精神状态和思维方式，是体现在科学知识中的思想或理念。它既约束科学家的行为，又逐渐地渗入大众的意识深层。

这么多年来，科学技术作为第一生产力的理念早就深入人心。比如，造船技术、指南定向技术、测量技术等的发展推动了地理大发现，进而促进地球科学、天文学、航海学、天气预报学以及造船技术的发展，还促进了欧洲的资本原始积累和世界市场的出现；牛顿力学奠定了工业革命的力学基础，以蒸汽机发明为标志的工业革命开启了工业社会的序幕；麦克斯韦方程奠定了电磁学的基础，促进了电器化和通讯业的发展，将人类带入电气化时代；爱因斯坦的光电效应理论推动了激光、通信产业的发展；原子理论的发展导致了核能的军用和民用；固体物理学的发展，导致了半导体、晶体管、集成电路、磁性存储材料、计算机技术，还有超导以及太阳能电池等产业的发展；20世纪以来，科学以前所未有的深度和速度促进了技术的创新和突破。

科学也改变了人们的世界观。牛顿力学对物质及其运动规律的认识，促进了唯物论和辩证法的产生和发展，并且成为欧洲启蒙运动的思想基础；达尔文进化论揭示出生命发生演化的规律，颠覆了西方人长期信奉的神创论；基因结构与功能的发现，揭示了生物的生殖、发育、遗传、变异的分子基础及变化规律；数学和系统科学揭示了事物复杂表象底下的量变到质变的规律和自然的数量与形态韵律；相对论、量子论深化了人们对快速变化的微小物质世界的认识；天体物理和宇宙大爆炸理论的提出则改变了人类的宇宙观。如果把科学技术的发展仅仅跟眼下如何赚钱相联系，这样的世界观格局太小，最多只能算是要小聪明。而不加独立分析与思考的盲从，则更是一种愚昧。

近年欧美爆发的金融危机还有A股市场剧烈的波动，都说明在虚拟经济领域过度创新、鼓励投机炒作、科技进步对实体经济支持的缺失，是与科学精神背道而驰的表现，放纵的贪欲将人们一次又一次地拖入危机之中，这也说明，表面上的繁荣景象是不可持续的。个人投资者如果沉迷于引力波之类概念股的炒作，偶尔得手的高投资收益也是难以为继的。

想起早些时候NASA的开普勒太空望远镜取得的另一项突破性进展，他们发现了一颗体积近似地球，而绕恒星运行轨迹和距离也比较适宜人类居住的行星。研究人员将这颗最新发现可能适宜人类居住的行星称作Kepler-186f，它离地球大约500光年的距离，应当算是迄今为止人类发现的真正与地球相似的行星了，其适于人类居住的各项指数在NASA的研究中都是最高的。由于Kepler-186f的大小与地球相似，与其恒星间的距离也恰到好处，好吧，商机又来了。地产商们想，那得可以盖多少个大型高端楼盘啊，名字都想好了，比如"第二家园"、"星际雅苑"之类；珠宝商看到了裸露的钻石；石油商看到了浅表的原油汇集成湖……并购专家在思考，如果把这一切资产都注入上市公司，那市值该增长多少倍呀？

之前煞有介事的火星移民，现在如梦似幻的"第二个地球"，太多人看到了无限商机。A股市场的概念股"梦想家"们似乎还在冥思苦想，哪些上市公司可以与它勾搭上呢？

当然，既然有"第二地球"，外星人就是个绕不开的主题。

就在世人对外星人的存在还将信将疑的时候，美国75岁物理学家斯坦顿·弗里德曼声称，自己确信外星生物曾到访过地球，并且外星生物在地球上停留很长时间。外星人曾经还劫持过地球人去做实验，这些资料目前被美国政府扣押下来了。姑且听之吧！哈哈！

有人说，科学的尽头是哲学，哲学的尽头是宗教，然而，在A股，科学带来的是炒作，跟世界观和方法论没半毛钱关系。至于宗教，反正很多人都是无神论者，金钱是唯一的信仰。最后，科学就都跑去股市——套现了。

目前，真假难辨的那些有关UFO和外星人造访地球的故事多发生在美国（超过80%）。国内不时也有人声称目击了此类事件，对此，我是持怀疑态度的，如果是真的，那A股市场为啥一直炒机器人而不炒外星人呢？请告诉我卖方分析师推荐的外星人概念股是哪几只？

至于外星人不敢轻易踏足广东的原因，我不说大家也明白。我在网上看到的"外星人"与猴子（说到猴子，我脑海里马上就要浮现一份菜谱来……）有八分相似，外星人可都是智慧生物，广东人爱吃野味那是宇宙闻名的，在他们的眼里，顶着一颗硕大脑袋的外星人是适合用板栗红焖呢？还是用荷叶加枸杞清蒸？就像非典前果子狸们受到的"待遇"那样。

曾经，我们那么喜欢仰望星空，幻想着有一天真的可以飞上太空，曾经，我们天真地以为"我们都是单翼的天使，只有相互拥抱才能飞翔"。如今，星空依旧在，可惜再也无心去仰望，许多人都幻想成为资本市场的天使（投资人），对于科技的每一重大发现，想到的就是应该在A轮B轮还是C轮进入，分他一杯羹。

看空者深刻，看多者肤浅?

唱空更能制造大众的心理焦虑，引发人们对破解"末日"危机的思考，所以，悲观者看起来思考得更深入，更有使命感，更有悲天悯人的情怀……乐观者则难以到达这样的效果。

在"老中医"风靡全国的那个年代，人们对贴在电线杆子上包医百病的油印小广告常常深信不疑，特别是老头老太们，遇到正规医院治疗不了的疑难杂症，转身就去电线杆子上找"老中医"去了。

有人总结了这些名医的"成功"之道，发现他们用三句话就可以让患者顶礼膜拜并主动送上昂贵医药。

第一句是，问题很严重!

第二句是，找我就对了!

第三句是，药费有点贵!

要害处是第一句，设想一下，哪个患者听到自己的病"问题很严重"时不心急如焚的呢?

虽说隔行如隔山，但是，人性在不同的领域却有相通的特质，比如，在金融市场，"老中医"的秘籍也常被人借鉴呢。

如何在金融市场中快速塑造自己的专家形象，并让大众投资者一下子记住自己的名字? 这是一个令许多有志于名利双收的从业人员绞尽脑汁冥思苦想的难题。

股市低迷的市道下，A股市场的专家们都已经被人改名为"砖家"了，可见，专业水平是最重要的，仅次于运气。

不管怎样，如果希望今后继续吃香喝辣，在江湖上混点名气还是有必要偶尔"装"一下。

阿尔贝·加缪说，"你得过分一点，因为那样才会发现真理。"

好吧，来想象一下这样的场景：讲台上一个身穿黑色西装打黑色领结戴黑色边框眼镜的中年男人，面对一大群叽叽喳喳的投资者，他正襟危坐，脸色凝重，不苟言笑。在主持人长达五分钟的隆重介绍之后，他才起身走向话筒，轻咳三声，问候观众的那一秒，他僵硬的脸部肌肉轻微地抽搐了一下，牙缝里挤出一丝不易觉察的笑意，算是开场白吧。

正式开讲了，中年男人迅速收起好不容易轻轻打开的表情，阴沉的脸上乌云密布："问题很严重！"，台下一下子变得安静了。"2008年的金融危机可能重演……你们不要再抱有不切实际的幻想了……楼市泡沫必定破灭……股市虽然已经暴跌了四轮，但是，现在远远谈不上底部，甚至可以说，真正的下跌还没有开始……"台下观众纷纷将崇拜的目光投向台上那个忧心忡忡的"权威"，他们的脸也开始变得越来越忧郁，会场气氛压抑，乌云密布，有几位中年妇女的眼睫毛上甚至泪光闪闪……

类似这样的场景，在近年来的高端财经活动中随处可见，而且动辄出现在电视节目里。没错，再也没有什么比一套危言更能引发人们的思考了。

反过来设想一下，如果一个青年才俊穿着白色裤子搭配红色T恤，一溜小跑，上台就没心没肺地讲一个冷笑话把大家笑得直不起腰，然后说"危中有机，后市乐观！"那他"权威"的形象会不会大打折扣呢？

唱空的人为何看起来更酷？

过往十多年来，让你记住名字的财经名人还有几个呢？

我倒是记得几位，不说不知道，一说吓一跳，他们差不多是清一色的"乌鸦嘴"，从他们口中听到无非是"末日""崩溃""赶紧逃命"这类的词语。

说起"末日博士"，在中国可以说是家喻户晓，尽管很多人叫不出鲁比尼这个名字。美国知名经济学家、纽约大学教授鲁里埃尔·鲁比尼因成功预言美国2007-2008年房地产泡沫而被冠之以"末日博士"的称号。面对全球市场近期的震荡，鲁比尼前几天在Project-Syndicate网站撰文，表示全球经济并不是回到2008年，也不会回到另一场金融危机和经济衰退。

但他警告称，最近一连串的金融市场动荡可能仍比2009年后任何一次市场波动严重。这是因为，相比于最近几年中加剧全球动荡的单一因素——欧元区危机、美联储"削减恐慌"、希腊退欧或者中国经济硬着陆来说，目前全球至少存在七大尾部风险。

前面若干铺垫，让你心存侥幸，然后，图穷匕首见，给你一个更悲观的未来。

瞧瞧，这就是标准的"末日式"预判。

大约是末日博士这个头衔看起来更酷更有气质，还有不少人想搭"顺风车"，也冠之以末日博士称号呢。

《股市枯荣及厄运报告》出版人、著名投资人麦嘉华也被市场称之为"末日博士"。

除了海外的末日博士，国内也有个博士，同样拥有深不见底的末日情结，他就是谢国忠。在亚洲区的同行中以追求立意新颖，见解独到而非人云亦云而著称。

前几天，谢国忠在一次演讲中鼓动大家卖房。他说，房价会每年掉7%，掉20年，一直跌掉80%。目前应该赶快出手卖掉，不应再做发财的梦，现在把房子卖了，一辈子开心。

不过，业内人士也指出，谢国忠研究所涉范围虽广，但对有些国家及领域的分析并不够严谨和充分。另外，因为投行之间存在激烈的竞争，谢国忠有时说话容易过激，即追求所谓语不惊人死不休的效果。

不过，仅从外表来看，这些悲观的大佬们还是会给人以高深莫测的权威印象。

而那些脸上永远挂满憨笑、演说时永远慷慨激昂、可以将任何事件都解读成利好的大师，比如李大霄和罗杰斯，就会给人浮夸的感觉，尽管他们预测成功的概率不会有太大的差异。

可见，唱空更能制造大众的心理焦虑，引发人们对破解"末日"危机的思考，所以，悲观者看起来思考得更深入，更有使命感，更有悲天悯人的情

　　A股投资者中有一种十分常见的思维模式，就是自我循环放大，这个最常见于性格内向的投资者，这类投资者的思维特点是自我指向性，一个封闭的内心的心理容量相对有限，视野也相对狭窄。

怀……乐观者则难以到达这样的效果。

空头思维是一种对预期的负性思维

不可否认，人生在世，不如意事十有八九，但是，面对即便是一模一样的人生际遇，不同的人也可能会有截然相反的态度，这就是乐观主义与悲观主义的价值观与方法论。也可以说是天性使然吧，悲观主义就是一种与乐观主义相对立的消极的人生观。它认为恶是统治世界的决定力量，人生注定遭受灾难和苦恼；善和正义毫无意义，道德的价值只在于戕灭欲望。这种人生观表现在投资过程中，就是更容易选择性相信并放大负面信息，更偏向怀疑一切，相信阴谋论，倾向于看空或者做空。

有人会说，利益导向，就会有悲观或者乐观，出于个体利益的需要，人对于不同的事物往往有着不同的选择倾向性，这种选择倾向性在根本上就是不同价值类型的选择倾向性。不同的主义，体现了人对于不同类型事物的价值选择倾向性。

悲观与乐观，或者说看空与看多，很多时候是无关利益的，关乎意志。

研究表明，意志是人脑对于自身行为价值关系的主观反映，意志的强度与自身行为的价值率高差的对数成正比，根据意志强度第一定律，它所产生的意志强度越大，人就会越经常地、大规模地发展这一行为活动。根据意志强度第二定律，其价值率就会逐渐下降并趋近于人的中值价值率，它所产生的意志就会逐渐衰退直至最终消失，从而体现出所谓的意志强度第三定律。

由此可见，乐观主义与悲观主义体现了人的两种不同的意志特性，即体现了人在决策过程中所表现出不同的决策倾向。不同的人具有不同的行为能力，并产生对于自身行为价值关系的不同评价，从而表现出不同的决策倾向。

大多数情形下，A股的投资炒作基本上就是一种零和博弈，所以，在这里价值就等于正向价值与负向价值的代数和，因此根据所重视的是事物的正向价值还是负向价值，A股的投资者大致可分为多头倾向者（乐观派）和空头倾向者（悲观派）。

股票市场中的悲观派更容易形成空头思维的原因在于，他既不相信市场有足够的行为能力来承受和减弱负向价值对投资行为所产生的不良影响，也不相信市场能够使正向价值发挥更大的积极效应，他认为负向价值对于市场的消极影响将是巨大的，而正向价值对于市场的积极效应却是非常有限的，因此他只关心市场的负向价值即利空因素，而不关心事物的正向价值即利多因素，并把逃避最大负向价值作为其行为方案的选择标准，这种人容易看到事物坏的一面，不容易看到事物好的一面，对于盈利反应很迟钝，对于亏损反应敏感，其行为决策总是遵循"小中取大"的价值选择。

一般来说，持空头思维的投资者都有一定的共性，表现在意志相对脆弱、生性胆小的一类人，但有的投资者，其内心本质上意志坚定、争强好斗、思维敏锐，具有典型的A型性格特征，也会由于对现状和自我评价的失衡而产生大量的负性思维，例如，对待失误过分自责，不仅对自己的失误负责，对别人的过错也认为和自己有关，因而背上自责的重负并且长期陷于这种自责的阴影中。所以，交易中的完美主义者同样容易滑向负性思维的泥沼。

A股投资者中有一种十分常见的思维模式，就是自我循环放大，这个最常见于性格内向的投资者，这类投资者的思维特点是自我指向性，一个封闭的内心的心理容量相对有限，视野也相对狭窄，但是，它一旦形成某种负性思维，则可能长期徘徊在内心，并通过每一次思考循环得到放大，最终使不起眼的一点小利空幻化成山崩地裂式的末日来临，经由各种传播途径，恐慌经常就这样莫名其妙地突袭股市。

市场上也有一种极端的悲观派，俗称"一根筋"或者"死空头"。他们在看待未来的时候不是去悉心观察，而是用自己过去形成的经验如铺路般的向未来铺过去，是的，他们只是在复制过去，这类人的想象力丰富，在高智商人群中比比皆是，也许高智商者的大脑运算速度快，更容易将自己过去的错误意识加以放大。另外，这类人内心更为争强好胜，在内向的压力下与悲观感产生了更为激烈的冲突，会沿着一种思维模式走出去很远，常因为注意力崩溃而犯错，从而陷于更深的自责，其人际关系也常陷于恐惧心理，对于非自己的错误，甚至原本与自己无关的事也无端的自责，谦卑到让人害怕。表现在市场信息的收集与处理上，把一切都解读为利空。

这么多年来，无论在生活中还是在股市里，我们的精神导师，要么是悲观主义者，要么是有着强烈的生命悲剧意识的乐观主义者。叔本华无疑是悲观主义理论和实践的集大成者，他的悲观主义哲学诞生之时，正值黑格尔理性主义大行其道，对人类充满浮夸的信任和乐观。当人类从虚幻的梦中醒来，才发现悲观正试图接管人类生命的本质。

我还是坚信，绝对的死空头与死多头一样，都只是市场的一种极端存在，绝大多数的投资者，应该是介于两者之间的，悲观的多头，或者乐观的空头？

法国作家勒克莱齐奥说过，实际上，人可能是一种充满希望的悲观主义者。他很喜欢葡萄牙诗人佩索阿，因为佩索阿也是悲观主义者。

"我们活过的刹那，前后皆是黑夜！"在佩索阿的心里，世界惶惑而无望。没有创造这个世界的上帝，没有唯一的、创造万物的、不可能存在的上帝在搅动着黑暗。仿佛地狱正在我体内摇晃，整个世界在空虚、畸形、错误中，等待每况愈下的终结。

幸好，勒克莱齐奥的话让我松了一口气：悲观主义是一种精神咖啡，虽然很苦涩，却能让人兴奋。

网红当道，谁来护盘
证券分析师职业道德的"婴儿底"？

　　这类股市网红看起来像是在搞娱乐，实际上他是在做投资分析。他们猜顶测底，指点江山，激扬热点，乱说一通，假如蒙对了，就说是预测，说错了，就装疯卖傻，往娱乐圈里靠。

　　A股网红李大霄会成为股市版的周星驰吗？假如此事成真，大校恐怕做梦都会笑醒，显然，那可就意味着自己的走红指数扶摇直上再创历史新高，说不定个人身价的估值再上几个台阶呀！

　　把这两个大神硬扯到一起，没有天马行空的想象力是不可能的任务，其实，练就这样的本事，难度系数也不是很大，只要你多看看周星驰的电影，多听听李大霄的股评，各种"无厘头"要跑出来，九头牛都拦不住！

　　实事求是地说，程大爷年轻的时候是不喜欢周星驰的，我宁肯去看"古惑仔"，他们旗帜鲜明地做着恶人，偶尔讲讲义气，必要的时候还除暴安良匡扶正义，总之，他们是亦正亦邪，坦率真诚的"烂仔"，不掩饰不装逼。而星爷的电影，除了搞笑还是搞笑，爱恨情仇都没啥锋芒，可以说一点正经没有，而笑点无非"屎尿屁"这类玩意儿，在上个世纪末，这种颠覆性的表演，召来了颇多的非议，星爷可以说是香港最富有争议的艺人，没有之一。

　　后来，"有识之士"高屋建瓴地总结，这就是"无厘头喜剧"，并找到了这种喜剧存在的原因：香港同胞平日里为生计奔波劳碌，揾食艰难，看电影就只想减压，不想看太闹心太沉重太严肃的东西，总之，那个年代，我们看电影是为了受教育，人家就是纯粹为了图个乐呵，不积极要求进步，自甘堕落，没心没肺，哈哈大笑看完，回家倒头便睡，电影讲的啥内容都不记得了，更不谈从电影中学习到了对真善美的追求对假丑恶的鞭笞，至此，我才顿悟，说到底，人的天性中还是不喜欢太正经的事儿。

随着年岁的增长，看到星爷满头的白发，我彻底理解了无厘头的人生意义。

真的是人生处处无厘头啊！20世纪90年代，当周星驰式无厘头喜剧电影在香江彼岸闹得风生水起之时，A股市场也迎来了注定会天马行空的无厘头股评大师，他就是李大霄。

网红与无厘头都是"博眼球"下的蛋

无厘头文化通过香港的喜剧影视作品而得以大力发展，随后被华语地区广泛接受，尤其受到20世纪70年代后出生的年轻一代的热捧，可以说无厘头喜剧深刻地影响了一代人的人生态度，他们还将这种夸张、聊侃、自嘲的方式逐渐运用于现实生活。

"无厘头"就是上下文不连贯、不合逻辑的惹笑对白，这个词来自地道的广东方言，词典上的释义是，故意将一些毫无联系的事物现象等进行莫名其妙组合串联或歪曲，以达到搞笑或讽刺目的的方式。"无厘头"本应写作"无来头"，因粤方言"来"字与"厘"字读音相近，故写作"无厘头"。无厘头文化是上个世纪90年代香港兴起的一种亚文化，以周星驰、软硬天师及林敏骢等艺人为领军人物。

周星驰出现在大众视线之前，当时在香港广播圈里有个组合叫"软硬天师"。"软硬天师"就是葛民辉跟林海峰，他们在电台做节目的方法就是"乱说"，连报交通状况也是乱说一通，令人意想不到的是，这种"乱说"非常受欢迎，由此开创了香港"无厘头"文化。比如，在当时的香港电视剧里面，可能会突然出现跟剧情完全无关的东西，惹得观众哈哈大笑。

纯正的无厘头惯用夸张、讽刺和自嘲这类手法来逗乐观众。早年的周式喜剧，隔着屏幕都可以闻到浓郁的屎尿屁味儿，人物扮相奇丑无比，举手投足之间尽显恶俗，这些超出人们想象的奇葩人物一出场一张嘴，就笑料十足，观众既感觉恶心，又忍不住捧腹大笑，可见，周星驰的成功秘诀就是在于他总是能找到人们心里最痒的那个部位，然后想方设法地去搔它，其惯用手法就是义无反顾地把一切高贵的东西都扔到茅坑里给你看，一言以蔽之，人至贱则无敌。

互联网时代的网红，不过是上世纪90年代发轫于香港无厘头文化的一个变种，从芙蓉姐姐开始，到凤姐，再到现在红得发紫的papi酱，你看到他们所用的方法无非就是"乱说""恶搞"，他们这样做的目的只有一个，那就是博眼球，然后，用各种手段把"关注度"变现，可见，网红不是娱乐，它是一种生意模式，一条发财之道。

为了求得关注，自我炒作的方法只有想不到没有做不到，再恶俗也在所不惜，他疯，他傻，他笑，他骂，他美，他丑，他作，他贱，他蠢，他逗逼，他撒娇，他卖萌，都可以成为让你关注他的理由。

人们对待网红的态度基本上是边看边骂，边骂边看，既骂他们分享出来的东西越来越没有营养，又忍不住要去看他们最近又乱搞了一些什么"没营养"的新花样。

财经圈的无厘头大咖跟娱乐圈、淘宝圈的网红套路大同小异，"乱说"加上"恶搞"，成就了一批寄生于A股市场的网红。

这类股市网红看起来像是在搞娱乐，实际上他是在做投资分析。他们猜顶测底，指点江山，激扬热点，乱说一通，假如蒙对了，就说是预测，说错了，就装疯卖傻，往娱乐圈里靠。

最近，财经圈与娱乐圈勾搭得更是亲密无间，连笑星黄渤也来某券商营业部开户了。黄渤开户这事一传开，富有娱乐天赋的英大证券首席经济学家李大霄，在转发黄渤开户照片点评：他来抬轿子了！！！

接着就有股民建议，黄渤不如去大校效力的英大证券公司开户吧，那样"笑星双雄"会师英大，当可天下无敌也！

你看看，现在的股民朋友居然直接把大校当笑星了，不知大校是否愿意逆流而上，去娱乐圈抢块地盘？

果然，很快就有捷报传来，网红大校估值10亿完胜papi酱！看来，大校这么多年培育出来的粉丝终于到了可以收割的季节？

我以为他在搞娱乐，实际上他在做股评

上周，读了任泽平的一段极富煽动性的战斗檄文，不细看还以为是"文革"期间的武斗号令，那可真是"暴力"得一点儿都不像个偶像派，程大爷深刻体会到，激情是个好东西，太用力也可能会烧坏脑子，这不是危言耸听哦，"虽然历经磨难，今天英雄的战熊将士再次聚在多头大旗下，大军碾压式入境，大战一触即发。在山川、在河流、在主板、在创业板……在一切地方消灭一切敌人！进攻！"为了博眼球，一个满腹诗书的博士竟然也急得口不择言地"乱说"，他这是表达对《券商中国》一天前将其列为A股网红二号人物的不满吗？

春天确实是个激情澎湃的季节，无论如何，程大爷在这里还是要提示一下各位红人：激情有风险，发情须谨慎哦！

怪不得二号网红高喊"干！干！干！"的了，原来是《券商中国》将一号"网红"的桂冠戴到李大霄头上了。

纵观李大霄近二十年的无厘头股评人生，大致有以下五大特征：

第一，只预测指数，不预测板块热点，更不用说具体个股了。近年来，他唯一一次预测市场风格转换，却完全说反了，小盘股、次新股、垃圾股、题材股和伪成长股被他归入"黑五类"股，建议股民远离，事实上，这两年以来，赚钱的机会恰好主要在他所谓的黑五类股上面。

第二，永远不给自己做出的预测加上期限，他说地球顶也好，钻石底也好，婴儿底也好，地平线也好……你什么时候见过他注明过是多长时间的底部和顶部？周星驰在电影《大话西游》中表白"如果非要在这份爱上加上一个期限，"，人家好歹也给了"我希望是……一万年！"这样的承诺呀！所以，程大爷要说，不加时间尺度的预测都是要流氓。

第三，勤于造词，疏于研究。测大盘走势，猜市场顶与底，不讲逻辑，创造力都花在造词上面。只知道抛出一些夸张的股市新名词，以期吸引更多的关注度。

第四，不仅"乱说"，而且说错了还死不认错！无论市场走势与其预测如

何南辕北辙，他都会一口咬定他没有说错，错的只是市场不配合。他用他自创的那套"刻舟求剑"理论，认定"钻石底"、"婴儿底"、"婴儿底2.0"就像世界文化遗产一样没人敢破坏！

第五，"乱说"之外，还要"恶搞"，而且是以券商分析师的身份"恶搞"，比如热衷自拍，秀各种夸张视频，其目的就是希望更快走红于网络，然后找机会把知名度套现。

人们不禁要问，为什么踏实做研究的分析师大多默默无闻，反而是无厘头股评家长期走红于A股市场，赢得更多的粉丝，获得更多捞钱机会呢？

这与香港在20世纪90年代以周星驰为代表的无厘头喜剧走红原因有惊人的相似之处。

长期以来，A股市场不是宏观经济的晴雨表，无法发挥资源优化配置功能，客观上说，它就是一个完全无效市场，是一个靠资金推动的政策市，加上以散户为主的投资者结构，理性人缺位，价值投资被主题炒作挤出，预测中长期（比如说一年）时间内市场的顶与底，准确率并不会比抛一枚硬币更高。

市场趋势到底可不可以成功预测？这个问题饱受争议，比如投资大师索罗斯就认为市场趋势是测不准的，他用量子力学中"人类的测量行为本身会干扰量子的质量从而导致测量结果不准确"这一现象提出了"测不准定律"。A股的趋势受到的扰动因素更多，而且随机性更大，因而，就大盘指数而言，测不准就更加是个正常现象。

在这样的市场环境中，严肃认真的分析师们苦心研究之后做出来的预测屡次被证明是错误的，加之长期以来牛短熊长，散户在这里太难赚到钱了，所以，投资者就会想，反正一本正经的预测也不准，还不如听听无厘头的，至少他乱说得很搞笑，我就当笑话来听吧！

大多数的策略分析师的预测报告确实长期无人关注，他们可能会想，自己费尽心血写出来的研究反正也没有人认真阅读，还不如编个段子的效果好呢，于是，为博眼球计，各种无厘头招数都用上了，有人搞出一个噱头不费吹灰之力就引起广泛关注，乱说比研究要来得实惠呀！

有了关注度就有粉丝，粉丝多了就可以提升自己的"话语权"，这样就有

　　人们不禁要问，为什么踏实做研究的分析师大多默默无闻，反而是无厘头股评家长期走红于A股市场，赢得更多的粉丝，获得更多捞钱机会呢？

……@
???????$&%*?˘
??……~???%

……@
???????$&%*?˘
??……~???%

1

我是炮灰，
有谁知道他们在说啥，
求解释

2

机会形成分析师的"预言自我应验"效果，先抛出一个"预言"，然后让粉丝把你的预言变成现实。比如，有"著名"分析师预言上证指数在二季度将会到达3600点，由于他的粉丝多，不断增强他的话语权，假如最后大盘真的到了那个点位，这样，他就会说，你看我预测得多准啊！

李大霄显然是深谙其中真义的，他以无厘头的形式来预测，其实也是希望获得更多关注，尽管别人也在用这种招，但是效果远远不如大校，这么多年以来，他持续地赢得了市场广泛的蔑视与吐槽，或许正中下怀，这就是他想要的"成功"呢。因为争议，他的知名度越来越高，目前仅微博粉丝就达到了219万。

大校曾说，一个鲜明的观点与判断才是真正有价值的，任何模棱两可的判断，任何搅糨糊的观点对听众并没有任何帮助。此言不虚。

但是，一位资深分析师对大校的自我辩解不以为然，他认为，市场是检验真理的唯一标准，理性的分析师应该尊重市场，发现自己的缺点，正视缺点，哪怕否认自己。为什么不能正视自己的错误？强调预测顶底是大忌，太过注重一个点位的判断难道不是哗众取宠？

还是投资大师乔治·索罗斯说得好："错误并不可耻，可耻的是错误已经显而易见了却还不去修正！"

谁来护盘证券分析师职业道德的"婴儿底"

尽管那些网红们的"事半功倍"让人眼红，证券分析师还是要守住自己的道德底线，千万不要忘了自己从事的是一个高度专业化的工作，即便是"测不准"，也不可以乱说及恶搞，博眼球是有边界的。

中国证券业协会证券分析师专业委员会早就发布过《中国证券分析师职业道德守则》，该守则共四章19条，目的就是为促使中国证券分析师更好地履行职责，保持应有的职业行为规范，保证并不断提高执业水准，在公众中树立良好的职业形象。

这个守则的适用范围包括了证券分析师及其助理人员和协助执行证券分析

师业务的其他专业人员，并对上述人员具有同等的约束力，并适用于证券分析师所执行的各种业务。

无厘头股评的各种出格言行与该职业道德守则的基本要求相去甚远。比如，《守则》第六条要求证券分析师在执行业务过程中必须恪守独立诚信、谨慎客观、勤勉尽职、公正公平的原则，为社会各界提供专业服务，努力提高证券分析师的整体社会信誉和地位。那些信口开河的所谓"激情檄文"，那些动辄多少点不是梦的"战斗口号"，到底是提高了还是降低了证券分析师的社会信誉和地位？

《守则》第八条要求证券分析师恪尽应有的职业谨慎，客观地提出投资分析、预测和建议，不得断章取义或篡改有关信息资料，以及因主观好恶影响投资分析、预测或建议。然而，有的分析师不仅没有任何客观审慎的态度，还完全根据自己的个人好恶来做市场研判。例如，现在被贴上死多头标签的李大霄曾经也是死空头。他曾经公开发表预测说科技股泡沫必破，建议投资者"摘荔枝"，从2001年唱空，挨骂死扛，一路唱空到2005年。

职业道德守则还要求证券分析师应当珍视"证券分析师"称号，不得有任何有损于证券分析师职业形象的行为。应当在投资分析、预测或建议的表述中将客观事实与主观判断严格区分，并对重要事实予以明示。然而，分析师李大霄在A股市场长期充当着反向指标，每当他把一些政策事件点评为"重大利好"时，市场都以猛烈下跌回击，股民戏称"大霄效应"。有业内人士调侃，只要盯着大校的微博，靠他这个反向指标来做空股指期货，一年就能在北上深买房买车了。

让人困惑的是，大校至今还是中国证券业协会证券分析师及投资顾问专业委员会委员；英大证券研究所所长，首席经济学家；曾经获中国证券业协会多个奖项。不知道他有没有学习过这个证券分析师职业道德守则呢？

最近明星参股并代言多家跑路P2P公司的新闻不断见诸报端，引发网友对演艺圈明星见钱眼开助纣为虐的指责，其实，很早之前，演艺圈明星就"手长捞过界"进入资本市场"发财"，演艺圈事实上已经沦为一个"笑贫不笑娼"的地方。

而财经圈的所谓大咖模仿演艺圈明星为骗子公开站台的事情也不鲜见，泛亚事件发生后，看到宋鸿兵的狼狈视频，大家才愕然发现，财经大咖一直是这么挣钱的。

不管思想如何解放，这个社会的公序良俗还是应该坚持。金融服务业是社会分工中对从业人员的专业水平和个人品格都要求特别严格的一个行业，金融从业人员大多受过良好的专业培训，需要通过各类考试并取得从业资格，此外，各金融机构也有针对从业人员的职业道德与个人操守的禁令与准则，个人言行举止是有约束的。

也就是说，各类名模名媛名嘴可以用各种出格的言论，不惜一切代价博出位，绞尽脑汁把自己弄成网红，只要不犯罪，再加上心理素质过硬，笑骂由人，Ta要走红，你拿Ta没辙。

而证券分析师们，就算心里没有敬畏，头顶上还有职业道德规范摆在那里呢，怎么可以任性而为？

私募江湖：
英雄莫问出处，开口必称大佬

凡干私募基金的，不管哪条道哪个山头哪年入行，一律称之为大佬，这个名号听起来好像挺吓人的，其实，虽然都叫大佬，但是，含义可以是天壤之别的哦。比如说，程大爷跟王健林一起去沐足店洗脚，从保安到按脚工保准称我们都是"老板"，这俩"老板"是一回事吗？

我的朋友张三丰去年底准备辞职去创业，他知道程大爷见多识广又特别热心帮人出谋划策，便提了一盒好茶前来虚心请教。

他一说辞职的原因，我是颇为同情的，毕业于名校，立志成为大陆李嘉诚的小张同学，是在上一波牛市时进入证券公司的，来得早不如来得巧，赶上了券商奖金最丰厚的年景，毕业三年就买房买车，再三年娶妻生子，再再三年，把房子抵押贷款又加杠杆，交给一民间高手代为操作，仅仅三个月，房子车子都没了，妻子孩子还在，等他赚钱养家呢。雪上加霜的是，券商这种强周期性行业，行情一变冷，收入就结冰。环顾四周，另谋出路者蔚然成风矣，一同入行的人，别人都创业了，已经掉在后面了。

说到动情之处，小张同学眼眶里竟然闪动着泪花。程大爷以一名老党员的身份鼓励他说，孩子，现今"大众创业、万众创新"是党和政府积极推进的方向，作为一名革命青年，你响应号召投身创业的伟大洪流之中，这是有理想有抱负有情怀的爱国行动呀！

小张同学终于破涕为笑，表示开弓没有回头箭，一定要找一个高起点的创业方向，义无反顾地坚持下去。末了，他猛一抬头，豪气冲天地望着天花板，大爷，您就给我拿个主意，我是去开淘宝店还是去开家私募基金公司？

看来，我确实要给个建议。既然要创业，还是要搞私募为好。想想看，你开淘宝店，做得再大，人家也只会喊你张老板，私募做得再小，泥鳅也是鱼呀，好歹人家也管你叫大佬。

再说吧，今后我跟别人吹牛逼时，说自己有个朋友开了家淘宝店卖茶叶，没准人家还以为我要帮他拉客户呢，若是说私募大佬张三丰是我的朋友，周边人马上对我刮目相看了。不好意思，这是我的一点儿私心，要知道，高尚的人偶尔也会有那么点儿卑下的小情操嘛！

就这样，我的朋友张三丰高举着党章，骑着一部崭新的单车，头也不回地朝着私募的江湖，绝尘而去，一夜之间，完成了从一个证券营业部客户经理到证券投资界私募大佬的跨越。

处处绿杨堪系马
家家有路通长安

很多人以为股票投资私募基金是近年才出现的，其实不然，可以说自从有了中国证券市场，私募理财这种现象也就悄然萌芽了，而且是私募大佬先于私募基金出现的，只是大家都还没有意识到，这就是私募，私募大佬也没有意识到自己已经"大佬"了，还以为自己只是个私底下代客炒股的"小张"呢。

早年，证券公司营业部的客户中就有一些炒股高手，不仅自己炒得好，还挺热心分享心得，指点迷津，甚至帮助别人提高炒股成绩，那个时候，知识就是财富的观念还没有树立起来，而雷锋精神就像散户大厅到处张贴的炒股名人名言，却是十分的深入人心的，客户赚钱了，多数都会竖个大拇指口头表扬一下，"小张看得准，真是个高手！"小张听了脸一红，赶紧谦虚了一番，但是心里那个激动呀，就甭提了，这夸奖要是出自一位退休大妈之口，更是特别让"小张"激动，尤其是那些家里恰好有个漂亮女儿又还没有男朋友的大妈。大爷要是赚钱了，会来点更实际的，就请指点他的"小张"吃饭喝茶，顶多再送条好烟以示答谢。

再往后走，有人觉得应该封个红包给"小张"，有隔壁大户室的老王听说"小张"是炒股高手，于是偷偷找到"小张"，代替操盘，赚了直接给提成，不搞口惠而实不至的"漂亮女儿还没男朋友"来画饼充饥，也不搞请吃海鲜大餐送软中华这类小恩小惠，直接分现金！

于是，"小张"动心了。毕竟，代客操盘这事还不能摆在台面上，一听说可以赚钱提成，积极性高涨，也不好意思问老王，赚钱提成的比例是多少呀，多久结算一次呀。

"小张"废寝忘食操碎了心，年底了，老王账户上已经有翻倍的利润，却总不见老王提分钱的事，反而见他不时提醒自己，还没找到对象吧？我的老战友家有个女儿挺漂亮的，还没男朋友呢，有空请你吃海鲜啦。直到快除夕了，"小张"说要回老家过年，老王才拿了两条烟给"小张"，给你过年抽啦，再递上一封"利是"，小小意思啦。就是绝口不提帮他炒股赚到的100万利润啥时给"小张"提成。都是"君子协定"，全凭自觉，也没法讨。

眼看赚钱提成无法保障，私募大佬又不满足只赚眼球不赚钱，那就决心浮出水面，来个"先小人 后君子"吧。

于是，以个人名义跟客户签订代理操盘协议，搞得大了，几个人合伙开一公司，以公司名义跟客户签订协议。

后来，银行看到了这是个好机会，跑来找"小张"他们，我那里多的是有钱的客户，我帮你找客户，你们赚了钱跟客户分钱，这里得再分点给我，信托公司也跑来了，说我帮你解决客户赚了钱不肯分的问题，当然，我也得要点好处。再后来，券商也闻讯赶来。

有了各路"大块头"呼前拥后，私募大佬从当年厕身的营业部大户室纷纷搬出，去各大城市地标写字楼里觅得一块风水宝地做办公室，请来口若悬河的风水佬，一顿狂吹，取个文艺与财气融洽的公司名字，供奉关公神像，大班台上电脑若干台，圣经与金刚金平起平坐，格雷厄姆、巴菲特、索罗斯、杨百万、马年运程和技术分析实战傻瓜书相安无事，每到危难时刻，既可以求上帝救我，还可以求菩萨保佑，安排停当，心里有数，走路带风，顾盼自雄，俨然武林高手矣。

画水无风空作浪
绣花虽好不闻香

私募基金从无到有，从地下到地上，从草莽到殿堂，一路磕磕碰碰，故事多于绩效，绯闻盖过实力，确实是一个毁誉参半的行当。不过，随着理财市场的飞速发展，个人可支配收入的增加，高净值人群理财需求的旺盛，最近两年呈现爆炸式发展，出息成一支不可忽视的力量。

总体而言，在财富管理的世界，银行一直是比天空更广阔的大海，其他各路非银金融机构，从山间小溪，平原河流，沟壑水塘到大江大湖，各自都有自己的流域。公募基金这么多年来，一直是投资江湖上呼风唤雨的角色，他们的一举一动都牵动投资者的情绪。

私募进入投资领域的最初阶段，与公募相比，就像潘长江跟姚明一起打篮球那样的感觉。

而公募基金的基金经理，是根正苗红的高大上，是集智慧、财富与地位于一身的投资大咖（人家都不屑叫大师大腕大佬），而私募大佬，虽然不缺钱也不缺智慧，但是，缺地位呀，就像国营职工与个体工商户之间的关系。所以，从公募入私募，有点像政府官员下海经商，需要的是勇气，而从私募而入公募，就像路边摊卖烧烤的小贩进政府机关当上公务员那么难，这种事，几十年来，未之尚闻。

以江湖来比喻中国的资本市场还是蛮生动形象的，美帝这样充满霸权的资本市场犹如汪洋大海，惊涛骇浪，浪里白条和水上漂这种功夫，那里没法使，大白鲨随便一颗牙齿都比你的青龙偃月刀锋利，所以，江与湖，比海小得多，又比鱼塘要大得多，各路大神与小鬼，都各得其所玩得开。

与其在大户室内相濡以沫，不如相忘于江湖，所以，每一个大佬的心中都有一个江湖梦。江湖的说法最早就是由庄子创作的，他在名著《庄子·大宗师篇》中写道，"泉涸，鱼双与予处于陆，相濡以沫，不如相忘于江湖"，让后世各种打算跟合伙人一拍两散的家伙都找到了借口，你看看，庄子那个故事，泉水干涸后，两条鱼未及时离开，受困于陆地的小洼，两条鱼动弹不得，互相以口沫滋润对方，使对方保持湿润。此时，两条鱼便缅怀起往日在江河湖水里自由自在，彼此不相识的生活。所以，一般创业失败，比如开淘宝店生意不好的时候，其中肯定会有一个长得像马云的就把话说出来了，哎呀，大家这么苦哈哈地混着，吃个盒饭还得众筹，不如，相忘于江湖，谁也别拦我啊，我要去做大佬，干私募去！

古龙小说中，杀手燕十三一句"人在江湖，身不由己！"更是把江湖的凶险刻画得淋漓尽致，"人在江湖飘，哪能不挨刀？"又散发着英雄主义的豪迈，不过，古龙先生对江湖的定义则晕染了浪子的潇洒，"有人的地方，就是江湖"，因此，在《笑傲江湖》中，任我行那句"只要有人，就会有恩怨！"恐怕就是替古龙说的罢？

初出茅庐去闯江湖的人，都希望凭着自己的绝顶聪明，找寻到传说中的武林秘籍，然后，练就绝世的武功，成为受人景仰的一代宗师，或者仗剑走天涯，做一个独孤求败的剑客。要是能成功邀来风清扬、张三丰（同名同姓的人真多啊！哈哈）、达摩祖师、王重阳、杨过这样的传奇高手合伙开家私募基金公司，那就打遍天下无敌手了吧！

江湖上的顶尖高手，生活中我们可以称之为英雄，但是，在武林之中，大家都称之为盟主。武侠小说里，很多门派的掌门人或者武功非凡的人都想争夺的一个排名第一位置，就是盟主。私募基金各种策略类别的业绩排名，比如股票型、债券型、相对收益、宏观对冲、期货主动管理、程序化交易，等等等等，也相当于江湖争霸吧？可见，私募江湖，门派林立，不同道上，各有其武功秘籍和神兵利器。

凡干私募基金的，不管哪条道哪个山头哪年入行，一律称之为大佬，这个名号听起来好像挺吓人的，其实，虽然都叫大佬，但是，含义可以是天壤之别的哦。比如说，程大爷跟王健林一起去沐足店洗脚，从保安到按脚工保准称我们都是"老板"，这俩"老板"是一回事吗？

在程大爷看来，按照个人江湖地位，大佬至少可分为以下七个级别：

初级大佬。只是个通用称谓，比如武汉人口中的师傅，重庆人口中的老师，上海人口中的老板，北京人口中的领导，广东人口中的帅哥和靓女，相当于一次性塑料袋，用完就丢垃圾桶了。

二级大佬。在家中多个兄弟姐妹中，确实是排行老大，在广东人的口语中，大佬就是老大或者大哥的意思。

三级大佬。在某个领域拥有一定话语权的人，一般是资历老，辈分高、说话顶用的人。

四级大佬。可决定地盘再分配的人。带着一众兄弟操社会的人。大佬在黑道上就是大哥大的意思，意味着辈分高，权势极大的人。比如周润发那句"我不做大哥好多年了！"大致也是这个意思。

五级大佬。可以决定财富再分配的人，此类大佬财技高超，手眼通天，在资本江湖上，纵横捭阖，左右逢源。一些大得不能倒的产业资本家也属此类。

六级大佬。决定权力再分配的人，此类大佬，神龙见首不见尾，比如"某权威人士"，可能就属此类。

终极大佬。可决定人生死的人，跟上帝、观世音菩萨、四大天王差不多一个级别的人物。金三胖可以靠点边。

所以，同为私募，同称大佬，其体量和江湖地位也可以是天差地别的了。

据中国证券投资基金业协会2016年5月份发布的最新数据显示，财富管理的江湖，公募基金占地7.77万亿元，私募基金管理机构资产管理规模达5.70万亿元，再创历史新高。短短1年间，私募基金由2015年3月底的登记私募管理人9036家、已备案私募基金10853只、认缴规模3.03万亿元，增加至今年3月底的已登记私募基金管理人25901家、已备案私募基金27553只、认缴规模5.70万亿元。而同期公募基金管理公司仅增加5家、规模增加2.5万亿。虽然私募发展速度迅猛，但质量不高，100亿以上管理规模的仅94家，50亿以上的只有216家，20亿以上是538家。2万多家私募管理人有产品的是8500家，平均规模是6.7亿元。可见，多数大佬，还在温饱线上挣扎呀！

我们曾经是有"英雄"的，早期投身于私募的一批人，当年可是洋溢着风萧萧兮易水寒那种悲壮的英雄主义气质，然而，让人觉得可惜的是，他们中的许多人，没有经受住时间的冲刷。

英雄莫问出处，哪怕我习惯在厕所里炒股

遇饮酒时须饮酒
得高歌处且高歌

我们谈到公募基金的时候，总是习惯性地关注它的业绩而忽略它的规模，而我们在论及私募基金的时候，却总是关注它的规模而忽略它的业绩。

元芳，这事巴菲特怎么看？中国私募基金的迅猛发展成果，巴菲特得出了一个结论：中国私募基金的销售能力远胜他的投资能力！

追求管理规模而忽视投资收益的做法，极为普遍，这也难怪，不达到一定的管理规模，日子过不下去，那还发展个啥呀？总不能饿着肚子搞建设吧？于是，本来就几条枪，都拿去打兔子了，练枪法的事？以后再说。

为什么要拿巴菲特说事呢？因为，在全世界的投资领域，再也找不到比这爷们更牛的逼了！当然，他不是大佬，因为他是英雄。大佬与英雄之间，人们聚焦的重点不同，显而易见的差异在于品格，不是说大佬的品格不高尚，而是，我们强调了大佬的能力而忽略他的品格，正如我们更加看重英雄的品格而忽略他的能力一样。

巴菲特令人钦佩的不仅是投资能力，还有他在品格上的洁癖。我们见怪不怪的事，人家那里压根儿就像掉进眼睛里的砂子，非得吹出来不可。

看看"英雄"是如何大公无私捍卫自己的价值观的。尽管伯克希尔是国际评级机构穆迪的大股东（持有12.6%），巴菲特对评级机构的专业能力和道德水准均颇为不屑，认为他们经常犯错，特别是在次贷危机中，为了赚钱，跟金融机构狼狈为奸，干了不少坏事，是帮坏家伙。奇怪的是，他还不卖掉穆迪，莫非是芒格入的货？

巴菲特多次表达了对华尔街的蔑视与嘲笑，并一针见血地指出，华尔街的销售能力远胜他们的研究能力。言下之意就是，华尔街不过是一个群大忽悠。

好吧，在资本的江湖，规模做得又快又大，是否意味着地位的提升？

只追求管理规模，这跟去开淘宝店的思维是一样的，不过是用开淘宝店的思维开了私募基金。

多数大佬们的格局还是太小，加上开私募基金公司的门槛太低，鱼龙混杂，就不足为奇。我们都太急切地希望发财，毕竟，无恒产者无恒心嘛。

我们曾经是有"英雄"的，早期投身于私募的一批人，当年可是洋溢着风萧萧兮易水寒那种悲壮的英雄主义气质，然而，让人觉得可惜的是，他们中的许多人，没有经受住时间的冲刷。

有一段时间，奔私成了一种潮流，从券商、银行、信托、保险、公募中奔出一批投资高手，他们不满足于过往只做"大师"的生活，华丽转身为"大佬"，尤为耀眼的是公募基金公司中的部分精英，他们"公"而优则"私"，后来，在公募偶尔业绩排名靠前的，如果不奔私都不好意思，为了证明自己是高手，所以，也赶紧去自己立个山头。

有些在体制内的高手，靠的还是体制内机构的投研能力和团队合作，一旦离开了原来的平台，就原形毕露，俨然凡人也。

体制内的"老人"，仍不乏高手，之所以不奔私，跟人生态度有关。程大爷相熟的业内大佬，如果奔私肯定也是一把好手，之所以没有去，还是觉得不愿那么累，不想把时间和精力费在一些销售的事情上，人各有志，对于那些在投资领域早就名利双收的业界大佬，公干还是私募，无非是一种生活方式而已。

至少从2016年一季度来看，股市低迷，做绝对收益的私募大佬们压力山大呀。这不，我的朋友私募大佬张三丰最近情绪就相当低落，上周末约我聊天，我带去的一瓶茅台，他竟然一个人喝得一滴不剩，让我大吃一惊。要知道，他以前喝杯啤酒都会脸红的，怎么仅仅半年时间，就成酒国英雄了呢？

张三丰说，没有酒量，我那几个产品怎么能发得出去呢？现在才明白，喝酒也是生产力呀！

谈及半年多来做私募的感受，张三丰说了几点：

第一，投机市场，要想博出位，非得胆子大，路子野；

第二，A股政策多变，规则无常，各类创新型私募比如量化，比如程序化交易，难有生存土壤，英雄无用武之地；

第三，私募行业人员素质参差不齐，流动性大，难有长期打算；

第四，结构型私募追涨杀跌，是市场剧烈动荡的推手；

第五，市场环境不容乐观，公募游资化，私募散户化，散户僵尸化。

酒酣耳热之际，张三丰还带来一个好消息和两个坏消息。我说还是先听好消息吧？

好消息是基金从业资格考过啦！上月，一场普通的基金从业人员资格考试引来了疯狂刷屏，私募界一片如临大敌的紧张劲儿，与"大佬"们平日里的从容不迫形成鲜明对比，这种基本上高中毕业生都可以轻松搞定的考试，通过率竟然很低。通过者喜形于色，没过者垂头丧气，考得高分者甚至动用了"学霸"这样夸张的比喻，一时蔚为奇观。考生中备受关注的PE/VC从业人员，通过率高于平均水平，科目一通过率85.44%，科目二通过率54.71%。此次参加考试的私募基金高管共计11272人，同时参加两门考试的8121人，通过率49.1%。

一个坏消息是，多个产品接近清盘线，大为不妙啊！

还有一个坏消息是，其他产品也浮亏严重，至今没有一只净值在1元以上。据统计，2016年1季度，阳光私募行业平均收益-8.84%，其中股票型私募基金平均跌幅为10.63%。可谓全军覆没啊。

张三丰又提开淘宝店卖有机茶的事，我严厉地批评他，遇到一点困难，就要打退堂鼓，完全没有一点大佬愈挫愈勇的精神。

那该怎样才能挽救这破碎的局面呢？张三丰一脸无辜。

看在十年朋友的份上，我决定再帮他一把，支支招。

在A股干投资，不管公募私募机构散户，大家都是看天吃饭，最重要的是风调雨顺，对不？

所以，只供奉关公是不够的，他只管你买对个股发财，但是，大势不妙，个股也好不到哪里去，所以，还得把四大天王的画像请来，挂墙上，这样你就要风得风，要雨得雨啦！

大班台面上，摆圣经也不管用，不是上帝不帮你，而是世界上的事太多了，欧洲难民潮，加拿大大火，都是人命关天的事，他忙不过来了，你这里只是股票的事，千股跌停也死不了人！

读过宋韶光的猴年运程没有？

没有？哦，读了麦玲玲的猴年运程也可以的！

还有特别重要的事情：《券商中国》关注了没？程大爷论市每期都读了没？

《野子》这首歌，你听过没？

"怎么大风越狠，我心越荡，幻如一丝尘土，随风自由的在狂舞，我要握紧手中坚定，却又飘散的勇气，我会变成巨人，踏着力气，踩着梦！"

这个浮华喧嚣的金融盛世，总有一款骗局适合你，知道你会来，所以我等

　　散户对这些包裹在资本故事里的一级项目，总是趋之若鹜，心甘情愿等待长达3～5年甚至更长的锁定期，起到关键作用的是资本幻觉在短期内总是难以被证伪，如果投资二级市场，市场的剧烈波动就会毫不留情地把投资人实际的亏损与盈利马上显示出来。

　　记得评论家肯尼斯·伯克说过一句意味深长的话：故事是人生必需的设备。

　　地球没有故事，人类将会怎样？会不会成为东非某处森林里的许多个分散的猩群？或者，历史上无数令人津津乐道的伟大事业都不会出现？也就没有太平天国，没有三分天下，没有陈胜吴广、李自成这些激动人心的英雄与伟业？幸好，也不知是在进化的过程中哪个基因偶尔发生了突变，人类忽然变得爱讲故事，爱听故事了，我们才能从数万年前的智人进化成今天的样子，有了民族、国家、股票市场，进而有了一级市场、二级市场，有了投资、投机和赌博这些人类活动，有了JP摩根、巴菲特、马云、王健林、马斯克、贾跃亭、乔布斯这些特别会讲故事的人。

故事的参与，让股市聚集大规模人群

　　尤瓦尔·赫拉利在《人类简史》中有一个特别有意思的观点，就是智人与动物的显著差异在于虚构的能力，特别是可以一起虚构，智人会讲故事，会无中生有，会把一片并不存在的香蕉树绘声绘色地讲给其他人听，然后聚拢成千上万的人，为了吃上传说中又香又甜的香蕉，跟着你一起干了，才可以搞成像P2P这种动辄上万人参加的融资活动。

而与智人同在"猿属"板块的黑猩猩，由于基因突变时出现了一点细微的差别，就只会告诉别的猩猩，哪里有香蕉哪里有狮子，他没有虚构的基因，不会讲故事，比如只要你们相信我，上帝就会撒下香蕉树，到明年夏天，山谷里就有吃不完的香蕉，他也不会把狮子描绘成黑猩猩家族的守护神，总之，他们不会把不存在的东西描绘得引人入胜，结果就是，智人经过数万年的进化，爬升到了食物链的顶端，而黑猩猩就一直停留在食物链的中游位置再也没有进步了。尤为重要的是，普通的黑猩猩只能维持一个20～50只的团队，就算是一个最大的猩猩种群也难以超过100只。

在认知革命之后，智人有了八卦的能力，然而，经由八卦这种方式，能维持的最大"自然"团体也不过是150人，这真是一个神奇数字，没超过这个数字时，团体内还是和谐的，而一旦突破了这个门槛，事情就大不相同。而要让成千上万的人集合在一起，这就需要虚构的故事，只要大家相信同一个故事，就可以朝同样的方向前进，最终会演变成某种趋势。

后来，人类就迷上了故事。然而，人类对故事的胃口是难以满足的。我们讲述和倾听故事的时间，可能与睡觉的时间一样多，甚至在睡觉的时候，我们还会深陷于梦境中的某个故事。

到了现在，人类的所有活动几乎都越来越依赖于一个又一个的故事，我们不仅会在日常生活中讲述故事，在爱情里倾听故事，而且，在投资时编织故事。

正是由于故事的参与，股票市场才会聚集如此大规模的人群。

长期以来，在A股玩一级市场与玩二级市场的总不是一拨人，正如字面上所体现的那样，一级高大上，是各类机构与实力投资大咖博弈的战场，二级嘛，顾名思义，就是要比一级市场低一级的啦，主要是供广大散户朋友投机炒作以及娱乐活动的地方，有点类似餐馆里的豪华包厢与散客大厅之别。

不过，世事无绝对，资本市场各阶层的划分也并非铁板一块，一个屌丝都可以逆袭的时代，豪华包厢也不是大咖们的专利。

最近，二级市场萎靡不振，一级市场却极度亢奋，这不，包厢里忽然涌入了一群散户，他们嫌大厅冷清，冲着热闹的地方来了。

领袖负责讲故事，粉丝负责听故事

同样的故事，由不同的人讲出来，效果竟然差了不是一点点。比如说，娱乐是一个好故事，微影一开讲，观众掌声雷动，20亿美金融资立马到手。接着，观众又高呼，淘宝来一个，来一个，淘宝电影当仁不让地来了，虽说目前的市场份额远低于微影，仅仅与猫眼和糯米网差不多，但是，这次讲故事的是马云同学，淘宝电影就拿到了17亿元人民币的A轮融资，重点在后面，此轮融资后淘宝电影的整体估值达到137亿元，按目前汇率，约等于20亿美元。

从公告上看，来捧场的都是名震江湖的大咖哦，鼎晖投资、蚂蚁金服、新浪网、和和影业、博纳影业、华策影视、南派泛娱、联瑞影业等一众豪门。

小朋友们又在大喊，万达来一个，来一个，于是，王老板说，我讲个算术题考考同学们，将万达影视装入万达院线，而传奇影业是万达影视的全资子公司，那么，万达院线最后增加了多少资产？有个特别聪明的小朋友拿上就算出来了，万达影视+传奇影业＝372亿。万达院线还将募集配套资金不超过80亿元，用于影院建设项目和补充流动资金。

不过，单看传奇影业的营收还是有些刺眼，2015年总营收30.2亿元，净利润-42.38亿元；2014年总营收26.3亿元，净利润-28.87亿元，也就是说，传奇影业已经连续2年巨亏了。不过，万达影视的财务数据还过得去，2015年营收5.69亿元，净利1.3亿；2014年营收3.8亿元，净利6116万元。同王老板的商业地产生意相比，这点利润只是零花钱吧？人家凭借中国首富的豪气，就是敢拍胸脯，万达影视未来3年内，净利润数累计不低于50.98亿元，否则，万达投资将按照《盈利预测补偿协议》中约定的方式，对万达院线进行补偿，财大气粗，凭实力说话，不服不行。

领袖人物与群众演员之间的显著差距正在于讲故事的能力，甚至于，他们的分工完全不同，领袖负责讲故事，而粉丝从来都是负责听故事的。

很多人讲一个故事都力不从心，而贾跃亭同学确实天生就是做领袖的料，任何时候，他散发出来的激情与梦想都很迷人，所以，他可以一口气讲好几个故事，听得广大粉丝如痴如醉。

长期以来，在A股玩一级市场与玩二级市场的总不是一拨人。不过，世事无绝对，资本市场各阶层的划分也并非铁板一块，一个屌丝都可以逆袭的时代，豪华包厢也不是大咖们的专利。

偶像派登场注定会引来一阵阵骚动的。

较早前乐视发出公告，将成立于2011年底的乐视影业作价98亿从股市抽血。同时宣布计划定向增发募资50亿。乐视影业2014年度扣非后利润6444万元，2015年度扣非后利润1.36亿元，而在2016年度、2017年度、2018年度承诺利润分别不低于5.2亿元、7.3亿元、10.4亿元，业绩承诺金额均远高于报告期水平。

乐视体育的故事，围绕着的无非还是"我会带你去二级市场"的主题而展开，2018年上市的目标让人看了很难做到不想入非非。

这一段时间，以贾跃亭提供无限连带责任担保的融资文件在机构甚至网络间盛传。

乐视和万达报出如此夸张的盈利预测，底气既来自一级市场长期牛市的现实，也吃定了二级市场钱多人傻的格局难以改变。

正如买面粉是为了卖面包，买地皮是为了卖房子，进一级市场的目的，还是为了在二级市场套现。

每当面粉贵过面包时，我们经常会替面包商担忧，结果也见过面包店因此关门，每当地王的楼面地价远高楼价的时候，我们又替开发商操心，结果，地产行业暴利依旧。现在，我们又开始为一级市场远超二级市场的泡沫忧心忡忡，这也不过是听评书掉眼泪——替古人担忧罢了。你会看到的，那些进水的一级市场项目，迟早会化为泪水，在二级市场潺潺流出。

一级市场正在散户化

散户对一级市场总是充满了无限崇拜，在神秘感与好奇心的驱使下，往往会参与一级市场的项目，一旦入股了，就会给予足够的耐心，对二级市场却又满是浮躁的心情，恨不得天天涨停，马上发财。

看上去是买了一个比二级市场估值还高出一大截的产品，实际上，它们转身就把份额零售给了兴高采烈的散户。在这种包装下，中国的一级市场名义上还是机构在参与，其实已经开始了明确的散户化进程。这种不断散户化的投资，说明一级市场上真正的投资者在缓慢退出，而偶尔也有形形色色的骗子跳出来趁火打劫。

自从P2P骗局不断"穿煲"之后,网络上就开始流传着这么一段"情话":在这个浮华喧嚣的金融盛世,总有一款骗局适合你。我知道你会来,所以我等。多么深情的告白啊!

一级市场散户化并非我国专利,目前,美国也出现了散户化的迹象,这就导致一级市场的项目融资变得越来越得心应手了。

过往,散户是通过投资基金,基金再作为一个组合投资去投资多个项目来分散风险,这导致基金的融资能力受到了约束,同时将散户的投资回报和风险都进行了平均化。

现在的风险在于,由项目公司直接兜底或项目化融资,不用组合投资的方式,搭配一个诱人的资本故事直接卖给散户,散户的投资收益与风险一下子就面临更大的波动幅度。

散户对这些包裹在资本故事里的一级项目,总是趋之若鹜,心甘情愿等待长达3~5年甚至更长的锁定期,起到关键作用的是资本幻觉在短期内总是难以被证伪,如果投资二级市场,市场的剧烈波动就会毫不留情地把投资人实际的亏损与盈利马上显示出来。

我的母亲可能是最成功的"风险投资人"

好吧!程大爷也来凑回热闹,讲一个"民间PE"故事。

我经常开玩笑说,迄今为止,我见过最有耐心的风险投资家是我的母亲(这个仅仅是开玩笑哦,不要让她老人家听到了,不然会骂死我的了!),当然,不一定是收益率最高的。

初中考高中那年,我们村里那些考生的家长们都面临一个选择:是扎紧裤带省吃俭用甚至四处借贷把孩子送去读高中,还是让孩子回家务农,不用花钱还可以马上多个劳力挣工分养家。

那年代,高校还没有扩招,升学率低得可怜,能考上大学甚至考上中专都被视为"鲤鱼跳龙门"的成功典范,一人考上大学,就可以在城里有了一块根据地，拿到工资就可以帮助全家脱离贫困，家里出了个读书人，四邻八乡纷纷恭贺，光宗耀祖呀，总之，就是物质文明与精神文明双丰。这个"故事"，对世世代代农民的吸引力无疑是巨大的。

当然，这就是一种风险"投资"。

资源是稀缺的，解决眼前温饱，就会失去未来。

那个时候，父亲全身心投入农业生产第一线，基本上无暇顾及家务，所以，我们家的"投资决策权"是由母亲掌握的。

母亲有一个远房亲戚，当年就是考学成功去到武汉工作，娶妻生子，成为人人羡慕的城里人，有这个成功案例在前，她毅然决定，把谷种卖了，筹资投入我这个"鲤鱼跳龙门"项目，她也知道失败的概率极高，是风险投资，但还是值得一试。

我记得要启程去离家几十里路外的重点高中报到的前一天，母亲拿出一大沓钱，都是一角钱的纸币，总共5元，很慎重地交到我的手上说，我盼着以后有一天你也会把一大沓钱交到我的手上。

当然，后来"项目"进展顺利，我没有辜负"投资人"的期待，不断超越各项目标。

我始终记得当年母亲交到我手上的一沓钱，所以，自从毕业之后，每年过年，我都会特意换上一大沓崭新的钞票，最早是一元钱面值的，后来是十元面值的，再到五十元面值的，去年开始为券商中国写专栏，获得一大笔稿费，所以，今年春节时，我终于完成了多年目标，把一沓百元面值的钞票交到母亲手上。

我母亲后来还投资了我的两个弟弟"鲤鱼跳龙门"项目，也大获成功。

从这个角度来说，母亲也是最成功的"风险投资人"。

那些当年父母投资"鲤鱼跳龙门"失败的同村少年，有的没考上大学回乡务农，有的进城经商，他们的人生，其实也都各自精彩。

而当年没有条件去高中的同学，说真的，后来获得成功的机会还是少很多。

可见，愿意投资子女教育的父母，最后或许"收益"有高低之分，但基本上也无失败之忧。

我想，母亲肯定不会记得当年她说过的那句话，她要的"投资"回报也不是物质上的，我们都应该懂得，她投入的其实是一份无私的母爱，最后，她获得的回报是无法用金钱来衡量的，那就是无尽的爱与感恩。

一个金融民工的职场感悟：
你的苦逼，虽败犹荣

假如你是在牛市时选择干证券这个行当，你又会面临着在熊市时要不要改行的选择，选择了坚持下去，你又面临在原来的证券公司干下去，还是跳槽到别的证券公司的选择。

在行业转型的阵痛中，每个人都会面临着那个哈姆雷特式的设问，坚持，还是放弃，这是一个问题。

刚刚落幕的全国高考被人戏称为一年一度的"悬疑灾难片"，考场内外各种五花八门的奇葩新闻纷纷出炉，各式段子、漫画、照片还有被玩坏掉的作文题，伴随着端午前的"龙舟水"在朋友圈水花四溅。

"五穷"之后的A股热点散乱，看样子还要往"六绝"的境界里演绎一段时间，好在有高考这个最抓眼球的热点横空出世跑来救场，不然的话，六月还不知道会是怎样的枯燥乏味呢。

考生和家长们的焦虑丝毫没有影响全民娱乐的好心情，谁让会玩微信的几代人差不多都参加过高考呢？

这样看来，高考也是一部致青春的文艺片，多少人的曾经沧海，还漂浮着高考的破旧独木舟，只是情怀依旧在，几度眼圈红，载不动了，许多愁啊。

上周最让人心酸的一句话是，"只要你股票炒得好，说不定你未来的老婆今天在高考！"可见，有太多的大龄男青年因为炒股而耽误了婚姻大事呀，有关部门搞投资者教育时应该提醒年轻人应该先结婚再炒股，券商在实施投资者适当性管理时是否也应该要求一下婚姻状况？

最煽情的一句话是，"为年轻时吹过的牛逼奋斗终生！"年轻时立下宏大志向，吹牛逼要"为中华之崛起而读书"，结果发现，全世界都崛起了，你却还在读书。后来你又吹牛逼要"为成为中国的巴菲特而炒股！"结果，巴菲特已经85岁了，你还没钱娶上媳妇，生命不息，炒股不止，使劲折腾自己，说不定最后你会比巴菲特长寿。

要做多少道选择题才能完成这一生的考试

据说最难写的高考作文题是，"选择比天赋更重要！"早上媒体报道说这是浙江省的作文题，中午媒体又报道说浙江省玩的是"虚拟现实"，不愧是互联网大省，作文题都变成了选择题。

确实，天赋这玩意儿跟成功的关联度远不如一个并非笃信不疑的选择。马云参加了三次高考才读了个杭州师范学院，若论读书的天赋，他还不如程大爷呢，可是，他选择了电子商务，最终成为一个富可敌国的互联网巨头，程大爷选择了金融行业，最终成为一名光荣的金融民工。刘强东读书的天赋那是杠杠滴，他原本想从政，以做一个县长为人生目标，却选择了一个跟从政没有任何关系的专业，最后误打误撞，又选择了电商行业，成了行业大佬。别看这些牛人现在到处介绍成功经验，当年的选择，无不带着"万一实现了呢？"的忐忑。所以说，人一旦成功，就什么狗屁都成经验，一旦失败，就什么经验都成了狗屁。

每个人的一生就是一张试卷，可能要完成无数道单项选择题。分值权重差别很大，没有人可以全对，也没人会一题也押不中，不到生命终结的铃声响起，得分高低无法统计，而所谓的输赢，只是你自己判断，与期望值相比，你完成了人生清单上的哪几条？当然，别人也可以给你打分，谁得了高分，谁最后名落孙山，选择题看似很多，分出高下的关键得分点就那么几处。

人生的第一道单选题是，做一个男人还是女人？这个选择看起来无比奇妙，也不知道是怎样就圈定了选项，我猜测大家都是蒙对的，不是吗？按照以色列历史学家尤瓦尔·赫拉利的说法，要想选择成为男性再简单不过，只需要出生的时候有一个X染色体和一个Y染色体就OK，选择成为女性也同样容易，出生时有一对X染色体，就大功告成。问题是，出生之前，我们闭着眼睛，哪看得见X还是Y，一定是上帝把答案塞进我们紧握着拳头的小手里罢了。

去哪里读幼儿园、小学、中学、大学，多数人的选择其实就是别无选择，有很多时候，你只有一个选项。

后来你又选择了跟阿花恋爱，跟阿美结婚，跟阿狗做了闺蜜，跟王麻子做了同事。

当初你在做富二代与做工二代之间梦游了若干回，最后你终于醒悟，王健林是王思聪的爹，你爹王建设在万达广场的建筑工地开水泥搅拌机呢。但是，在做建筑民工还是做金融民工这道题时，你一秒钟都没有犹豫就选择了后者。

假如你是在牛市时选择干证券这个行当，你又会面临着在熊市时要不要改行的选择，选择了坚持下去，你又面临在原来的证券公司干下去，还是跳槽到别的证券公司的选择。

在行业转型的阵痛中，每个人都会面临着那个哈姆雷特式的设问，坚持，还是放弃，这是一个问题。

选择伟大的公司就是选择人间炼狱

平庸一定是有原因的，而卓越也有它的法则。

然而，不管是多大还是多小的公司，追寻理想只是少数人的专利，多数还是为了生计。

人这种动物，好逸恶劳可能是基因决定了的，假如有可能的话，多数人都会向往那种既舒服又赚大钱的工作。

据说这种好工作有四项基本原则，即"钱多事少离家近，睡觉睡到自然醒，吃饭喝酒有人请，打球打到手抽筋！"不过，这种好事离普通人远了不是一点点，只能意淫一下了。

普通人的工作，不过是一种谋生手段而已。"世界是如此的小，我们注定无处可逃，当我尝尽人情冷暖，当你决定为了你的理想燃烧，生活的压力与生命的尊严哪一个重要？"

小时候，每个人的心里都有杆秤，好老师与坏老师，在心里的分量可以天差地别。长大后，你渐渐发现，那个当初老是严格要求你，不让你到处瞎玩的"坏"老师，深远地影响了自己的一生，你会感激他培养了自己严谨治学的态度。

工作后，我们不可避免地会遇到所谓的好老板与坏老板。那个处处关怀你的好老板固然让人温暖，但是，那个逼着你不断学习充电提升自己的"坏老板"，最后教会了你做事与做人的道理，让你在职场上拥有了核心竞争力。

至于我们认为的好公司与坏公司，其实就是平台的大小问题。如果一家好公司让你赚了钱但无法提供一个可持续发展的平台，最终你会失去自我。

老板越"坏"，公司发展越快？"坏老板"领导的公司，员工的执行力远远胜过"好老板"的公司。"坏"老板会说，严格要求是大爱，放纵宽容实际上是对你的未来不负责任。于是，我们看到在那些"坏"老板的高压管理之下，有人成长了，也有人无法适应而被逼走了。

在我们的印象中，美国的高科技企业是可以穿着拖鞋短裤上班的，上班时间可以喝喝咖啡打打桌球，休闲自在，但是，你没有看到他们高强度的脑力劳动是怎样的让人心力交瘁。

我们看到了比尔·盖茨的温文尔雅，看到了马克·扎克伯格的稚气羞涩，以为这些伟大公司的老板都是老好人，那就错了。

乔布斯的人格一直饱受争议，他因为在工作上的冷酷无情甚至背上了"坏老板"的名声，被称之为"苹果公司撒旦"。

乔布斯性格狂躁，行为举止离经背道，比如，他为了赶时间会在残疾人车位上停车，乱发脾气时会用开除员工的方式解气，即使是平日里面对员工的时候，不是冷若冰霜就是无端怒斥，在苹果公司，很少有人会主动和乔布斯打招呼，因为他很可能会问某个员工做什么工作，只要是他认为没有价值的人，他眼都不会眨一下直接予以开除。

有一位苹果员工要向乔布斯汇报工作，乔布斯不仅迟到了一个半小时才见她，而且衣衫不整居然打着赤脚，他面无表情地听了一小时的汇报，只说了一句话，"不行"，便扬长而去。

作为一个虔诚的佛教徒，乔布斯狂放不羁，满口脏话，比如，他说某些产

当初你在做富二代与做工二代之间梦游了若干回，最后你终于醒悟，王健林是王思聪的爹，你爹王建设在万达广场的建筑工地开水泥搅拌机呢。但是，在做建筑民工还是做金融民工这道题时，你一秒钟都没有犹豫就选择了后者。

品差的时候，可以旁若无人地咆哮：这就是一坨bullshit。

在朋友中，他的口碑也很是不堪。一位乔布斯曾经的合作伙伴在谈到乔布斯取得的巨大成功时公开表示，我祝贺乔布斯，但是，我从来没有信任过他的人品。

就目前走向世界舞台的中国企业来看，阿里巴巴、华为可以算是屈指可数的伟大公司，可是，我们看到的是马云的严苛和任正非的危机意识。

马云有一次发内部邮件，毫不留情地批评部分新员工的浮躁和功利。马云一针见血地告诫员工，我们永远不会承诺你发财，升官，在阿里我们一定承诺你会很倒霉，很郁闷，很委屈，很痛苦……很沮丧……公司不是花钱请你们来学习、来享受的，是来请你们做事。

自从上世纪80年代创立以来，几乎每一年华为都保持着惊人的增长速度，然而，我们看到的是任正非的永不满足，一会儿叫嚷"华为的冬天"，一会儿又说"华为找不到方向"，甚至告诫员工"进了华为就是进了坟墓"。任正非对员工要求非常严格，批评身边的高管简直就是家常便饭，他尖酸刻薄地挖苦他手下的一位财务总监说，"你最近进步很大，从很差进步到了比较差。"

伴君如伴虎，华为总裁办主任为任正非准备第二天的发言材料，他没看两行，就"啪"的一声扔到地上："你们都写了些什么玩意儿？"紧接着足足骂了半个小时，直到把总裁办主任骂哭为止。

卓越的人选择，平庸的人瞎蒙

人生的选择题中，职业的选择充满了艰难险阻，多数时候，你在所有的选项中找不到自己喜欢的选择，所以，你就瞎蒙一个算了。

从校门走向社会，我们不过是上帝台球桌上的一只红色小球，被随机地撞击、滚动、四处碰壁，然后落入某个网袋之中。你只是被选择。

在某个工作中待久了，麻木不仁是危险的，你得搞清楚自己在组织中的位置，并且评估自己的心理状态，然后做出坚守还是离开的艰难决定。

第一，你是可以改变这家公司的人吗？如果是，那么恭喜你，你就是那个

"一将功成万骨枯"的虎狼霸主，你可以尽情地挥洒理想与情怀，你决定别人的命运，而只有上帝能决定你的命运。如果不是，那我们换个话题吧？

第二，如果你不能改变一家公司，那么是否愿意改变自己去适应这个公司？轮不到你"大行不顾细谨，大礼不辞小让！"在公司里头，你就是砖，哪里需要哪里搬！

第三，如果既不能改变一家公司，又不愿改变自己，那么你就只可能改变自己与公司的关系。离开是最体面的方式，也有人放下尊严，死活不走，以时间换空间，这只能说是走投无路了而已。

法国剧作家萨卡·吉特里说："鞋子就和女人一样，那些起初没有带给你痛苦的，总会很快就弃你而去。"

我想说的是。工作和鞋子也是一样的，是否舒服不应该是决定去留的理由，那些让你感觉苦逼的伟大公司，它的平台更大也更能够让你成长；而那些让你感觉舒服的平庸公司，消磨掉你的意志与才华，迟早也会弃你如敝屣。

正如那段古老的箴言：

要有毅力去坚持那些值得坚持的工作；

要有勇气去放弃那些应该放弃的工作；

要有智慧去分辨以上两类工作。

程 大 爷 朋 友 圈 如 是 说

初识程大爷，是在多年前一次公司内部高级干部的培训班上。作为公司研究所首席研究员的他，把枯燥的证券投资理念和方法讲得深入浅出而又诙谐搞笑，我当时就眼前一亮，感觉这个"教授"绝非凡夫俗子。后来一打听，此人果然来头不小，横跨期货与证券界不说，在诗歌与摄影方面的造诣也令人仰视，此外，他还是多所大学的客座教授，堪称公司干部中泰斗级的牛人。我在总部工作的那段时间，有了更多与他接触的机会，也从很多其他营业部老总中得知，程大爷

刘巨章

学识渊博，博古通今，在专业领域早就声名远扬，出版的专业著作就有30多本。

再后来，我有幸来到华泰证券广东分公司工作，与程大爷有了更多的"亲密"接触。在生活中，他兴趣广泛。在工作上，他也是一个努力尽责、勤奋进取的优秀干部，他领导下的广州环市东路营业部团结奋进，一直是分公司重要的业绩贡献者。如今，华泰证券广东分公司在企业购并重组、上市公司投融资、资产证券化、企业发债、固收业务、银证合作、公私募投资及产品化、企业财富管理、高净值客户投资顾问、理财产品的企业或个人私人订制、证券投资研究咨询等领域，均保持着行业领先地位，而所有这些成绩的取得，都有着程大爷贡献的一份力量。如果没有他的指导与支持，广分年轻的同事们不可能有如此快速的事业成长，广分的业绩也许就不可能这样进步神速、出类拔萃了。

所以，我要真诚地说一句：我们都是您的粉丝！

谢谢您，程峰兄，程大爷，认识您真好！

刘巨章：华泰证券广东分公司总经理

钟碧华

　　一提起程大爷，我不禁感慨万分。沧桑岁月，前尘往事，总是一下子就涌上心头。我还记得我们是在1993年的春天一起进入广东省南方期货交易公司并成为了中国第一批期货经纪人的。那时的程大爷，年轻、帅气、活力四射，是我们那批经纪人里出名的情才小王子，除了喜欢编段子调侃俊男美女，还会改歌词、写情诗、唱情歌，直接迷倒一大片。他的文采和笔锋深得公司领导的赏识，所以，当仁不让地担任了公司给报社撰写盘后分析的主笔。

　　光阴荏苒，一晃二十几年过去了，看如今正满乾坤，当年那个风流倜傥的小王子已经历练成金融圈著名的大叔级作家，文章比以前更多了深沉的感悟与情愫。这么多年来，行业的艰辛，生活的险恶，让当年的那批"老人"纷纷离开，能坚持在证券期货行业里的已所剩无几。而让我感到庆幸的是，我现在还能和程大爷在同一个战壕里并肩作战，一起迎接这个正在急速转型的行业的变迁。朋友是人生的调味品，也是人生的止痛药。相识满天下，知心唯故人。在今后的日子里，相信我们还有很长的路可以同行。

　　说到行业的季节，人们总是会有意无意地提到华为，不仅是因为那篇《华为的冬天》广为流传，更是因为任正非近乎偏执地追求卓越而令人记忆深刻。

　　作为一个在证券行业工作多年的人，我对这个行业也有不少的思考，而程大爷的《券商没有冬天，只有春天和秋天》让这样的思考着实又深刻了几个层次。

　　程大爷是一位证券界的"老人"，也是我尊敬的良师挚友，我认为文章里面的一些观点值得我们每一个证券人认真思考。政策红利的消失、劳动效率的极大提

林浩

高、行业分母的不断扩大、互联网证券的强势出击，对传统证券行业既带来了挑战也带来了机遇。对有准备的人来说，任风雨飘摇，人生不惧，也许你大妈

已经不是当年的你大妈了，但你大爷始终还是你大爷！未来财富管理转型势在必行，财富管理是个大学问，对从业人员的要求与以前有很大的不同。愿与程大爷多交流，在华泰证券财富管理转型的道路上，迸发出创新的火花。

平日里除了工作上的关系外与程总交集并不多，认识他更多的时候是通过他的文字。读后常有心灵相通的感觉，有时也会从中窥探到自己的影子，比如，《假如炒股是一场修行》中行游西藏的那一段，我何尝不是经过了许久的憧憬、犹豫和拖延的煎熬。

我不知道为什么现在的人们做事变得越来越崇尚一种仪式感，去西藏那是涤荡心灵，是"抖落俗世的尘土"。品位简化成了雪茄红酒，国学变成了对襟衫和手串，茶道从焚香沐浴更衣的繁文缛节进化到处女在天未亮之前用嘴唇把最嫩的芽叶摘下……近期，连做个股评报告也穿上汉服了，晕！

真正的雅士有时反而大俗，比如我们的程大爷就可以把段子讲得恰到好处，如果我在五秒钟之内就能笑的话，那说明我还没有老年痴呆。不管是炒股还是生活，我觉得化繁为简最重要，从简单中享受快乐，在平凡中发现自我。

期待未来在华泰的日子里有机会能和程大爷一起出行，除了工作，我们也需要诗和远方。

朱道明

如果说做投资及其服务是一场修行，以我对在华泰证券共事了近十六年的程大爷的了解，其无疑是修行到"段位"最高的那一位。任凭市场大起大落，风起云涌，其坚持理念，守住平静，并仍在继续之中……在他的文章里，那一个个悲情英雄、旗帜人物、时代过客，那些事，那些景，看似虚构，但又如此现实。那些走过

刘尔粤

的弯路，可以为现在的证券市场提供借鉴，留下的成功，也可以为现在年轻的从业人员提供一些参考。

李玉玄

如果说要给中国证券期货业的从业者们划辈分的话，程峰——圈中人称程大爷，一定能称为"爷爷"辈了，他作为中国首批执业证券分析师，而后又客座教授、诗人、摄影大师……各种闪耀的名头，让我们这些证券业的后辈艳羡不已，深表钦佩。

记得有一次，程总电话相邀陪其见一个企业财务总监，程总热情而略带吹捧地介绍我，让我感受到了一种鼓励。在他引导下，我尽力展示自己的专业技能，终于赢得了客户的信任。经过几次后续拜访，终于拿下了这个项目。

渐渐地，我与程总交流多了起来，更加真切地感受到了他的真诚。对待客户，他并非一味的迎合，而是以自己的专业和资源为客户提供恰到好处的解决方案，恭而不卑。对待同事和下属，从不以势压人，而是循循善诱，如朋友或前辈一样交流与沟通。

近两年，由于工作变动原因，与程大爷的交流又变少了，但每每翻开他给我的赠言——"恩德相结者，谓之知己；腹心相结者，谓之知心"，眼前总会浮现出那个既知己又知心的老友形象来。

宋涛

我认为成功的人首先应该是一个有趣的人，因为有趣的人不仅自己快乐，而且也能给他人带来快乐。

我是在2009年华泰联合证券营业部总经理述职会议上第一次见到程大爷的。因为当年证券市场行情不好，营业部普遍业绩不佳，老总们压力山大，述职会场气氛沉重压抑。这时，轮到依靠ETF套利出色完成营业部目标的程大爷述职了。只见他缓缓起身，不慌不忙地走上讲台，一个鞠躬敬礼之后说：“感谢观音菩萨、文殊菩萨、普贤菩萨、各位领导……以上排名不分先后！今年运气好指标完成得不错，答应给老婆买的奥迪估计不会变成奥拓了……”整个会场爆发出一阵热烈的掌声和笑声。程大爷风趣幽默言简意赅的演说，让会场一扫阴霾，也让大家看到了未来的曙光，给我留下了深刻印象。

我就借用程大爷的一篇文章——《衡量成功的标准，是多少人在真正关心你爱你》来评价他：程大爷就是这样一个有趣的人、成功的人。

几年前的一次集体活动，有幸与大爷同行，接触后发现他不但对资本市场有深厚的造诣，还是拍得一手好照片的诗人。自那之后，对大爷产生了深深的敬仰之情，每每大爷在朋友圈分享文章与摄影作品，我总会找个安静的角落，细细品味大爷世界里的诗与远方。大爷的作品，总会让每一个读者的心儿，在湛蓝的港湾泊下，看潮起潮落，穿越滚滚红尘，查找自然的色彩，用清新典雅去替换尘世的复杂。而程大爷的每一本专业著作，都是他用多年的从业经验凝聚而成的智慧结晶，如星辰般闪耀在我们这个艰难中前行的证券行业的夜空。

郑程滨

第一次见程大爷是在2014年华泰证券的一次会议上，当时，他独具个性色彩的自我介绍让我眼前一亮，脑海中浮现出乱世草莽，彪悍的英雄策马扬鞭的形象。

会后聚餐时，听到大家都在谈论程大爷的诗歌、摄影、散文，我被吸引得一头雾水，主动要求加了微信。饭后回去细细品味，没想到一夜无眠，一口气看到天亮，大呼过瘾。一种久违的心动感觉，油然而生。在大爷的笔下，舌尖上的腊里山让人向往，而散文中的故乡与故人，总有一首老歌让你泪流满面，

张涵

你会沉醉于这样一个画面：如果这个时候有风，风吹过发梢，你看着我们，我们看着远方……

证券从业人员的生活充斥着收益、涨跌、投资、理财、增持、绩效之类乏味的字眼，喧嚣浮躁显而易见。然而，直到有一天，你看见他突然离开了办公室，以一颗抽离的心游走于天地的尽头，用《程大爷的朋友圈》这样一本脱俗之作给朋友们带来诗性的洗礼。"身比闲云，月影溪光堪证性；心同流水，松声竹色共忘机"，这是世间人远离颠倒妄想追求陶然忘机的顿悟，抑或早已修成出世的智者入世的强者？如此境界，吾虽不能至却心向往之。

证券业让很多人在短时间内收获了名利，但估计很少人敢说在这个行业收获了一份情怀。行业的功利、现实，让证券人经常表现出一种普遍的浮躁，而巨大的生存压力，也让人更加势利。机缘巧合，在华泰证券认识了一位牛人，给人感觉是那样的如沐春风，他就是程大爷，每每拜读程大爷的文章，看着他在指点个股时阐述哲理，在分析趋势中语带诙谐，在解读事件中点缀调侃……经常有种期盼、有种追的感觉。随着时间的推

李勇

移，从开始时简单地想看他下一篇会写什么，到后来能随着他的文章进行思考。但最重要的是，我们通过"程大爷论市"中的系列文章，看到了他的一种勇敢，而这种勇敢，是行业仅见的，无法复制的，可以说是一种精神，是对资本市场的一种大爱，饱含着使命感与担当意识，这种勇敢也是我所向往而不具有的。每个人的人生中都有许多幸运之处，我想，能和程大爷一起在华泰证券共事，并感受到他的智慧与品格，应是我人生之幸其一吧！

唐佳

在我心中，程大爷是位有才有德有情怀的前辈。他满腹经纶、出口成章、风趣幽默。无论是在金融专业领域还是在文学创作、摄影艺术方面，他都出版了大量畅销书；而每周一篇"券商中国"的程大爷论市，结合一周市场热点话题，挥洒新颖独特的财经观点，读完后总是欲罢不能。与程总工作和生活中的接触多了，看他待人处事，我真切感受到他正直坦荡、重情重义、宽厚包容、愿意分享的美好品德，尤其对于我们这些行业晚辈，对于他营业部的员工们，总是关心鼓励。

熟悉程大爷的人，更懂得他的内心，有大海一样宽阔的勇气与担当、责任和大爱。分公司党总支成立以来的党员发展工作与党组织活动，程大爷总是积极参与，从不缺席。华泰证券作为行业先锋，在经纪业务、高净值企业服务与PB业务、互联网金融转型、投行并购、资产管理、上市公司配套融资服务等领域创造了许多成功案例，程大爷虽早已是行业前辈，但却总是刻苦认真地去研究这些案例，学习创新业务知识。不仅如此，他还鼓励身边年轻人勤于学习，踏实做事，坚定信念，强大自己。

第一次听到同事称呼他程大爷，感觉很是新奇。怎么都很难将他和一个一线城市的营业部老总联系起来。我印象中的营业部老总都是西装革履、不苟言笑，而这个程大爷却风趣幽默、爱开玩笑。感觉他应该是这样的一个综合体：既有农民的朴实，又有金融人的睿智，既有学者的严谨，又有诗人的浪漫。他身上既有着从乡村带来的泥土芬芳，又分明带给人一股扑面而来的书香气息。和他聊天的时候，感觉他简直就是一部移动的百科

何媚

全书，真的搞不明白他怎么会懂得那么多，而那么多的知识都是怎样钻进他的脑袋里去的呢？

人们常说"一千个人心中有一千个哈姆雷特"，同样，程大爷在每个人心中的形象也是不尽相同的。在我心目中，程大爷是一个谦和的人，他的学识、举止和修养，就如同那丰收时节成熟却低调饱满的麦穗，让人总能感受到他那强大而柔软的气场，感受到他的通透与豁达。宽阔的河流是平静的，宽厚的人是谦虚的，君子之风，当如斯人。我看到的程大爷，是一个静水深流的程大爷。

余洋

第一次见到程大爷，我还以为他是某民营企业家，因为他不修边幅的洒脱，很难让人联想到这就是金融界鼎鼎大名的"程总"。后来通过我打听程大爷的人多了，我忍不住去翻了翻他的简介……结果就是，差点惊掉了我的下巴！在这个泛滥着金钱与诱惑、贪婪与恐惧的资本市场，一个人事业有成的同时依然保持着诗和远方的激情，保持着严谨的操守，保持着独立而高尚的人格，实在是不可想象，然而，这不是传说，而是真实的故事。他就是学富五车的程大爷、桃李满天的程大爷、谦和低调的程大爷呀！

后记 Postscript

我们的程大爷

认识程大爷，先是偶遇程大爷的诗。在诗中，你能碰触到散落在田野里花草的气息，能遇到孩子们奔跑时遗落的脚印，能感受夕阳抚过山脊时久久不散的温度……

如何概括对程大爷的印象？当你看到他在投资上的功成名就，你会想到他是个诗人；当你碰触他笔尖流淌着诗人的洒脱奔放时，你又发现他是个财经思想家；当你跟随着他思想的笔触去感知财经风云的时候，又见他痴迷在摄影镜头下的远方……按此思路，印象还可以继续游离。程大爷的才华边界在哪？不知道。但是，在这个纷乱浮躁嘈杂的世界，能如此思想光亮地活着并感染着别人的，这个人就是程大爷。

券商中国微信号2015年4月成立，得无数忠诚粉丝厚爱，一路飞速成长，而程大爷就是这样一位给券商中国以关注、以提点、以包容的忠诚V粉。而他又从不间断品读券商中国公众号的文章，并给出诙谐点评。更为幸运的是，券商中国开始拥有程大咖撰写的每周固定栏目——《程大爷论市》。

2015年7月16日起，首期《程大爷论市》栏目在券商中国财经微信公众号推出，"有人恐惧，有人忽然看到了机会"，就是这样一期观点鲜明的论市檄文，拉开了程大爷论市序曲。中国股市也许是世界上最难预测的，就连诺贝尔经济学奖得主都感叹它像是一个魔方，看不懂也玩不转。而程大爷却乐此不疲地玩着这个诡异的魔方，一玩就是20年。鉴于程大爷在股票投资领域的资历与能力，当时我给程大爷的评定的职称是"股仙"。但这位股仙的思想早已跳脱股市的涨跌，成为最能洞穿热点、最接地气的财经时评家。

到2016年8月13日，一年时间，《程大爷论市》已在券商中国推出第62期。这一栏目作为每个周六的头条与粉丝见面，从未间断。我作为券商中国的主编，最大的荣幸是在能作为每期论市的第一读者，先品读程大爷的新一期思想。困了累了，用程大爷论市思想提神就够了，咖啡成了摆设。

论市首期文章在券商中国财经微信号推出，粉丝们从纷纷猜测程大爷是谁，到只是醉心于欣赏程大爷的妙笔生花，思想共鸣，这时间并不长。《炒股是一场修行》就是程大爷论市的一期爆款文章，时值2015年股灾，迷失在资产快速膨胀又快速缩水的投资人，在这篇文章中顿悟，找到休憩的方舟。这篇文章随后被《人民日报》《每日经济新闻》等微信号、众多网站无限量转载，整体阅读数以千万计。

《A股有戏了，不信你看，全中国最会演戏的人都来了》《购并重组股，我们想要的是惊喜，你给的却是惊吓》《放下输赢，跟趋势讲和》《世界上最遥远的距离是：我在主板买了你，你却转身去了新三板》……这一期期论市文章，有时会让人忍俊不禁，有时候则拍案叫好，特别是像《网红当道，谁来护盘证券分析师职业道德的"婴儿底"？》这一期，一气读完，很有给程大爷发红包的冲动，因为他真的就把你的所思所想更清晰更犀利呈现了！

往往是，程大爷呈现在文章中他的思想，好似奔腾的骏马，让你的思想不由自主就随之飞奔了。你会觉得思想已经变成一个光着脚丫在田间奔跑的孩子，你并不想知道田野尽头在哪里，也不知道思想会被引至哪里，但是，会被程大爷的思想中吸引，奔跑，情不自禁。

第50期《程大爷论市》，标题为《烧掉的是钞票，打赏的是幻觉，看看这些A股戒不掉的瘾》，令人读过成瘾。其实这一期讨论的是另一种病态的瘾：A股对消息的依赖，对概念与题材的执迷，已到了成瘾难以自拔的地步。转发这一期论市，程大爷在他的朋友圈中这样感慨：

"像一个瘸腿的人跑了一次全马，《券商中国》程大爷论市终于写到了第

50期，困难无法想象，挑战无时不在，从没想过自己会有这样的毅力去坚持，所以，为自己点个赞。当然，必须感谢朋友们的支持与鼓励，没有你们一路的摇旗呐喊，我可能早就半途而废了，在此，对所有人道一声"谢谢"（90度鞠躬）！

《券商中国》中《程大爷论市》栏目的文末配图，是作者追逐风景的摄影镜头，风景在他的镜头里，他却也在别人的聚焦下。

我的疑问，程大爷的边界在哪里？其实并没找到答案。但我知道，程大爷说过炒股是一场修行，程大爷的人生也是一场修行。

券商中国主编　李桂芳